本书受到国家社科基金一般项目"二语学术话语中语篇评价能力的发展规律研究"（项目编号：17BYY186）的资助。

博士生导师学术文库

A Library of Academics by
Ph.D.Supervisors

语篇评价能力研究

基于二语学术话语的发展规律

周 惠 著

光明日报出版社

图书在版编目（CIP）数据

语篇评价能力研究：基于二语学术话语的发展规律 /
周惠著 . -- 北京：光明日报出版社，2025.1. -- ISBN
978 - 7 - 5194 - 8423 - 1

Ⅰ. H003

中国国家版本馆 CIP 数据核字第 2025ZU8112 号

语篇评价能力研究：基于二语学术话语的发展规律
**YUPIAN PINGJIA NENGLI YANJIU：JIYU ERYU XUESHU HUAYU DE
FAZHAN GUILÜ**

著　　者：周　惠

责任编辑：李壬杰　　　　　　　　责任校对：李　倩　李海慧
封面设计：一站出版网　　　　　　责任印制：曹　净

出版发行：光明日报出版社

地　　址：北京市西城区永安路 106 号，100050

电　　话：010-63169890（咨询），010-63131930（邮购）

传　　真：010-63131930

网　　址：http：// book. gmw. cn

E - mail：gmrbcbs@ gmw. cn

法律顾问：北京市兰台律师事务所龚柳方律师

印　　刷：三河市华东印刷有限公司

装　　订：三河市华东印刷有限公司

本书如有破损、缺页、装订错误，请与本社联系调换，电话：010-63131930

开　　本：170mm×240mm

字　　数：314 千字　　　　　　　印　　张：17.5

版　　次：2025 年 1 月第 1 版　　　印　　次：2025 年 1 月第 1 次印刷

书　　号：ISBN 978 - 7 - 5194 - 8423 - 1

定　　价：95.00 元

目　录
CONTENTS

导　论

二语学术话语指的是使用二语开展学术相关活动的语言变体。在英语作为学术通用语的背景下,我们将二语局限于主要的国际通用语言,即英语。二语学术话语作为语言使用的变体,属于语言的实例类型,反映出特定的使用情景,即通过英语开展的正式的、技术的、用于学术交流与学术知识建构的语言。学术英语作为一种受限语言或称子语言①,与通用英语具有显著差异,表达不同的语域内容,建构不同的社会关系和成员身份,借由不同的话语方式与传播渠道,是学术科学研究的重要语言载体。因此,二语学术话语具有独特的语言符号特性并受到学术领域的广泛关注,而且我国二语学术话语的研究对帮助我国二语学术作者牢固掌握与熟练应用学术英语,跻身于国际学术话语社团,以及有效推动我国学术话语的国际参与度与领跑权具有重要意义。

二语学术话语中所涵盖的语篇类型和体裁广泛,比如,学位毕业论文、学术类邮件、项目申报书、限时考试作文、文献综述、实证研究类论文等书面语篇以及课上汇报、学术研讨、会议发言、与教授/导师面谈等口语语篇。

针对广泛意义上的二语学术话语,国际相关研究主要集中在以下三方面。

第一,二语学术话语中知识的意义协商与评价方式。比如,学科知识建构方式、学术引用策略、身份建构等,将知识建构与评价意义表达联系起来,探究二语学术话语意义协商背后的评价方式与认知过程差异。第二,二语学术话语语言资源选择的差异性研究。这类研究表明,无论是专家作者还是学术新手的二语学术话语常常与英语本族语者的学术话语存在差异,而且不同的语言资源选择会表达出迥异的语篇功能。第三,二语学术话语语篇写作能力发展的影响因素研究。基于英语本族语者学术语篇写作模型,学者指出二语学术话语建构能力的发展受诸多因素影响,如学习经历、语言能力、导师要求、文化差异、教师对语法准确性的评判标准、教科书及范例的影响、写作动机与自我管理等方面。

国内二语学术话语的相关研究分为宏观层面的学术话语体系建设和微观层

---

① 卫乃兴.学术英语再思考:理论、路径与方法[J].现代外语,2016(2):267-277.

面的学术语篇研究。前者为探索新形势下我国学术话语体系建设、推介我国优秀学术成果提供了理论反思；后者则为我国学术话语体系建设提供了有益参考，主要包括以下三方面。

第一，我国二语学术话语特征及策略研究。国内研究主要采取语篇对比的研究范式，揭示我国二语学术话语在表达与理解层面上的困难性，呈现出话语策略的差异性与匮乏性，主要体现在词汇语法的选取、语用策略的使用、语篇评价意义的建构等方面，为剖析我国二语学术话语产出现状并有效指导二语写作实践提供了参考与证据。第二，我国二语学术话语能力或素养研究，探讨了二语学术话语的学术原则、学术环境、互文应用能力、学术修辞能力、学术话语隐喻产出能力和学术英语素养的培养，表明了二语学术话语能力研究的重要性。第三，国际发表是二语学术话语传播的主要方式，因此，现有国内研究也关注到我国二语学术话语传播问题的诊断与对策。此类研究表明，我国二语学术话语传播仍存在瓶颈问题，我国二语学习者对学术话语体例的认知有限，而且二语学者的学术话语传播也存在一定困难，可能受到语言水平、研究范式、评价意识、学者认知等因素的影响。本书的第一章将对这部分的内容进行更详细的梳理。

基于以上内容可知，国内外二语学术话语的研究内容呈现出多元化的特征。因为篇幅所限，我们不可能在一本书中关注到所有内容，所以让我们聚焦研究的热点问题。

当前二语学术话语研究的热点主要是探讨在一语、二语、不同学科、不同体裁、不同研究范式、不同研究层次的学术写作中如何运用语言符号资源开展语篇评价意义表达，如立场建构、读者介入、作者凸显、学术对话、观点推销等，这些研究热点也常与语类结构、学术词表开发、国际发表、学术写作教学实践等话题进行有机结合。本书将主要围绕二语学术话语中的语篇评价意义表达及能力的规律性特征进行系统的研究。

语篇评价意义的内涵广泛。可将其定义为个人的情感、态度、价值判断与评鉴，强调评价的主体性①；将其既看作作者的主体性表达，又看作作者隐性激活评价立场和定位读者并使其提供评判的方式，表明语篇的介入性和协商性，强调主体间性②；也可将其具化为立场与声音，结合元话语理论、系统功能语法理论、认知主义、经典修辞理论等理论框架，将语篇评价看作学科语境下，作者遵循学科惯

---

① BIBER D, JOHANSSON S, LEECH G, et al. Longman Grammar of Spoken and Written English [M]. London: Pearson Education Limited, 1999.

② MARTIN J, WHITE P. The Language of Evaluation: Appraisal in English [M]. New York: Palgrave Macmillan, 2005.

例,使用学科话语,与学术社团建立起一致或联盟的关系。① 如"if it is the case that"中的 if 条件句就提出了一种可能性,帮助作者体现语篇立场的开放性,承认其他观点或潜在挑战的存在,表明作者对介入学术社团中其他声音的诚意,增强语篇的对话性。

语篇评价能力的提出基于语篇评价意义的研究。语篇评价意义研究的理论视角多样,主要包括以下五方面:第一,叙事结构理论视角;第二,系统功能语法理论视角;第三,社会文化理论视角;第四,认知语法理论视角;第五,语言哲学理论视角。

综上,自学界 20 世纪 90 年代末、21 世纪初正式提出语篇评价的概念并进行质化与量化的考察以来,语篇评价意义建构与能力发展的研究逐渐得到学者的关注。将国内外现有研究归纳起来,我们在以下方面尚待进一步探究:第一,基于结果的语篇研究,即静态研究较多,尚未提出语篇评价能力发展的概念,对其动态研究不足,忽略了语篇评价能力发展的过程探究;第二,缺乏针对不同阶段二语学术话语语篇评价能力发展特征及问题的系统性考察;第三,对影响因素的探究缺少中国语境下的实证研究。因此,探究二语学术话语中语篇评价能力的发展规律,尤其是在中国语境下二语学术话语中语篇评价能力的发展呈现什么样的阶段性特征、存在哪些问题、受到哪些因素影响等问题有待进一步深入开展。本书的第二章将对这部分的研究进行更系统的述评。

语篇评价研究的体裁涉及学术话语的主要体裁,如书评、期刊论文、会议论文、学术讲座、学生作文、研究报告与学位论文等。但本书旨在更细致地探究语篇评价资源的阶段性使用差异、语篇评价能力的发展特征与规律性特点、问题与困难,并探索语篇评价能力的影响因素,聚焦某一学术话语领域的具体体裁可以排除学科、体裁差异性对语篇评价资源使用特点和倾向的影响,也可以更有效地分阶段考察语篇评价资源的使用差异与特征,并基于此探究语篇评价能力的发展规律。当然,这样的体裁选择也在一定程度上使研究结果的适用性受限,而我们对研究结果的解释也将局限于特定体裁。在本书中,我们选取二语(本、硕、博)学生作者/学术新手与专家作者的二语学术写作为研究文本,关注以下特定体裁:二语学生作者写作的二语学位论文,以及专家作者写作的国际公开发表的高水平期刊论文。

---

① GUINDA S,HYLAND K. Introduction:A Context-Sensitive Approach to Stance and Voice[M]// HYLAND K, GUINDA C. Stance and Voice in Written Academic Genres. New York:Palgrave Macmillan,2012:1-14.

　　二语学位论文写作对本族语学生作者而言已非易事,对非本族语的学生作者来说,更是难上加难①,他们缺少对语言资源的使用,受到来自语言和文化差异的影响。② 或许他们具备顺利完成专业课程学习的语言能力,但对成为专业学术话语社团成员所必需的语篇知识、语体知识和社会知识来说,同一程度的语言能力也许并不能应对如此要求,而且仅强调语言水平的问题,也难免会片面地看待二语学术写作中的问题,因为除了语言因素,语篇知识与学术社会化程度也会对其产生重要影响。更多的研究也支持存在语言因素之外的重要因素这一观点。如对二语博士阶段学生作者论文、一语本硕阶段学生作者论文和一语期刊论文中词汇丰富度的研究证明了学术水平发挥的区别性作用。③ 此外,更多的研究进一步说明,读者意识、学科知识、学术惯例的重要性高于母语和文化对二语学术写作的影响。可见,影响二语学术话语能力的因素众多,至少包括语言、文化、语体、学术社团、学科知识、读者意识等方面。据此,本书关注的是二语学术作者在学术话语建构中的语篇评价能力,这里我们聚焦在二语学术写作话语中表达语篇评价意义的语言资源选择和语篇评价能力的发展特征与影响因素。

　　我们将具有国际发表能力与经验的专家作者撰写的期刊论文语篇作为参照,就是考虑影响二语学术话语能力的因素不仅仅是语言层面的。但我们不可否认的是,研究对象与参照对象间存在的差异将主要体现在语言层面上,由词汇语法资源和语篇语义资源得以表征,受语境因素的影响。

　　本书的独特之处在于,我们基于更加细化的系统功能语言学视域下的语言层级思想,建构研究框架,在不同阶段学习者的学术写作中,在一个更加细致的分类下考察更多的语言特征,是对先前研究的理论拓展和研究纵深。我们基于语篇评价能力内涵的理论研究、语篇评价意义的研究范畴梳理、语篇评价能力培养的理论基础探究,提出了本书的学术语篇评价能力"三维九项"金字塔,并描述了语篇评价能力外显的语篇评价行为模式。也就是说,语篇评价能力体现在语篇评价行为上。本书进一步认为,语篇评价行为在语篇中由语篇评价资源的选择与使用来呈现。因此,基于对语篇评价能力与行为的思考,本书进一步提出了"二语学术话

---

① PALTRIDGE B. Thesis and Dissertation Writing: An Examination of Published Advice and Actual Practice[J].English for Specific Purposes,2002,21:125-143.

② DONG Y. Non-Native Graduate Students' Thesis/Dissertation Writing in Science:Self-Reports by Students and Their Advisors from Two U. S. Institutions[J]. English for Specific Purposes, 1998,17(4):369-390.

③ LEI S, YANG R. Lexical Richness in Research Articles: Corpus – Based Comparative Study among Advanced Chinese Learners of English, English Native Beginner Students and Experts [J].Journal of English for Academic Purposes,2020,47:1-9.

语语篇评价意义研究框架"，将语篇评价资源的层级分布分为词汇语法层、语义层和语境层，其中，词汇语法层和语义层又细分为小句之下、小句之中、小句之上和超越小句的层面，以研究语言微观层面上的语篇评价。本书还将词汇语法层与语义层的研究与社会语境结合起来，建构了"社会语境模型下语篇评价意义的研究框架"，以考察社会、文化、学科宏观层面上的语篇评价，结合微观层面上的发现，探究二语学术话语中语篇评价能力的发展规律与影响因素。本书的第三章将对这部分的理论建构予以详述，并涉及本书的自建大型语料库和自编调查问卷与访谈研究的相关研究方法内容。本书的第四章至第八章将呈现实证研究的内容。

　　本书包括十部分内容。第一部分导论将研究的焦点聚焦在二语学术写作语篇中的语篇评价能力上，并简要介绍了研究的背景、范围及理论框架。第一章围绕二语学术话语研究的主要话题、问题与方法进行文献梳理，主要涉及二语学术话语的话语特征、写作过程和认知、写作评估、发展特征、常见问题和主要研究方法。第二章梳理国内外二语学术话语中语篇评价意义的相关研究，围绕语篇评价意义研究的主要内容和方法，从微观语言特征、宏观语篇结构和认知过程三方面介绍二语学术话语语篇评价意义研究的内容，以调查民族志、教学研究和语料库的研究方法综述为本书提供方法参考。第三章首先从语篇评价能力内涵的相关理论、语篇评价研究范畴的相关理论、语篇评价能力的教学实践三方面梳理相关的理论研究文献，并基于相关理论文献，提出学术语篇评价能力的组成部分，同时界定了语篇评价行为模式，进一步提出了二语学术话语语篇评价研究层级，建构了基于社会语境的语篇评价意义研究框架。此外，第三章还对本书的研究方法进行了阐释。第四章至第七章使用语料库研究方法，探究了二语学术话语中语篇评价能力的发展特征，分别将小句之下、小句之中、小句之上和超越小句四个词汇语法层和语义层的评价资源使用在本、硕、博阶段二语学位论文中和国际专家作者期刊论文中的使用差异及阶段性使用特征，从语言微观层面进行了探究。这部分是本书的研究主体，涉及四个层面的多维语篇评价资源的使用研究，比较全面地探究了使用差异所体现出的语篇评价能力的发展特征。第八章采用调查研究方法，借鉴关于学术能力的话语策略模型及其内涵，开发了一份信效度合格的调查问卷（包括3个变量、5个因子、9个观测点，30个问项），通过在问卷中设置语篇评价策略和潜在影响因素的问题，探究其影响因素，并结合访谈数据，进一步阐释问卷数据。第八章是本书的内部视角探究，有效地弥补了基于语料库研究方法的外部研究视角，从社会语境层面探究了二语学术话语中语篇评价能力的特征与影响因素。第九章是本书的最后一部分，概括了研究的总体发现，提出了研究的局限性和未来研究展望。

第一章

二语学术话语研究的主要内容和方法

本章将围绕二语学术话语研究的主要话题、问题与方法进行文献梳理，主要涉及二语学术话语的话语特征、写作过程和认知、写作评估、发展特征、常见问题和主要研究方法六方面。本章将为我们探究二语学术话语的语篇评价能力的发展特征提供学科研究的基础和铺垫，让我们能在一个更广阔且具有学科特征的话语范围内，探寻我们所关注的问题。

第一节 二语学术话语特征：词汇、句法、语篇

一、词汇与词块的研究

词汇是学术英语写作中重要的意义表达资源，而且词汇能力是我国学习者英语写作质量最重要的影响因素。词汇的研究对象包括：①特定词汇的使用，如指示语、转述动词、so 及其短语等；②具有特定语篇功能的词汇使用特征，如言据性词汇和词组、模糊语、立场标记语等；③词汇的搭配；④词汇丰富度；⑤词汇产出与策略，等等。此外，词块的研究也是主要的研究命题，涉及词块（常常是四词词块）的提取、结构和功能分布、发展特征研究等。这些研究探索的学术语篇种类有考试作文、课程论文、学位毕业论文、期刊论文等不同类别与难易度的学术写作任务，对写作词汇的复杂度、抽象性、准确性、专业化程度的要求各异。近期的研究突破了静态和单一对比的视角，呈现了对学习者学术写作词汇特征动态发展规律的研究，综合考查本、硕、博阶段学习者词汇使用问题和特征的研究逐渐增多。

一方面，这些研究发现存在趋同趋势，我国学习者在英语学术写作中，词汇与词块的使用在频率、结构和功能等方面与本族语者或成熟型学术作者存在差距。具体来看，二语学生作者过度使用熟悉、常用、口语化和较早习得的高频词汇，却过少或回避使用本族语者或期刊作者高频使用的词汇。另一方面，研究仍存在一

些争议。虽然近期研究凸显了词汇使用特征的发展规律,但是高级学生作者是逐渐趋近本族语者或期刊作者的使用水平,还是超过甚至偏离了参照标准,有不同的研究发现。这些差异可能源于研究对象样本选择的同质性强弱、语料库库容大小、目标词汇或词块的选择、写作者二语语言水平和研究水平的差异等因素。在这些因素的影响下,母语影响所占的比重有所降低。影响因素也扩展到学术写作教学方法、教师影响、学术知识(阅读)输入量、语体熟悉度和语境考量等方面。

学术词汇能力在本科阶段就有所发展,体现在提升词汇丰富性和降低口语化程度方面。对英语专业四级、八级考试作文中词汇丰富度的发展趋势研究①发现,学习者的学术词汇量随着年级增高而稳步增加。

纵观我们不同学习阶段学生作者的学术词汇与词块使用,我国英语学习者对词块的使用越来越准确,但是词汇多样性并没有显著提高。② 本、硕、博阶段学习者的四词学术词块使用量有一个先上升后趋于平稳的发展规律,博士阶段的词块使用与专家之间没有统计意义上的差异。③ 言据性词汇短语资源的研究④也表明,硕士阶段开始正确使用言据性资源,博士阶段最接近专家的使用特征。在立场标示语使用的阶段性特征上,也发现硕士阶段是立场标记语使用增多的关键时期,本、硕、博阶段作者凸显度逐渐降低,个人情感与态度意义的表达逐渐增多,评价性渐强。但是,更多的词类应该在未来研究中囊括进来。而且就词块而言,四词词块的整体研究较多,但深入考察其中某一类词块的研究匮乏,对不同阶段学生作者语篇中使用的横截面描述不足,有待进一步细化研究。本书将在第五章探究二语学术话语中词汇与词块的阶段性发展特征。

二、句法特征的研究

句法特征的研究更多是在学术写作评估层面上开展的,如句法复杂度、句法流利性和句法准确性,但这些研究常常从文本中的句法特征量化研究入手,聚焦使用具体特征、阶段性差异、发展规律和影响因素,而不仅仅是写作水平高低的判定标准探究。

---

① 万丽芳.中国英语专业大学生二语写作中的词汇丰富性研究[J].外语界,2010(1):40-46.

② LI J,SCHMITT N. The Acquisition of Lexical Phrases in Academic Writing:A Longitudinal Case Study[J].Journal of Second Language Writing,2009,18(2):85-102.

③ 徐昉.中国学习者英语学术词块的使用及发展特征研究[J].中国外语,2012,9(4):51-56.

④ 徐昉,龚晶.二语学术写作言据性资源使用的实证研究[J].解放军外国语学院学报,2014,37(4):12-22.

就不同句法维度的发展研究来说，发展路径存在较大差异，按照时间线来看，大致可分为纵向研究和横断面研究。

通过纵向研究，研究者试图探究同一组研究被试在不同的时间点完成不同的写作任务，观察学习者在二语写作中（均为中高级学习者的二语学术写作）句法的发展特征。二语学习者经过大学一学年的英语学习后，句法复杂性发生了线性变化，随着学习者英语学习时间的增长，句法复杂性亦显著增长。① 但也有研究通过对 12 名英语专业本科一年级学生 9 次写作的键盘记录数据，表明学习者写作的流利性、复杂性和准确性保持着动态平衡。词汇和句法复杂性均为先升后降，流利性先降后升，准确性先微升，再微降，然后再升。它们相互牵制、竞争，此消彼长，保持着动态平衡。整体上体现出总量曲折上升的趋势，二语写作能力有所提升。

在横断面研究中，静态横断面研究是针对具有相同研究水平的我国英语学习者与本族语作者或国际二语学习者写作中的句法特征差异展开对比。如在一项对比中国英语学习者和国际英语学习者书面作文中疑问句的频率、分类、位置和语篇功能的研究中②，结果显示中国学习者对疑问句使用略多，但频率不存在显著差别，体现了二语学习者的中介语特征。虽然中外学习者都倾向于在文章开头使用疑问句，但本族语者在文首使用的比例略低。英语水平较低的学习者使用疑问句较多，与较高水平学习者使用情况差异显著。动态横断面研究则比较不同语言水平、写作水平或写作质量的写作语篇中的句法特征。如通过对比中高级、高级学习者应用语言学硕博论文和本族语者相同学科硕博论文中句法复杂性的异同，探究不同语言水平和不同写作水平的写作语篇中句法复杂性的特征。③ 研究发现，中国二语学习者硕博论文中均有指标高于相应本族语者，硕士论文中有的维度指标低于博士论文，体现出发展的端倪。重要的是，该研究结果有效地挑战了"三段式线性"发展顺序④，表明复合名词结构使用的发展先于或好于从属结构，再一次验证了句法发展的非线性特点。同时，这一研究通过举例说明了复合名词结构（介词短语）的使用在中国学习者论文中存在大量的冗余结构，将其作为观测

---

① CROSSLEY A，MCNAMARA D. Does Writing Development Equal Writing Quality？A Computational Investigation of Syntactic Complexity in L2 Learners［J］. Journal of Second Language Writing，2014，26（1）：66-79.

② 王立非，张岩. 大学生英语议论文中疑问句式使用的特征：一项基于中外学习者语料库的对比研究［J］.解放军外国语学院学报，2006（1）：43-47.

③ 雷蕾. 中国英语学习者学术写作句法复杂度研究［J］.解放军外国语学院学报，2017（5）：1-10.

④ 即遵循并列从句、从属从句、复杂从句、短语的发展顺序。

指标有待商榷。研究还揭示出,与其说句法复杂度受语言水平的影响,不如说句法复杂度对学术写作经验更加敏感。博士生写作经验更加丰富,句法复杂度的发展处于更好的水平。该研究与本书的假设不谋而合。即在学习者的写作中,影响不同阶段的学生作者语篇的,不仅仅是语言水平,更重要的是学术写作经验和作者的研究水平。

除此之外,句法方面的研究还涉及分析工具、教学效果和课程借鉴的研究①,是二语学术写作句法研究方法上的革新,并为二语学术写作提供了教学实践方面的参考。

三、语篇层面的研究

在语篇研究中,最负盛名的是 IMRD② 语篇模式和 CARS③ 语步模式,分别关注语篇的结构和语步。基于以上模式的语篇结构与功能研究如雨后春笋般涌现。但是语篇的研究并不仅限于此,其中在理论上发展了语篇研究不同学术流派,而实证研究则聚焦体裁结构差异的跨学科对比、跨语言文化对比和一语与二语写作的对比,研究视角多样。下文将对理论及实证研究进行简要的梳理。

语篇结构研究流派包括源于语言相对论的对比修辞理论学派、基于系统功能语言学的悉尼学派、汲取以上两派理论营养的专门用途英语研究流派。④

对比修辞理论源于修辞研究范畴的拓展,将传统修辞学研究延伸到语言之间修辞的对比,寻找现代语言间的异同,形成了对比修辞学的思想。Kaplan⑤ 基于二语读写教学的需求,将二语学习者的写作与英语本族语者的写作进行了对比,并将对比的范畴由句子层面拓展至段落组织层面,旨在帮助学生创造性地运用二语开展笔语写作和思想表达,克服母语的思维、修辞模式与逻辑定式等语言间差异对二语写作造成的负面迁移,提升学术论文写作水平。基于语言相对论、写作与修辞理论(特别是段落生成理论)和对比分析的传统对比修辞理论就此应运而生。研究指出,语篇组织方式的文化特异性,受到不同文化和言语社团的修辞传统、思维方式的深刻影响,也是造成二语写作违反本族语读者预期的主要原因。

---

① 桑紫林. 合作产出对英语学习者书面语准确性发展的影响研究[J].外语与外语教学,2017(4):7-15.
② Introduction-Method-Result-Discussion 模式。
③ Create A Research Space 模式。
④ 邓鹂鸣,周韵. 基于 Citespace 的国际学术语篇研究可视化分析[J].外语教学,2020,41(1):54-58.
⑤ KAPLAN B. Cultural Thought Patterns in Inter-Cultural Education[J].Language Learning,1966(16):1-20.

如直线性、平行式、迂回螺旋、离题内容的段落发展模式分别出现在英语、闪语①、东方语言、罗曼语和俄语中。但由于该思想在一定程度上体现出重写作成果、轻写作过程,将思维的多维性单一化等问题,传统修辞理论逐渐被新修辞理论取代,为对比修辞研究赋予了更宽的诠释。将母语看作二语写作者可以利用的资源,而不是障碍和干扰,帮助学生认识到二语写作过程中的文化差异性本质,以积极的眼光看待文化因素对语篇修辞模式的影响,并将二语学习者的语篇修辞模式看作一个发展的过程,是对比修辞理论在社会文化语境、母语迁移、文化社团等概念认知上的一次巨大飞跃。

对比修辞研究转向二语学术写作与职业写作问题的研究,表明对比修辞学已经成为语言学和修辞学理论整合下的跨学科二语研究领域。学术语类的对比研究以及二语作者在写作这些语类过程中的社会化进程研究,是二语写作研究的必然发展。② 在这一转变下,更多研究开始关注如何利用语境和社会语言环境分析的复合分析框架对二语学术写作中出现的问题予以解释,探究二语学术作者如何进入学术社团的社会化过程。对比修辞理论的后期研究也更加注重写作过程、策略与写作者个体差异性对二语写作的影响,考虑一语教育程度、学科文化、语类特征、作者读者间的预期不对称等母语之外的因素,加深了学界对写作者身份、读者意识、写作中的权威与结盟、语境与话语社团的认识,促进了二语教学与二语写作教学的发展,被称为"后对比修辞时期"③。

悉尼学派以 Martin 和 Rose 为代表人物,基于韩礼德系统功能语言学理论,从语类、文化、知识与教学的方面对语篇的理论研究与语篇教学的实践探索提供了关键术语的界定、理论的框架和学术英语教学实践的指导,形成了自成体系的悉尼学派语篇理论。他们认为,传统语言学与语言教学不同的是,悉尼学派将语言看作一个层级系统,将社会语境中的语言看作书写、词汇语法、语篇语义、体裁和语类构成的呈层级分布、统一的系统。④ 学术语篇模式包括三个维度:学术主题与学术领域(语域);作者、读者和学术圈内其他作者间的关系(语旨);学术语言的技术性和抽象性(语式)。在语类的层面,这三个维度有机结合在一起,共同实现语篇的目的。对二语学术写作教师来说,要明确学生需要开展的学术写作语类,

---

① 闪语,是亚非语系之下的语族,包括阿拉伯语、希伯来语、马耳他语、阿姆哈拉语、提格雷语和亚拉姆语。

② CONNOR U. New Directions in Contrastive Rhetoric[J].TESOL Quarterly,2002,36:493−510.

③ 云红,原雪. 国外对比修辞学四十年及发展趋势[J].西安外国语大学学报,2008(3):24−27.

④ MARTIN J,ROSE D. Genre Relations:Mapping Culture[M].London:Equinox,2007.

以及语类的语言模式特征。他们也列举了常见的学术语类,如描述性报告、分类性报告、技术性报告、研究性报告、序列性解释、事实性解释、结果性解释、文献综述、艺术评述、议论文、讨论等。其中,研究报告的语类目的为讲述并诠释研究活动的结果,包括的语篇结构有研究问题、方法、结果与讨论。而本书的语料也是研究论文,具体来说,是本硕博研究生撰写的学位研究论文,符合所列研究报告的语篇结构。然而,在传统教学中,学术写作的技能,包括识别、诠释和使用这些词汇语法资源和语篇模式等并不明确讲授给学生。他们指出,学术语篇教学的步骤首先是让学生识别这些资源,然后在语言系统中进行资源使用的对比,向学生诠释使用的差异,以指导他们在下个过程中开展学术写作。这种对比可以是相关的语言模式使用对比,也可以是不同使用者对语言模式使用的特征对比,还可以是开展不同学术写作发展阶段的学生间的使用特征对比。这一研究范式与本书存在联系。

专门用途英语研究传统下的语篇研究范式融合了新修辞学派和系统功能语言学派的核心理论要点,将语类看作由一系列交际事件组成,有共同交际目的和相似结构、语体特征、目标受众。语篇的实证研究考察了多个学科的实证研究论文,如工程科学、人文社会科学和应用科学的论文,提出了更加多样的语篇结构模型,如ILM[RD]C,也符合外国语言学及应用语言学科学论文写作的语篇模式,即引言—文献综述—研究方法—研究结果与讨论—结论。[①] 房印杰[②]关注了期刊论文的引言部分,发现不同学科内、不同研究水平作者间、不同文化间存在显著差异。在学科之内,即使是二语习得和二语写作如此接近的分支学科,其摘要和引言的差距也比较明显,源于文献丰富程度、学科背景、研究焦点等因素的差异。与本研究领域密切相关的是,声明研究重要性和指出研究空间的语步在二语学术写作研究论文的摘要和引言中趋同,而二语习得研究论文中的摘要和引言在语步结构上差异明显。在不同研究水平的作者之间,学生作者缺乏三语步结构的意识,而且"占领研究空间"的语步篇幅较少。在引言的语步一(建立研究范围)中,学生作者对介词短语的使用过多;在语步二(建立研究空间)中,当使用高频语块搭配来表达先前研究不足和交际意图的功能时,学生作者与期刊作者存在明显差异;在语步三(占领研究空间)中,学生作者对研究的过程、价值意义建构不足,仅侧重研究的目的和结构布局。研究发现,在不同的文化之间学术语境和文化语境

① LIN L,EVANS S. Structural Patterns in Empirical Research Articles:A Cross-Disciplinary Study [J].English for Specific Purposes,2012,3:150—160.

② 房印杰. 中国学生学者学术论文引言的短语学分析[J].北京邮电大学学报(社会科学版),2014,16(1):99—106.

共同作用于学术语篇的写作。

除了语篇结构的引言部分，相关研究还将焦点置于学术语篇的摘要和结论部分，如论文摘要①、结论部分②的语步研究。在以上研究中，学者都将特定学科领域有经验的学术作者论文（如国际期刊发表的论文）与学生作者论文进行比较，发现两者间存在显著的差异，学生作者对于语篇结构的把握存在困难。在对我国二语学术写作中语篇结构的研究中，我们发现存在一些特定的问题，例如，语步顺序错误或过度重复某些语步，这导致语篇结构层次不分明和重点不突出等问题；二语学习者英语写作的突出问题之一是语篇衔接与连贯问题③，为二语学术写作及二语学术写作教学与实践提供了可供参考的建议。

因此，学者与广大的教学实践者开展了关于语篇的教学研究，如论文写作教学语类意识理论框架，涉及专业学科话语社团、作者、读者、发表媒体、语码、语篇结构、方法、交际目的，为具体教学设计提供了可供参考的理论指导。④ 我国的硕博研究生学术英语培养的一个最大障碍就是缺乏关于学术英语的语篇体裁知识。⑤ 尽管学术语篇体裁多样，但是研究生亟待掌握的学术英语体裁是使用英语撰写科研论文。教师指出，帮助研究生开展学术论文写作首要任务是指导语篇体裁的知识建构，引导学生作者在头脑中建立起基于大量学术阅读与显性学术教学的相关学科学术语篇结构图示。其次，教师也可开展语篇结构中的语步教学以及语篇发展涉及的词汇语法资源的使用示例与教学指导。

第二节　二语写作过程与认知：写作过程、身份、立场与评价

一、写作过程研究

对二语写作过程的主要研究内容是，在二语写作的整个过程或是单个过程

---

① 曹雁，肖忠华. 中外作者科技论文英文摘要多维度分析模型[J].外语教学，2015(6):5-9.
② BASTURKMEN H. Commenting on Results in Published Research Articles and Master Dissertations in Language Teaching[J].Journal of English for Academic Purposes,2009,8(4):241-251.
③ 程晓堂. 基于语篇连贯理论的二语写作教学途径[J].中国外语,2009(1):65-68.
④ 庞继贤，叶宁. 语类意识与英语研究论文写作[J].外语与外语教学,2009(3):34-36.
⑤ 叶云屏. 基于科研论文体裁特征优化研究生英语教学内容[J].学位与研究生教育,2019(11):39-44.

中,英语水平高低、注意分配因素、工作记忆高低、母语思维、频次因素等对二语写作过程与写作效果(如写作成绩、文本修改成效等)的影响。研究既结合了认知研究的观察、有声思维、回顾性访谈等方法,也使用了语篇分析、实验等研究方法,体现了学科交叉研究的特点。在研究中,学者建立了不同的二语写作(认知)过程模型。基于这些模型,研究者发现二语写作过程受以上因素的影响,尤其是英语水平、工作记忆、写作时间与频次等因素对其影响极大。研究结果对二语写作教学与测试均提供了有力的实证参考。在文献研究层面,国内学者徐昉①和王俊菊②分别就国内外二语写作过程研究进行了述评,帮助学者梳理近期相关研究为开展更深、更广泛的研究做出了贡献。在这一部分中,本文将主要对二语写作过程的模型和二语写作过程的影响因素等方面的研究进行综述。

国内学者对二语写作过程模型的建构做出了卓有成效的研究。王文宇和文秋芳③提出了二语写作过程模型,包括"输入:写作提示—解题—内容构思—结构构思—文本输出—过程控制—输出:作文文本"以及长期记忆的知识提取,是一个模块化的写作过程模型。戚亚军和唐丽娟④提出了在课堂语境下二语写作的认知过程,由于课堂二语写作的时间限制,写作过程包括"激活启动原始语篇—感知借鉴范文语篇—整合生成个性化语篇"的语篇生成过程,体现了语篇知识获得的建构主义思想。修旭东和肖德法⑤提出了写作的认知过程有"确定目标、调整主题与体裁、产生思想、组织思想、表达和检查",是一个线性过程模型。这些过程模型的提出不仅对二语写作教学实践具有指导意义,也为影响因素的探究提供了研究契机。

二语写作过程中的影响因素多样,每个步骤都可能涉及多种影响因素。英语水平因素一直是研究者关注最多的影响因素。其他认知因素还包括工作记忆、认知注意和内容知识等具体的范畴。闫嵘⑥采取实验设计,对比了二语写作过程中英语水平与工作记忆两个变量对英语专业学生文本修改策略产生的差异。研究

① 徐昉. 学术英语写作过程与认知研究述评[J].外语教学理论与实践,2013(3):61-66,96.

② 王俊菊. 国内二语写作过程研究的现状剖析[J].山东外语教学,2013(5):7-11.

③ 王文宇,文秋芳. 母语思维与二语写作:大学生英语写作过程研究[J].解放军外国语学院学报,2002(4):64-67.

④ 戚亚军,唐丽娟. 语篇生成的认知操作模型假说:二语写作教学的认知心理学视角[J].外语界,2007(5):10-16.

⑤ 修旭东,肖德法. 从有声思维实验看英语专业八级写作认知过程与成绩的关系[J].外语教学与研究,2004(6):462-466.

⑥ 闫嵘. 二语写作修改策略的个体差异及其与工作记忆的关系[J].外语教学,2010(6):55-59.

表明,文本修改策略与成效存在高低水平组的差异,高分组在整体修改策略和表层与意义修改成绩上优于低分组。同样,高工作记忆学生组的修改策略和修改成绩都好于低工作记忆学生组。可见,在文本修改过程中,英语水平和工作记忆共同影响二语学生作者的修改策略与成绩。

孙鑫和赵永青①通过有声思维方法,观察了4名不同英语水平学习者的英语与汉语写作过程。研究发现,学习者英汉写作过程存在共性,都关注写作内容和语篇语言。英语水平对写作过程和写作成绩之间的关系产生影响。如果不考虑英语水平,在写作过程中关注的内容均衡与否、关注的项目多寡都对写作结果产生影响。该研究为探索写作过程中的认知注意、高低语言水平对写作成绩的影响,提供了重要的数据参考。这些研究大多将英语水平与认知因素结合起来考察两者在二语写作过程中的动态互动及其对二语写作成绩的共同作用。

秦晓晴和毕劲②主要通过较大规模的问卷调查,探究二语写作过程中写作者能够调动的内容知识储备来源及其呈现策略,指出内容知识是影响内容丰富的重要因素。研究发现,学生作者二语写作的内容知识主要来自内在知识,如个人经历,但对于外在知识(如理论论据)使用较少;内容知识呈现的策略主要依靠主观表达和事实陈述,但对于客观表达、转述策略和评价策略等侧重写作科学性、互动性和评价意义的策略使用较少。研究进一步对比了我国英语学习者本硕阶段的四种知识来源与知识策略使用差异。

时间与频次因素也是任务变量的一种。吴红云③采取问卷、周记、测试等多样的数据收集方法,关注了二语写作任务中限时这一要求对不同英语水平学习者英语写作成绩的影响。研究表明,在限时作文写作过程中,时间的限制会对高英语水平写作者产生负面影响,使高低英语水平写作者限时作文的成绩不存在显著差异。张正厚等④通过分别给予二语写作者3、6、10分钟的写作构思时间,考察时长对二语写作流利性、复杂性和准确性的影响。研究发现,以上三方面随着构思时长的增加而提升,不同的构思时长分别对写作质量的不同方面产生显著影响。王

---

① 孙鑫,赵永青. 英汉写作过程和结果对比:对4名大学生的个案研究[J].外语教学理论与实践,2008(3):9-15.
② 秦晓晴,毕劲. 内容知识在本科生和研究生英语写作中的运用研究[J].外语与外语教学,2011(1):24-30.
③ 吴红云. 时间限制对EFL作文成绩的影响[J].外语教学与研究,2006(1):37-43,81.
④ 张正厚,吕磊,乔发光,等. 不同构思时间对非英语专业学生英语写作质量的影响[J].外语界,2010(3):71-79.

静萍和蒲显伟①也发现任务前构思与写作时在线构思对二语写作质量的影响存在差别。任务前构思是写作的计划过程，能够显著促进二语写作流利度。

此外，二语写作的频次因素对提升二语写作质量等方面存在积极影响。研究发现，频次的增多能够促使学习者开展写作修改，写作质量取得显著的进步。② 可见，恰当的二语写作计划时长与写作频次是影响二语写作质量的重要因素。思维特征因素也对写作过程产生影响③，母语思维在不同写作过程中的参与程度不同，二语写作内容构思、结构构思和写作过程控制中的母语参与现象，证实了二语写作过程的双语特性。研究也发现，母语使用量受英语水平的影响，体现了从一语翻译为二语发展到使用二语直接输出的二语写作思维能力的发展态势。

众所周知，二语写作方式主要包括笔纸和计算机写作。如上所述，相关的研究主要关注了笔纸写作过程、产出与影响因素。但仅有少部分研究将视线聚焦计算机辅助二语写作过程研究，如输入日志和屏幕录像的方法。④

二、学术写作身份和声音的社会性研究

以 Foucault⑤ 提出的"作者—功能"观点为标志，写作者声音的研究经由传统修辞学的个体性转向后现代主义的社会性，使充满写作者个性的文本声音转化为语篇与社会共同作用下的作者声音，这是对语篇中多样声音建构的最初阐释。这一视角下的写作者声音体现为不同的身份⑥，在学界与社团中开展同现实角色和假想对象的动态互动，在个人声音与团体话语间、在基于语境的身份选择和遵循学科惯例的立场建构间，保持一种平衡。这个过程也是写作者个体逐渐融入学科社团的过程，是带有个体特异性的声音表达汇流进具有学科规约性的身份洪流的过程。

身份被分为两种：一种是写作者在文本外的身份，如资深研究者、在读研究

① 王静萍，蒲显伟. 限时写作条件下任务前构思和在线构思对二语写作语言表现的影响[J].外语与外语教学，2016(6)：66-74.
② 周丹丹. 频次作用对二语写作的影响[J].外语与外语教学，2011(1)：36-39,44.
③ 王文宇，文秋芳. 母语思维与二语写作：大学生英语写作过程研究[J].解放军外国语学院学报，2002(4)：64-67.
④ 徐翠芹. 输入日志和屏幕录像的交叉运用：计算机辅助二语写作过程研究新视野[J].外语电化教学，2011(5)：21-25.
⑤ FOUCAULT M. What Is an Author? [M] // BOUCHARD D, SIMON S, TRANS. Language, Counter-Memory, Practice. Ithaca: Cornell University Press, 1977: 113-138.
⑥ HYLAND K. Disciplinary Identities: Individuality and Community in Academic Discourse[M]. Cambridge: Cambridge University Press, 2012.

生、一线教师等;另一种是写作者在文本内建构的身份,如问题的提出者、研究的设计者、观点的反对者等。① 前者的身份受社会文化历史语境的影响,也关涉作者的经历与背景;后者的身份也被称为声音,受学科社团文化语境的制约,与作者的研究经验和学术知识相关。

如何量化语篇中的身份一直是研究者孜孜不倦探索的主题。主要分为基于客位视角下的语篇分析途径和主位视角下的民族志研究方法。语篇分析途径主要选择学术语篇展开分析,如学术语篇中作者的身份主要是通过不断趋近学科研究群体建构的,写作者身份建构的语篇资源有介入和立场,具体内容会在下文元话语的内容中加以介绍。还有的研究者将视线聚焦在特定的话语特征内容上,如人称代词、引述句、建议言语行为、论点鲜明度和独特性等,拓展了身份研究的文本资源研究范畴。这些话语特征的身份研究能够为研究者打开探究身份的一扇视窗,可提供明确的研究着眼点,但由于只观察了身份的一方面或几方面的表征手段,而被认为不能全面地解释身份的多维度问题。② 然而,Hyland③ 指出,在语料足够大且学科集中的情况下,如果声音的趋势性特征能够呈现,且作为读者的研究者能够归结出规律性的学科文本特征,那么客位的研究视角也是合理的。

主位视角采取的主要是质化的研究方法,采取观察、追踪、访谈等手段记录、描写、分析写作者在不同语境中动态的身份建构与协商过程。这些研究着眼于影响写作者建构身份的因素,包括个人因素,如语言水平、个人经历④等,也包括学科因素,如专业知识水平、学术训练和学术经验。⑤ 这个视角的优势在于能够揭示身份建构的动态性和复杂性,但问题在于其结论的可推广性不强。

身份与二语学术评价能力发展的关系密切。建构身份就是一种对话定位,是作者定位自己的身份并赋予读者角色的过程,在这个过程中,作者需要将个体性身份和社会性身份相结合。在这个过程中,作者免不了借助语篇评价能力,明确自己的立场,权衡读者的态度,在不同的社会语境和语篇的情景语境下,开展与读

① IVANIČ R. Writing and Identity:The Discoursal Construction of Identity in Academic Writing [M].Amsterdam:John Benjamins,1998.
② DRESSEN-HAMMOUDA D. From Novice to Disciplinary Expert:Disciplinary Identity and Genre Mastery[J].English for Specific Purposes,2014,27(3):233-252.
③ HYLAND K. Metadiscourse:What Is It and Where Is It Going? [J].Journal of Pragmatics, 2017,113:16-29.
④ QUELLETTE M. Weaving Strands of Writer Identity:Self as Author and the NNES "Plagiarist" [J].Journal of Second Language Writing,2008,17:255-273.
⑤ LANGUM V, SULLIVAN K. Writing Academic English as a Doctoral Student in Sweden: Narrative Perspective[J].Journal of Second Language Writing,2017,35:20-25.

者的身份协商。可以想象,一个资深的研究者在向其他学科社团内的专业读者提建议时,可能会放低自己的身份,使观点更易被接受;同时,他也会考量建议的强加性,当强加性较高时,需要更大的人际意义投入,他会选择降低强加程度或是隐性地指涉被建议对象,以免带来面子威胁。因此,在某种程度上,身份的建构恰当与否体现了作者的语篇评价能力水平。本书将在第四章第一节具体探究二语学术写作中的身份与声音。

三、学术写作立场研究

立场可以被定义为一个"具备多样性、独特性和动态性特征的语篇与人际过程"①。研究者对于评价立场采取不同的称谓,如评价性反馈(evaluative feed-back)②、情态(modality)③、评价(appraisal)④、主体性(subjectivity)和主体间性(intersubjectivity)等,都聚焦于话语产出者(如教师、说者、作者)的态度、情感和站位,并越来越重视立场表达过程中的话语接受者(如学生、听者、读者)和表达立场的情景语境、文化语境和社会语境。

最早提出立场的学者是 Biber 和 Finegan⑤。他们将能同时表达言据性和情感的语法项称为立场表达,随后,Biber 等⑥将表达风格加入立场的范畴(如 honestly,generally speaking 等描述表达方式和言语领域的语言资源),将其定义为"个人的情感、态度、价值判断或评价"。即作者在表达确定性、事实性、准确性和声音归属的立场以外,还能对作者态度和表达风格进行评价。Wharton⑦ 也认为,立场指的

---

① GUINDA S,HYLAND K. Introduction:A Context-Sensitive Approach to Stance and Voice[M]// HYLAND K, GUINDA S. Stance and Voice in Written Academic Genres. New York:Palgrave Macmillan,2012:1-14.

② CULLEN R. Supportive Teacher Talk:The Importance of the F-move[J].ELT Journal,2002,56 (2):117-127.

③ HALLIDAY M A K,MATTHIESSEN C M I M. An Introduction to Functional Grammar[M]. London:Edward Arnold,2004.

④ MARTIN J, WHITE P. The Language of Evaluation:Appraisal in English [M]. New York: Palgrave Macmillan,2005.

⑤ BIBER D, FINEGAN E. Styles of Stance in English:Lexical and Grammatical Marking of Evidentiality and Affect[J].Text - Interdisciplinary Journal for the Study of Discourse,1989,9 (1):93-124.

⑥ BIBER D, JOHANSSON S, LEECH G, et al. The Longman Grammar of Spoken and Written English[M].London:Pearson Education Limited,1999.

⑦ WHARTON S. Epistemological and Interpersonal Stance in a Data Description Task:Findings from a Discipline-Specific Learner Corpus[J].English for Specific Purposes,2012,31(4):261-270.

是"作者将自己评价性地投射入语篇，并探究他们与所讨论主题和读者的关系与态度的方式"。

立场和本研究对象，即语篇评价具有密切的联系。Gray 和 Biber[1] 曾将立场看作一个语篇评价意义的连续统，语篇评价意义在两个轴上发生变化，认知立场和人际立场、立场的语法表达和词汇表达，分别是评价意义的表达内容和表达方式，体现了立场资源是表达评价意义的连续统。周惠[2]在其语篇评价意义的对比研究中融合了 Biber 等的表达风格和 Hyland[3] 提出的广为应用的元话语理论中的作者凸显度，并注重了词汇和语法共同作用下的语篇评价意义表达，基于 Gray 和 Biber 的模型提出了立场模型（见图1-1）：

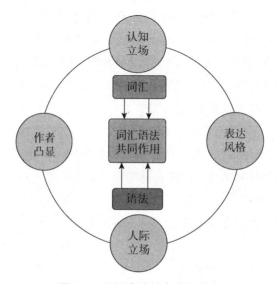

图1-1　立场表达的内容和方式

在整合模式中，立场的表达内容以圆圈形式呈现，体现出立场是由认知立场、人际立场、作者凸显和表达风格构成的统一整体，而且在实际语篇的分析过程中，不仅是词汇和语法资源，词汇和语法共同作用下的语篇资源也能表达立场。因此，在立场表达内容的圆圈中，箭头所表示的意思是，表达方式既可单独作用也可共同作用，以表达作者的不同立场。

立场的建构过程是一个由社团到个体，再由个体到社团的循环往复的建构过

①　GRAY B，BIBER D. Current Conceptions of Stance［M］// HYLAND K，GUINDA C S. Stance and Voice in Written Academic Genres. New York：Palgrave Macmillan，2012：15-33.

②　周惠. 英语专业研究生学位论文的语篇评价意义研究［D］.长春：东北师范大学，2016.

③　HYLAND K. Metadiscourse：Exploring Interaction in writing［M］.London：Continuum，2005.

程。当我们将这个社团看作学科社团的时候,立场建构的语境就是特定学科知识与学科文化下的学科语境。在这一语境下,作者在受到大文化语境的影响与制约的前提下,按照学科惯例,与作者所在话语社团、机构或组织展开立场的建构。

近年来,对于立场的研究建立在立场的分类基础上,包括情感立场和言据性立场,前者表达积极和消极的意义,如 enjoy 和 disappointed,后者表达肯定性或不确定性的认知立场,如 possible 和 presume。基于这一分类,Biber 等①进一步细化立场的分类,包括认知立场和态度立场。Wharton② 拓展了立场的范围,将对话空间的概念引入立场的研究,即作者对于认知立场和情感立场的表达程度。Lancaster③ 提出了立场的三个话语成分:态度立场、认知立场和互动立场。互动立场就是语篇中作者和读者的互动。

立场研究的一个必要步骤,就是界定表达立场的语言资源。词汇资源、语法资源和副语言资源均可表达立场。④ 词汇资源,如立场名词、立场副词、情态动词等;语法资源,如评价性 that 小句或 to 结构;副语言资源,如表达态度和评价的手势,超出了本书的研究范围。也有学者研究了词汇和语法共同作用的立场语块,以及特定类连接的形式。

这些研究发现,二语学习者话语中的立场表达存在一定使用困难。如王立非和张岩⑤、徐昉⑥对立场语块的研究发现,与本族语学生作者相比,我国学生作者明显过多使用立场语块,印证了二语发展过程中学习者过度使用语块的倾向,说明表达立场的资源使用能力是我国学习者语篇产出能力的重要基础之一,还有待进一步提升。姜峰⑦将立场名词按照本质、特征和关系进行了范畴分类,并对比了

①　BIBER D, JOHANSSON S, LEECH G, et al. The Longman Grammar of Spoken and Written English[M].London:Pearson Education Limited,1999.

②　WHARTON S. Epistemological and Interpersonal Stance in a Data Description Task:Findings from a Discipline-Specific Learner Corpus[J].English for Specific Purposes,2012,31(4):261-270.

③　LANCASTER Z. Expressing Stance in Undergraduate Writing:Discipline-Specific and General Qualities[J].Journal of English for Academic Purposes,2016,23:16-30.

④　BIBER D. Stance in Spoken and Written University Registers[J].Journal of English for Academic Purposes,2006,5(2):97-116.

⑤　王立非,张岩.大学生英语议论文中疑问句式使用的特征:一项基于中外学习者语料库的对比研究[J].解放军外国语学院学报,2006(1):43-47.

⑥　徐昉.中国学习者英语学术词块的使用及发展特征研究[J].中国外语,2012,9(4):51-56.

⑦　姜峰.中美学生论说文的立场名词表达:基于语料库的对比研究[J].外语与外语教学,2015(5):8-14.

中美大学生论文中立场名词+补足语从句结构的差异。结果表明,中国学生过少使用立场名词,而且多样性低、反复高频使用有限的立场名词;在立场名词结构使用中,中国学生体现出较低水平的句法复杂度和语言能力;在语篇层面上,中国学生在提供易于读者接受的观点证据方面存在不足,致使语篇读者友好度低、逻辑牵强以及缺乏说服力。

第三节　二语学术写作评估:文本借用、思维、反馈

一、文本借用的评估研究

文本借用是写作者互文能力的体现之一,是作者引述前人文献与观点,将其借用、融合或重构的过程。对于学术写作中文本借用的评估研究主要涉及理论建构、认知调查和文本评估三方面。

Pecorari 和 Shaw[①] 基于访谈结果,总结了导师对研究生学位论文中互文现象的评估,建构了包括规范的互文、不规范的互文、间接的互文和欺骗性互文四种互文策略的"学习者互文策略类型模型",指出学术文化、对学术惯例的认知和二语水平这些方面的偏差与不足为识别及避免非规范性互文和欺骗性互文设置了障碍。国内学者马蓉和秦晓晴[②]运用结构方程模型方法,提出了"互文应用能力"的概念和结构,涉及作者立场表达、互文策略运用、引用类型选择、引用功能实现四个观测变量,并借助文本分析,证明该模型能有效地解释二语写作总体质量的30%的变量。理论上的探讨为我们认识文本借用行为和策略的本质提供了重要的理论指导,也为文本借用的认知研究与文本考察提供了可操作性方案。

在文本借用的认知态度方面,通过对我国大学生开展问卷调查,学者发现学生普遍不能容忍学术抄袭现象,但他们对较为隐蔽的不规范互文和欺骗性互文行为判断能力较低,急需提升我国英语学生作者对互文的认识。[③] 章木林和邓鹂

---

① PECORARI D,SHAW P. Types of Student Intertextuality and Faculty Attitudes[J].Journal of Second Language Writing,2012,21:149-164.

② 马蓉,秦晓晴. 二语写作互文应用能力研究[J].福建师范大学学报(哲学社会科学版),2015(6):88-97.

③ 杜敏,马王超,黄雨. 大学生对学术写作中抄袭行为的判别能力和态度[J].外语教学,2016(5):57-61.

鸣①也借助问卷和识别测试,指出我国研究生在学术英语写作中,对显性抄袭能够识别,但也存在对隐性抄袭和不规范参引的识别不尽如人意的问题,教师应通过显性教学方式提升学生的辨别能力。

孙厌舒和王俊菊②的研究分别以个案跟踪、文本与访谈的方法,证实了我国英语学习者的互文意识、二语水平、学科知识能够影响互文能力,且这一能力在这些因素的共同作用下处于不断的发展中。具体的研究发现将在发展研究中进行详述。

对互文的文本研究表明,文本借用和写作质量存在一定程度的关系,高分组和低分组在写作文本中的引用特征呈现差异性,这与Petrić③对高低分组二语硕士学位论文中引用情况的发现存在一致性,都指出在高分组学术写作中,引用策略更加多样。使用同一个"学习者互文策略类型模型",Plakans 和 Gevril④ 对高风险托福考试的高分作文和低分作文进行了互文策略类型的对比,发现高分作文多采用规范直接互文策略,低分组多采用不规范互文策略。对我国本科阶段的学习者来说,文本借用问题更加严峻。

二、写作思维的评估研究

探究写作思维对二语学术写作的影响研究由来已久,虽然涉及认知过程,但由于现有二语写作研究多围绕思维开展母语思维量化和批判性思维测量及其与二语写作关系的研究,因此被归类于写作评估研究进行梳理。

母语思维被认为是在二语写作中经常使用的策略之一。研究发现,在二语写作过程中,母语思维和外语思维共同参与写作思维,比如,使用母语构思再翻译成二语进行写作的现象在初级阶段学习者的二语写作中存在普遍性,当被要求描述熟悉的情景时,母语思维能够最先激活并影响二语的描述⑤,可以说母语思维伴随

---

① 章木林,邓鹂鸣. 研究生学术英语写作抄袭认知与识别的调查研究[J].外语学刊,2019(5):76-82.

② 孙厌舒,王俊菊. 学术英语写作中的文本借用研究[J].外语与外语教学,2015(6):36-41,48.

③ PETRIĆ B. Legitimate Textual Borrowing:Direct Quotation in L2 Student Writing[J].Journal of Second Language Writing,2012,21(2):102-117.

④ PLAKANS L,GEBRIL A. Using Multiple Texts in an Integrated Writing Assessment:Source Text Use as a Predictor of Score[J].Journal of Second Language Writing,2013,22:217-230.

⑤ WANG C,WANG M. Effects of Alignment on L2 Written Production[J].Applied Linguistics,2015,5:503-526.

二语学习的整个过程。在不同的写作任务中，母语思维的参与度不等①，但有时使用比例能够高达 39.60%②，令我们不得不关注母语思维及母语迁移对二语学术写作的影响。母语思维能够影响学生二语学术写作的元认知策略③，其影响也渗入我国期刊作者学术英语写作的词汇、句法和语篇层面。母语思维也被证明密切地影响着二语学术写作质量，呈现负相关趋势，限制作文产出的长度和流利性。以上研究发现，随着二语水平的提高和年级的增长（本科 1—4 年级、大一到大三、研一到研三），母语思维的参与度逐渐降低，而二语的思维能力逐渐增强。

与母语思维存在相似处，批判性思维也是一种学习者的思维特征，是对他人观点进行批判性思考、质疑和评价的能力，能帮助写作者在学术话语中合理评价被引述文献、表达自己的学术观点④，与内容知识来源密切相关，也能帮助作者调节内容知识的呈现策略。⑤ 在二语学术写作中，批判性思维的评估与测量也是学界研究的热点。

批判性思维的提出源于杜威提出的"反省式思维"，而最早的批判性思维模型是美国德尔斐项目小组建构的双维结构模型，将批判性思维表述为有目的的、自我校准的判断。我们可以粗略地将批判性思维分为批判性思维技巧和思维倾向。Stapleton⑥ 通过对日本英语学习者的态度问卷调查和访谈，评估其是否存在对于表达不同观点犹豫不决等缺乏批判性思维的问题。这可以归类于批判性思维倾向的探究。该问卷包括 9 个问项，均以二语学术环境中的报告写作为情境。调查结果表明，二语学习者在英语学术写作中的批判性思维是积极的，学生能够质疑老师（权威）的观点，并提出自己的观点、发出自己的声音。濮实⑦针对我国硕士学位论文文献综述部分的思辨能力建构了评估的框架，评估指标包括与核心论点的相关性、论证的理据性、评价性内容的深度与广度、核心论点的明确性以及论证结构的完整性。

---

① 姜琳,陈燕,詹剑灵. 读后续写中的母语思维研究[J].外语与外语教学,2019(3):8-16.

② 陈晓湘,王阳. 二语言写作过程中母语使用的量化分析[J].湖南大学学报(社会科学版),2010(6):89-93.

③ 王俊菊. 二语写作认知心理策略研究[J].山东大学学报(哲学社会科学版),2006(6):61-66.

④ TANG R,JOHN S. The "I" in Identity:Exploring Writer Identity in Student Academic Writing through the First Person Pronoun[J].English for Specific Purposes,1999,18:S23-S39.

⑤ 杨京鹏,吴红云. 内容知识与批判性思维对二语写作影响的实证研究[J].外语界,2016(1):36-43.

⑥ STAPLETON P. Critical thinking in Japanese L2 Writing:Rethinking Tired Constructs[J].ELT Journal,2002,56(3):250-257.

⑦ 濮实. 文献综述写作中思辨能力的评估指标[J].外语与外语教学,2018(6):107-117.

　　我国学者文秋芳①修正前人的模型,提出了思维层级模型,包括认知技能、认知标准和思维倾向,至今仍在不断完善与验证,其中,思维倾向包括好奇、开放、自信、正直和坚毅。在这一模型的基础上,马蓉和秦晓晴②采用 CTDI-CV 量表③对我国英语专业本科生进行了批判性思维倾向特征的评估并考察了学术读写成绩与思维倾向的相关关系。通过二语学术环境下的批判性思维评估研究,学者发现我国英语学习者的批判性思维呈正向趋势,与学术读写成绩不存在显著相关关系;在几个维度中,我国学习者的批判性思维自信度倾向呈负向趋势。

　　以上的研究都指向一个事实,那就是二语学习者自认为是批判性思维者,并且倾向于发出自己的声音,不过实际上他们可能仍需批判性思维的技巧。批判性思维能力的不同定义与理论模型存在共同之处表明,分析、评价和推理是批判性思维的核心技能。这也表明了批判性思维与本书涉及的语篇评价能力关系密切。

　　我们据此推断,批判性思维技能的提高可以促进二语学术写作水平的提升。李莉文④建议通过改变写作评价方式(不单纯使用终结性评价)、改革测试任务(采取综述类、评论类、驳论类、阅读反馈等测试题型)、丰富评价途径(教师反馈、同伴反馈、自我评估)等方式增强学习者在学术写作中的评价意识、读者意识、质疑思维等批判性思维的特质,是提高批判性思维能力的有益尝试。

三、写作反馈与评估方式的研究

　　写作反馈本身就是一种评价行为,是写作语篇的读者对语篇进行阅读后,针对需要修改的内容向作者进行的反馈,是一种意义协商的过程,能够帮助写作者(尤其是学生作者)认识到写作的交流目的,体现写作的读者意识。写作反馈的研究内容主要包括反馈人(教师、同伴、自我、计算机)、反馈形式(不同方式的反馈,如显性还是隐性)、反馈内容(需要修改的内容,如形式还是意义)、反馈时间(短期还是长期)、反馈效果(如是否提高了准确性,改正率有多少)。

　　就不同反馈对象的研究来看,大部分研究关注的是教师反馈,对其明晰度、直

①　文秋芳.论外语专业研究生高层次思维能力的培养[J].学位与研究生教育,2008(10):29-34.

②　马蓉,秦晓晴.英语专业大学生的批判性思维倾向特征研究[J].西安外国语大学学报,2016(4):60-63.

③　彭美慈,汪国成,陈基乐.批判性思维能力测量表的信效度测试研究[J].中华护理杂志,2004(9):644-647.

④　李莉文.英语写作中的读者意识与思辨能力培养:基于教学行动研究的探讨[J].中国外语,2011(3):66-73.

接纠错反馈和间接反馈的有效性进行了颇有成效的研究。闫嵘等①基于语言交际学观点，探究教师书面反馈的明晰度、面子威胁程度对不同自尊水平学习者篇章修改的影响。研究发现，明晰度对形式修改无显著影响，但对意义修改有影响，同时考虑了学习者个体自尊水平对于成功反馈效果的效应。然而，朱晔和王敏②的研究发现教师反馈明晰度对纠正率的影响不明显，还涉及许多其他因素的共同作用。Sheen 等③针对不同母语背景的 ESL 学习者展开了纠错反馈形式有效性的研究，发现直接性纠错反馈能够提升学习者语言的准确性。陈晓湘和李会娜④则比较了直接纠错和间接反馈的效果，得到一致的结论。不过，姜琳和陈锦⑤发现直接反馈和元语言反馈（间接反馈）的效果相当，而且间接的元语言反馈对于隐性知识具有促学优势。

　　针对学术写作反馈中导师的反馈意见，徐林林等⑥进行了针对博士研究生开题报告反馈情况的调查研究。研究发现，博士研究生导师针对语言形式、内容、结构和写作规范进行了反馈，尤其对论点论证、逻辑和写作规范性的反馈是高级阶段学习者学术写作反馈的独特之处。该研究对于学术英语写作反馈研究有引导作用，有待研究者给予更多的关注。

　　同伴反馈更加强调学习者之间的互动和意义协商。同伴互评的研究成果斐然。同伴反馈得到了互动假设、社会文化理论和二语写作社会认知心理理论的支持，于书林和 Lee⑦ 建构了同伴反馈系统模型，将同伴反馈过程有机结合，提出了学习共同体的理念，注重写作反馈的社会性本质。邓鹏鸣和岑粤⑧通过为期 12 周

①　闫嵘,吴建设,栗小兰,等．二语写作教师反馈研究：明晰度、面子威胁程度及其对不同自尊水平学习者篇章修改的影响[J].现代外语,2009(2):168-177.

②　朱晔,王敏．二语写作中的反馈研究：形式、明晰度及具体效果[J].现代外语,2005(2):170-180.

③　SHEEN Y,WRIGHT D,MOLDAWA A. Differential Effects of Focused and Unfocused Written Correction on the Accurate Use of Grammatical Forms by Adult ESL Learners[J].System,2009,37(4):556-569.

④　陈晓湘,李会娜．教师书面修正性反馈对学生英语写作的影响[J].外语教学与研究,2009(5):351-358.

⑤　姜琳,陈锦．书面纠正性反馈对英语冠词显性、隐性知识发展的作用[J].解放军外国语学院学报,2014(6):48-56.

⑥　徐林林,滕琳,吴琳．基于社会文化理论的教师书面差距性反馈个案研究[J].外语学刊,2019(5):63-68.

⑦　于书林,LEE I．基于社会文化活动理论的二语写作同伴反馈系统模型构建[J].山东外语教学,2013(5):24-29.

⑧　邓鹏鸣,岑粤．同伴互评反馈机制对中国学生二语写作能力发展的功效研究[J].外语教学,2010(1):59-63.

的实验,发现同伴互评对学生写作的微观语言问题和宏观结构问题的修改均有促进作用,在态度上学生对同伴互评认可度较高,且具体能够在写作动机、投入度、集体感等方面起到积极作用,促动二语写作水平的提高。Yu 和 Lee① 探究了同伴互评的策略,发现学生在互评过程中的使用策略多样,互动充分。Zhang 和程晓龙②基于活动理论也发现同伴反馈策略呈现类似的特征,并具有调节性和交互性的优点。

与教师反馈和同伴互评不同,自我评估被认为能够触发学习者的自我认知,并调动学习自主性,降低写作评估的焦虑程度,具有独特的优势。不过,受制于学生的英语水平,低水平的学习者几乎不能开展有效的自我评估,只有高水平二语学习者才能做出与教师反馈相趋近的自我评估。③ 韩宝成和赵鹏④也发现高语言水平的学习者在自我评估过程中对内容、结构和语言的关注度相似度高,中等水平学生关注写作内容与结构,而低水平学生更关注作文的语言,而非结构和内容。潘鸣威等⑤编制了基于《中国英语能力等级量表》的英语写作能力和写作策略自评量表,发现学生通过自评量表进行写作自评是非常有效的方式,其结果能够反映出学生的自我意识和改进的方向,比如,学生自评表中评价自己使用最少的策略是引用他人观点,这将对学生开展下一次写作起到一定的帮助。Xu⑥ 在实验研究中将采用自评表和标注范文的实验组同只有自评表可以辅助的对照组进行了对比分析,发现可以参考标注范文的实验组在自评上取得了更大的进步。由此看来,如何提升学生作者自评的效果是学界近期关注的热点。这些研究对二语学术写作的评估过程与方式起到了指引作用。

计算机反馈指的是由计算机自动处理软件系统对学生作文提供的自动反馈与评估,主要是通过计算机软件进行语言质量、内容质量、句法多样性和篇章结构的自动评分,具有实效快、优秀软件与人工评分相差率低的特点。我国学者杨永

① YU S, LEE I. Exploring Chinese Students' Strategy Use in Cooperative Peer Feedback Writing Group[J].System,2016,3:1-11.
② ZHANG L J,程晓龙.基于"活动理论"的同侪反馈中母语和二语的使用对比研究[J].外语研究,2017(5):53-60.
③ 刘建达.学生英文写作能力的自我评估[J].现代外语,2002(3):241-249.
④ 韩宝成,赵鹏.高校学生英语作文自我评估与教师评估对比研究[J].外语界,2007(5):28-38.
⑤ 潘鸣威,宋杰青,邓华.在线英语写作诊断测评中自评量表的开发与效度验证[J].外语教育研究前沿,2019(2):33-41.
⑥ XU Y. Scaffolding Students' Self-Assessment of Their English Essays with Annotated Samples: A Mixed-Methods Study[J].Chinese Journal of Applied Linguistics,2019,42(4):503-524.

林的项目团队开发了英文摘要生成软件、论文设计与学术写作专家系统①;梁茂成和文秋芳②述评外国主要的三个作文自动评分系统,为我国自主研发作文评分系统提供了启示。近年来,我国英语作文自动评分系统如雨后春笋般涌现,展现了计算机反馈技术的发展。

除依据不同的反馈对象开展了多样的研究外,反馈形式的分类也是反馈研究的热点之一。韦晓保和施清波③将反馈进行分类整理和综述,包括纠错性反馈/显性反馈/形式反馈和非纠错性反馈/隐性反馈,不同的分类方式效果不同,也可能导致反馈效果研究的结果不同,如重述反馈和范文反馈的有效性之争。④ 重要的是,该综述研究提出了现有研究中反馈方式和内容的单一性问题,以及个体差异、语言学能、环境因素、学习者期待等复杂变量的交互影响的存在,建议采取取长补短的策略进行反馈方式的组合以取得最佳反馈效果。

继 Ferris⑤ 对反馈有效性的争论之后,学界普遍接受了现有研究能够预示反馈有效的观点,并开展了纠错性反馈形式有效性的对比研究。但是众多对有效性的研究获得了不同的研究发现,同时影响因素的研究结果也存在多种解释。其中,一个重要的影响因素是二语水平,二语水平对反馈的有效性有制约作用。反之,二语写作反馈方式、反馈内容等对提升二语写作水平具有促进作用。⑥

第四节 二语学术写作的发展研究

二语学术写作的发展研究常采用横截面或历时的研究方法,采取动静结合视角,考察特定语篇资源在不同时期的使用特征。其中,研究词汇与句法的发展获得了学界最多的关注。在复杂论的视角下,二语写作能力研究不仅局限于学术写

---

① 杨永林. 宏大叙事与技术精巧:再论"易得"文章利器的妙用[J].外语电化教学,2006(1):3-9.

② 梁茂成,文秋芳. 国外自动评分系统评述及启示[J].外语电化教学,2007(5):18-24.

③ 韦晓保,施清波. 国内外二语书面反馈研究的路径、问题及展望:兼论二语写作与二语习得的接口研究[J].外语界,2016(5):28-36.

④ HANAOKA O,IZUMI S. Noticing and Uptake:Addressing Pre-Articulated Covert Problems in L2 Writing[J].Journal of Second Language Writing,2012,21(4):332-347.

⑤ FERRIS D. The Case of Grammar Correction in L2 Writing Classes:A Response to Truscott (1996)[J].Journal of Second Language Writing,1999,8:1-11.

⑥ BIBER D,NEKRASOVA T,HORN B. The Effectiveness of Feedback for L1-English and L2-Writing Development:A Meta-Analysis[R].Princeton:ETS,2011.

作,还涉及广泛意义上的二语写作过程中的词汇、句法、流利性等方面的发展特征,且大多数研究结果呈现非线性和动态波动的特征,而且写作任务话题、测试次数、学生个人因素等均是可能的影响因素。该类研究揭示了二语写作水平发展的非线性、复杂性特点。①

然而,在一些相关的文献中也存在不同的研究结果。刘国忠和秦晓晴②通过对英语学习者在二语写作中语法准确性的研究,发现语法准确性与英语水平之间存在显著的线性关系,随着英语水平/学习年限的提高,错误量显著减少。相似地,万丽芳③探究了本科生二语写作中词汇丰富性的发展变化,从词汇多样性、复杂性和错误三方面探索了我国二语学术写作词汇丰富性的发展趋势。研究结果在总体上也支持了词汇丰富性与英语水平之间的线性关系。但是,由于语料源自考试限时作文,学生作者在时间的压力下,作文越长反而错误越多。一项有趣的研究是对就读于中国香港地区一所高校的本科生课程英语写作能力发展的历时研究。④ 研究者描写了这一个案在二语课程中的书面输出语言的流利性、词汇/句法复杂度和准确性的发展与变化。在这些发展中,流利性和词汇复杂度增长显著,准确性次之,句法复杂度变化不大。促成这些发展的原因主要是课程设置中语言使用机会多,而且宏观环境(学习与生活中)对英语使用的需求大、对英语水平的要求高。突出的发展特点有语法隐喻增多、高级词汇增多、产出性词汇增长、错误减少。Crossley 和 Mcnamara⑤ 通过对二语学习者进行为期一年的跟踪研究,发现句法复杂性随着英语学习时间的增多而提升;Li 和 Schmitt⑥、Liardét⑦ 分别对二语学习者写作中的语块和语法隐喻开展了历时研究,并获得了相似的研究结论,即学习者语块使用的准确性和语法隐喻的使用频率均随着英语水平的提升而

---

① 白丽芳,叶淑菲.英语二语写作能力动态发展研究[J].现代外语,2018,41(3):354-366.

② 刘国忠,秦晓晴.二语写作准确性结构效度研究[J].外语与外语教学,2010(2):19-25.

③ 万丽芳.中国英语专业大学生二语写作中的词汇丰富性研究[J].外语界,2010(1):40-46.

④ 刘春燕.二语课程中的语言输出与二语发展:香港高校本科生课程英语写作的个案研究[J].外语界,2014(3):45-54.

⑤ CROSSLEY S A,MCNAMARA D S. Does Writing Development Equal Writing Quality? A Computational Investigation of Syntactic Complexity in L2 Learners[J].Journal of Second Language Writing,2014,26 (1):66-79.

⑥ LI J,SCHMITT N. The Acquisition of Lexical Phrases in Academic Writing:A Longitudinal Case Study[J].Journal of Second Language Writing,2009,18(2):85-102.

⑦ LIARDÉT C L. An Exploration of Chinese EFL learner's Deployment of Grammatical Metaphor:Learning to Make Academically Valued Meanings [J].Journal of Second Language Writing,2013,22(2):161-178.

获得相应的发展。较近的一项研究也表明,中国 ESL 硕士生在议论文写作中,对于表达让步和对比的差异性标示词的使用呈现出高、中、低水平间的差异,随着水平的升高而增多了使用频次。① Menke 和 Strawbridge② 对西班牙语的二语言学习者写作中句法复杂性的跟踪研究也揭示了句长的显著性发展。

　　另一个获得学界广泛关注的研究是学术论文中文本引用素养发展特征研究。徐昉③考察了学术引证能力的结构及在我国本、硕、博阶段学习者二语学术语篇中文献综述、研究方法和结果与讨论章节的发展特征,将学术引证能力分解为内容广涉能力、人际互动能力和语篇融入能力。研究的设计非常巧妙,将横截面语料和一位学习者的历时语料结合起来综合考虑,采用手动标注的方法,与国际期刊作者的引证特征进行对比分析。研究发现,本、硕、博阶段学习者的引证能力体现出发展的趋势,但存在个体差异:硕士研究生引证能力优于本科生,博士研究生引证能力最接近专家期刊作者,优秀二语作者的引证能力具有个体性。就引证内容来说,仍存在引证内容单一、重研究观点轻研究结果的问题;就人际互动来看,本科和硕士阶段的学习者不如博士阶段学习者的使用情况;就语篇融入而言,本科生转述动词的能力不足,硕、博阶段学习者转述能力有所发展,但非融入引证的使用仍与专家作者存在差距,有待提升。同时,作者推测了影响因素,如英语水平、学术语篇输入、学术指导等因素。然而,Schmitt④ 认为文本借用方式存在一定的发展趋势,但是 Davis⑤、Weigle 和 Parker⑥ 认为不同水平的学习者文本借用不存在显著的差异。

　　还有的研究者对二语学术写作中的其他语法语篇资源的发展特征与规律进

①　KUZBORSKA I,SODEN B. The Construction of Opposition Relations in High-, Middle-, and Low-Rated Postgraduate ESL Chinese Students' Essays[J].Journal of English for Academic Purposes,2018,34:68-85.

②　MENKE M R,STRAWBRIDGE T. The Writing of Spanish Majors:A Longitudinal Analysis of Syntactic Complexity[J].Journal of Second Language Writing,2019,46:1-15.

③　徐昉.二语学术写作的引证能力及其发展特征:截面与历时证据[J].外国语(上海外国语大学学报),2016,39(3):73-82.

④　SCHMITT D. Writing in the International Classroom[M] // CARROLL J, RYAN J. Teaching International Students:Improving Learning for All. London:Routledge,2005:62-74.

⑤　DAVIS M. The Development of Source Use by International Postgraduate Students[J].Journal of English for Academic Purposes,2013(2):125-135.

⑥　WEIGLE S,PARKER K. Source Text Borrowing in an Integrated Reading/Writing Assessment [J].Journal of Second Language Writing,2012(2):118-133.

行了研究。徐昉①基于语料库的研究方法,发现本、硕、博学习者学术语块的使用整体上呈现先增多再趋于平稳的发展态势,国际学者高频使用的语块逐渐在学生论文中增加了使用频率,得到学习者的重视,尤其博士阶段学习者的语块在种类、结构和功能上最具多样性,也最接近期刊专家作者的使用情况。根据使用趋向,作者指出,母语思维干扰、追求客观性的被动语态频繁使用、口语化、英语水平与地道性不足是影响学术语块发展的可能要素。同样基于语料库的学习者学位论文与国际期刊作者论文的比较,王丽和王楠②描绘了学习者英语学位论文中的口语化现象,尽管这一问题在众多研究中有所提及,但是鲜见系统的探究。作者发现,博士学生作者的口语化程度略高于硕士学生作者和期刊作者,但是相对于差异来讲,博士学生作者的口语化资源使用与期刊作者的使用情况更加趋同。此外,体现口语化问题的缩略语、被动语态、准情态动词等语法层面的资源使用也得到了细致的探究,对于从词汇层面探索口语化问题是一个有益的补充。研究结果显示,二语学习者学术写作中的口语化倾向并不是随着学习者水平的提高而降低,可能受到语言自动化(语法的高原期)和体裁意识薄弱的影响。Ryshina-Pankova③针对二语学术语篇中的语法隐喻进行阶段性探究,总结出语法隐喻产出能力的发展规律。王月丽和徐宏亮④在本、硕、博三个阶段的学术写作中探究了自我指称使用的发展过程。研究发现,硕士阶段是发展的关键期,影响写作身份的建构。研究还表明二语学生作者对于写作者身份建构的方式以隐性建构为主,但随着学习阶段的深入,他们能在一定程度上优化第一人称的使用和写作身份的建构。身份的建构可能受到学术期待、学术训练、学习者经历和学习信念等个人因素的影响。

综合以上的发展特征研究,我们发现研究结果的不一致性和影响因素的多样性。而且,研究者都倾向于将考察的词汇、语法、语篇资源的使用能力作为二语写作能力的缩影。此外,我们也需要对语境因素进行考量。Beaufort⑤ 提出了写作

---

① 徐昉. 中国学习者英语学术词块的使用及发展特征研究[J].中国外语,2012,9(4):51-56.

② 王丽,王楠. 二语学习者学位论文中的口语化倾向[J].现代外语,2017(2):275-286.

③ RYSHINA-PANKOVA M. A Meaning-Based Approach to the Study of Complexity in L2 Writing:The Case of Grammatical Metaphor[J].Journal of Second Language Writing,2015,29:51-63.

④ 王月丽,徐宏亮. 中国英语学习者学术写作中第一人称使用发展特征与身份构建研究[J].外语教育研究前沿,2019(3):58-64.

⑤ BEAUFORT A. College Writing and Beyond:A New Framework for University Writing Instruction[M].Logan:Utah State University Press,2007.

的话语共同体知识对写作能力建构的重要性，而学术话语共同体即构成了一个学术生态环境。齐曦①在生态语言学的理论背景下，基于最近发展区理念，阐释了二语学术写作能力发展的评估体系与指标，其中，学术话语共同体知识中包括作者立场与语气表达及与读者的互动模块，该研究提及的修辞知识模块，包括如何表达作者的可信程度、体现文章的逻辑性、与读者恰当展开互动、建立学术身份等，最后，该研究还提出了确实可行的教学方案，可供广大二语写作教师参考和借鉴，也为本书提供了进路。

第五节　二语学术写作不同阶段的常见问题

在本科阶段的二语学术研究中，学者都指出了本科生写作中的不足与问题。王文宇和俞希②、冯群③通过问卷调查，探究英语专业本、专科学生在二语写作中存在的困难。他们发现，普通高校本科阶段学生作者可能遇到内容、语言和结构方面的困难，并随着年级的增高，对语言困难的认知逐渐降低，对内容和结构方面的困难认知逐渐增加；在开放教育背景下，二语写作存在词汇、句法、语篇和语义层面上的写作障碍，接受了写作指导（写作课程）的学生比没有参与课程的学生能更好地克服写作障碍，对语篇方面的帮助最大，对词汇方面的帮助最小。蔡基刚④通过多维度考察我国非英语专业本科生会议研究论文，发现这些本科生二语学术论文质量与发表要求相差甚远，存在论文结构、语篇资源使用和写作规范等方面的问题。其中，比较明显的问题是对学科研究中前人的研究发现不能恰当地进行评价与定位，即缺乏评价意识；在综述文献的选择时比较随意，不能围绕研究问题展开文献梳理，存在引用不当甚至抄袭的问题，缺乏基本的学术研究规范；在提出研究的主要观点时将作者声音埋没于数据中；暴露出在人称代词、名词化、引述动词（投射动词）、模糊语等语言使用上的明显问题。这些问题表明我国本科生在英语作为外语的环境下开展学术写作存在诸多困难，可能源于学生作者的学术阅读

---

① 齐曦. 生态语言学视域下的学术英语写作能力发展评估体系研究[J].外语界,2017(3)：82-89.

② 王文宇,俞希. 大学生二语写作难点的一项调查[J].外语教学理论与实践,2008(1)：31-35.

③ 冯群. 开放教育环境下英语专业学生二语写作障碍研究[J].开放教育研究,2012(5)：97-103.

④ 蔡基刚. 中国非英语专业本科研究论文写作问题研究[J].外语教学理论与实践,2017(4)：37-43.

语言障碍、汉语思维与语言使用、本科阶段学术英语写作训练不足等方面的原因。

此外,本科生在面对本科阶段结构最复杂、篇幅最长的文章,即学位论文这一项系统的工程时,难免会遇到这样或那样的困难。学位论文作为我国规定大学本科必须接受的教育环节,对学生作者来说可谓一项对学术写作能力和学术科研能力的重要考验,而使用外语或二语开展学位论文写作无疑更具有挑战性。

国外研究主要采取对比的研究方法。有的研究探究了二语本科阶段学生写作与学术专家写作之间在某些词汇语法资源使用上的差异,如 Parkinson① 对比了物理学科本科生实验报告和专家期刊论文讨论章节中建构观点的语言使用,发现二者有显著不同,学生作者存在使用频数和语言资源上的不足;Allison② 指出二语学习者在本科阶段写作中常常使用肯定的语言表达方式,而专家作者则认为应该使用模糊的语言表达方式。有的研究也比较了本科阶段本族语者和二语学习者的 23 种语言资源使用差异,如动词、名词、形容词、名词化、被动结构、增强语与模糊语、定语从句和补语从句等。③ 也有研究基于跨语言对比范式,对比了我国本科生书写的英汉作文中的评价语言资源,发现存在资源分布上的差别,可能受到英语水平和母语文化的影响。④

相比于本科生,硕士研究生作者接受了更加系统的学术写作训练,开设学术英语写作课程的院校越来越多。但是硕士研究生作者在学术英语写作中,并不意味着英语水平越高,学术写作能力就越强,这可能是一个非线性的发展趋势。研究发现,即使是雅思成绩高达 7~8 分的中国留学生,在学术英语写作中(具体为文献综述)仍存在批判性信息素养不得体的问题⑤,具体体现在视角、身份、语篇结构、评价意义表达四方面,反映出学生作者学术主体地位缺失、语篇衔接手段使用不足、批判能力较低等问题。对学术能力需求的增长,也给我国硕士和博士阶段英语学习者的学术论文写作带来了挑战。

---

① PARKINSON J. The Discussion Section as Argument:The Language Used to Prove Knowledge Claims[J].English for Specific Purposes,2011,30:164-175.

② ALLISON D. Assertions and Alternatives:Helping ESL Undergraduates Extend Their Choices in Academic Writing[J].Journal of Second Language Writing,1995,4(1):1-15.

③ FRIGINAL E,LI M,WEIGLE S C. Revisiting Multiple Profiles of Learner Compositions:A Comparison of Highly Rated NS and NNS Essays[J].Journal of Second Language Writing,2014,23:1-16.

④ LIU X,THOMPSON P. Attitude in Students' Argumentative Writing:A Contrastive Perspective [J].Language Studies Working Papers,2009,1:3-15.

⑤ 韩京和,姚俊. 英语学术论文写作教育的缺失[J].河北大学学报(哲学社会科学版),2012 (2):133-138.

硕博研究生与本科生在学术需求上体现不同,表现为不同的学术研究动机。本科生开展学术研究是出于日后工作的需要,在教学实践中开展教学研究,能够促进教学水平的提升。硕博研究生通过开展学术研究,提升了学术兴趣和动机,博士研究生更是如此,对学术研究能力、学术写作素养、学科知识体系、学术规范意识等方面均相对地提升了要求。①

由于对博士研究生的学术要求较高,而且他们对研究前沿的把握、对资料的挖掘等存在不足,对其考核主要落在学术写作与发表的能力上。然而不少研究发现,哪怕是博士研究生论文的写作也存在缺乏理论深度、问题意识与批判意识薄弱、学术写作表现不佳等问题。② 虽然这些研究揭示了我国二语学术作者,尤其是硕、博阶段的学生作者在二语学术写作中存在的困难与问题,但是对宏观评价的笔墨多,对具体问题的描述少,对硕、博阶段二语学术实践的指导意义略显不足。

第六节　二语学术话语研究的主要方法

二语学术话语研究的方法主要包括个案研究、(准)实验研究、调查研究、语料库研究和行动研究。

个案研究方法虽然常见于教育研究,但是也有使用到二语学术话语的研究中,研究者通过多种数据收集方法,获取自然语境下的语言产出和语言发展轨迹,体现个体差异性和现象解释的多样性。韩晔和许悦婷③采取个案研究方法,以书面纠正性反馈为切入点,研究了4名中国大学生在二语写作学习过程中的情绪体验和调节策略的使用;牛瑞英和张蕊④则通过观察一位经验型专业英语写作教师对学生二语写作的书面反馈产生的作用,结合学生访谈数据,为教师二语写作纠正性反馈的类型、方式方法提供了有益参考。以上研究从学生和教师两个视角,

---

① 王雪梅.从学术能力的需求分析角度反思我国英语专业研究生教育[J].外语界,2010(5):67-73,95.

② 李永刚,王海英.理工科博士生科研能力的养成状况及其影响因素研究:基于对我国研究生院高校的调查[J].研究生教育研究,2019(4):35-44.

③ 韩晔,许悦婷.积极心理学视角下二语写作学习的情绪体验及情绪调节策略研究:以书面纠正性反馈为例[J].外语界,2020(1):50-59.

④ 牛瑞英,张蕊.二语写作教师书面反馈焦点、策略及成效个案研究[J].解放军外国语学院学报,2018,41(3):91-99.

综合分析了教师反馈的特点和作用。靳红玉等①通过考察 2 名二语写作者对写作任务难度感知和注意力分配的特点,发现了写作任务难度的感知因人而异,对准确度的注意力分配随着任务难度提升而增多,对复杂度的关注则随之下降;赵永青和孙鑫②通过分析 2 名英语专业本科生在开展二语写作的过程中的注意分布和注意意识,发现相比于写作的内容和结构,写作语言得到了学习者更多的关注,英语水平是一个重要的影响因素。王菲③基于对话理论,通过收集民族志数据(如使用文本、访谈、观察、有声思维、书面反馈等数据收集方法),分析了美国高校研究论文写作课堂内外的师生学术对话,揭示了学习者在学术话语社团中开展学术对话和交流、融入学术话语社团的重要性。夏珺和王海啸④通过对 4 名大学英语学习者参与主题式语言课程的课堂观察、日记分析和访谈调查,探究了课程对词汇提取的影响。还有的文献对词汇语法发展研究(如词汇与语法的复杂度、准确性和流利性的发展研究)予以综述,主要采取的方式是对一个或几个个体的二语学术写作语篇进行词汇与句法的分析,并综合分析多种影响因素带来的动态影响。

实验研究方法主要是对二语学术话语的产出在实验或准实验的条件下进行干预,并检验对某个或某些变量的干预对于语言产出/语篇产出(或某个/某些所涉及的变量)的影响和产生的效应。桑紫林⑤采用"合作产出"的教学手段对实验组进行为期 18 周的教学干预,研究的结果证明合作产出对提升学习者二语写作的准确性以及提速发展显著优于对照组。张荔⑥提出学术英语交际课程形成性评估模式,并使用混合研究法验证该模式的实施效果。研究采取实验班和对照班的设置,在一学期的混合研究结束后,发现以上形成性评估模式对提升学术论文写作质量有明显效果。

与实验研究不同,调查研究帮助研究者对二语学术写作的情况进行了内部视

---

① 靳红玉,王同顺,于翠红. 二语写作任务复杂度的效度验证[J].现代外语,2020,43(1): 81-93.

② 赵永青,孙鑫. 英语写作过程中注意的分布和意识程度的研究[J].外语与外语教学,2009 (1):32-36.

③ 王菲. 美国高校研究型论文写作教学对话元素的个案研究:对话理论视角[J].外语与外语教学,2016(5):107-114.

④ 夏珺,王海啸. "主题式"语言课程对二语写作词汇提取的影响:个案研究[J].外语研究,2014(1):55-60.

⑤ 桑紫林. 合作产出对英语学习者书面语准确性发展的影响研究[J].外语与外语教学,2017(4):7-15.

⑥ 张荔. 学术英语交际课程形成性评估模式及效果研究[J].中国外语,2017,14(2):72-80.

角下的探究。该研究方法主要采用问卷设计/调查和访谈调查的方式。章木林和邓鹂鸣①在开发抄袭认知问卷的同时，也开展了抄袭识别测试，对我国二语学生作者学术写作中的抄袭问题进行了深入的探讨。他们发现，二语学生作者对于显性抄袭的认知情况要好于隐性抄袭和不规范引用，且抄袭识别能力较弱。作者指出学术写作经验是否丰富是影响学术抄袭问题的主要因素，并主张学习者接受显性的文献引用教学并加强学术写作训练。这一调查从认知层面揭示了学生作者在二语学术写作中的主要问题之一，对于抄袭问题的研究更加深入。濮实②针对学生作者在二语学术写作中的元思辨能力开展了调查研究，旨在探究其评估指标和框架。通过访谈调查，作者首先探究了元思辨能力的概念、结构及其内涵，其次结合语篇实例分析了其适用性。同时，相对于以往对元思辨能力的宽泛描述，作者提出的元思辨能力评估框架将元思辨能力与特定章节学术写作的要求紧密结合，为量化思辨能力及发展创造了可能，具有较强的内容效度。王俊菊等③也对我国研究生阶段学习者二语学术引用特征进行了调查和访谈，反映出在引用过程中自我身份建构意识不足的问题，学术作者对文献的引用受到诸多因素影响，如相关程度、时效性、可及性和权威程度等方面。这些专门针对二语学术环境下的写作调查举不胜举，此处虽只回顾近年来的研究，但其研究广泛程度可见一斑。然而，我们尚未发现一项针对语篇评价意识的调查研究，这也是本书需要解决的问题之一（详见第八章）。

除了专门的调查研究外，有的研究将调查数据作为佐证数据，与其他数据相结合、互相验证。在这些研究中，调查问卷或访谈提纲只是多种数据收集工具中的两种，还结合了多重问卷、测试、课堂观察、有声思维等数据收集手段。这些研究的优势在于能多维度地获取信息使数据之间相互联系起来，样本量也较大，有利于发现大量数据间的相关关系，研究结果的可推及性较好。

语料库研究方法是二语学术写作领域使用最广泛的研究方法，常常用来进行对比研究与语篇资源分析。研究者往往借助语料库检索软件，基于分类标准或理论框架，采取频数对比、概率统计的方法，考察在不同的文体或体裁结构中词汇语法资源的使用差异，如基于三种体裁（对话、学术话语和新闻报道）中立场副词的

① 章木林,邓鹂鸣.研究生学术英语写作抄袭认知与识别的调查研究[J].外语学刊,2019 (5):76-82.
② 濮实.学术写作中元思辨能力的构成要素研究[J].外语界,2018(6):28-35.
③ 王俊菊,杨凯,孙田丰.英语研究生学术写作的文献引用特征研究[J].外语界,2017(5): 56-64.

对比研究。① 也有的研究者开展词汇语法资源使用发展与变化的历时对比,如以上关于二语学术写作的发展特征研究,又如更大的时间跨度(如三个世纪)间实现英语情态意义的词汇语法资源的变化探究。② 还有的研究者对比不同的语言使用者,如学习者和本族语者、学术写作新手和经验型作者(如国际期刊作者)以及不同学习阶段的学生作者等,对这些词汇语法资源的使用特征与差异等进行分析。这些研究能呈现真实语境下的大量复现数据,找寻语言使用的规律,定位具有普遍性的问题。针对基于语料库的评价意义研究,笔者将主要在下一节展开。

行动研究主要围绕二语学术写作教学开展。蔡基刚③针对我国研究生国际发表的需求,就复旦大学给研究生开设的"国际期刊论文写作与发表"课程教学进行了介绍,并开展了行动研究。研究中记录了这门课程的授课方法与理论基础,值得学术英语写作教师借鉴。朱效惠和袁欣④则对本科生学术英语写作课程的开展提出了新的教学尝试,这一研究主要采用活动理论中的中介、共同体和分工等因素发挥的调节作用设计课程并取得了较好的教学效果,提升了学生作者的学术写作能力和科研能力。Flowerdew⑤借助语料库软件和在线学术语料库帮助博士生作者建构起体裁结构意识,通过开展分步骤学位论文写作工作坊(two-part thesis writing workshop)和反馈环节,指导高校的二语学习者开展博士学位论文讨论章节的写作指导。

① CONRAD S,BIBER D. Adverbial Marking of Stance in Speech and Writing[M]//HUNSTON S, THOMPSON G. Evaluation in Text:Authorial Stance and the Construction of Discourse. Oxford: Oxford University Press,2000:56-73.

② BIBER D. Historical Patterns for the Grammatical Marking of Stance:A Cross-Register Comparison[J].Journal of Historical Pragmatics,2004,5(5):107-136.

③ 蔡基刚. 国际期刊论文写作与发表:中国研究生必修的一门课程[J].学位与研究生教育, 2018(4):10-15.

④ 朱效惠,袁欣. 活动理论视角下的学术英语写作教学研究[J].外语界,2018(1):71-78.

⑤ FLOWERDEW L. Using Corpus-Based Research and Online Academic Corpora to Inform Writing of the Discussion Section of a Thesis[J].Journal of English for Academic Purposes, 2015,20:58-68.

第二章

二语学术话语的语篇评价意义研究动态

通过对国内外期刊上学术语篇研究的可视化分析①,发现国际上学术语篇的研究热点聚焦于体裁语步分析、语篇人际意义、二语学术写作的发展等话题,而国内的相应研究还有待拓展,尤其是硕博学位论文的相关体裁研究、学习者学术写作的发展研究等将成为国内学术语篇研究焦点问题的重要内容,仍需广大研究者增加学术关注。本书关注的就是我国学习者在本硕博学位论文中语篇评价意义的建构及发展,特别是表达评价意义的资源与范畴在不同学习阶段的二语学习者使用中存在的规律性发展特征。

这一章将围绕国内外二语学术话语中评价意义的相关研究,梳理语篇评价意义研究的主要内容和方法。第一节将从微观语言特征、宏观语篇结构和认知过程三方面介绍二语学术话语语篇评价意义研究的内容。第二节将说明二语学术话语语篇评价意义的研究方法,主要涉及调查民族志、教学研究和语料库的研究,为本书提供研究方法的参考。

为了尽可能全面地网罗相关研究,本书在 Web of Science 数据库和 CNKI 数据库中分别进行了系统文献搜集与整理。在 Web of Science 数据库中设定摘要检索式为 AB=(academic discourse or academic writing AND evaluation or evaluative),通过高级检索查找 2016—2021 年发表的英文学术期刊论文,按照发文量选取排名前 14 的语言学与教育学期刊中 285 条最相关文献,经文本阅读、整理与分类,最终保留近 6 年期刊论文共计 179 篇。②

---

① 邓鹏鸣,周韵. 基于 Citespace 的国际学术语篇研究可视化分析[J].外语教学,2020,41(1):54-58.

② 周惠. 英语专业研究生学位论文的语篇评价意义研究[D].长春:东北师范大学,2016.

表 2-1 学术语篇评价研究的国际期刊学术论文（Web of Science 数据）

排序	期刊名称	获取文献量/保留文献量/篇
1	*Journal of English for Academic Purposes*	50/50
2	*Higher Education Research & Development*	29/15
3	*Journal of Pragmatics*	27/19
4	*English for Specific Purposes*	21/21
5	*Studies in Higher Education*	21/11
6	*Teaching in Higher Education*	21/12
7	*Teachers College Record*	18/3
8	*Linguistics and Education*	14/12
9	*Text & Talk*	12/12
10	*Critical Discourse Studies*	11/4
11	*Ibérica*	11/8
12	*International Journal of Communication*	11/0
13	*Sage Open*	10/3
14	*Journal of Second Language Writing*	9/9

国外学术语篇评价研究文献的数量呈现逐年增长的趋势。如图 2-1 所示，Web of Science 数据库中与学术语篇的评价意义研究相关的英语研究论文数量在 2016—2018 年相对持平，在 2019 年呈现猛增的趋势，由 2017 年的 50 篇增长至 80 篇。

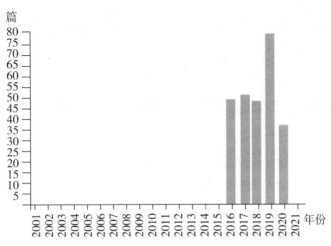

图 2-1 Web of Science（2016—2021）学术语篇评价研究的发文量

通过中国知网（CNKI）对国内的学术写作语篇评价研究文献进行高级检索，在核心期刊和 CSSCI 期刊中检索摘要中含有"学术话语"或"学术语篇"或"学术写作"或"学术口语"，并且含有"评价"的精确匹配文献。学科选择了哲学与人文科学中的"中国语言文字"与"外国语言文字"，以及社会科学 II 辑中的"高等教育"，以确保与学科相关。经筛选，共检索出 2016—2021 年共计 54 条文献。从整体数量上看，国内研究的评价意义还是远远不足的，未获得国内学界应有的关注。

国内相关研究虽然数量较少，但是引证文献在 2016—2021 年呈现一个持续增多的趋势，如图 2-2 所示。这表明近 6 年来学术写作中评价意义研究工作的继续、应用、发展和评价呈现了发展的态势，对未来这一领域的研究产生着越来越重要的影响。

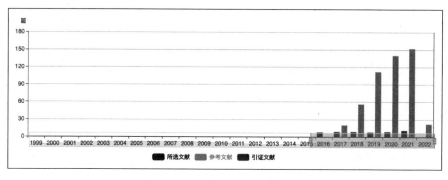

图 2-2　CNKI（2016—2021）学术语篇评价研究的发文量

就文献的主题分布来看，国内的研究主要借助语料库的研究方法，选取学术语篇的功能、人际意义以及表达评价的语言特征作为研究主题。研究采取的理论多为评价理论、元话语、短语学等词汇语法共选理论。可以说，国内的学术语篇评价意义研究还处于萌芽阶段。在下面的小节中，我们将对以上国内外文献进行综述。

第一节　二语学术话语语篇评价意义研究的内容

就研究的内容而言，二语学术话语中语篇评价意义的研究可以分为微观语言特征研究、宏观语篇结构研究、与评价意义相关的认知与过程研究三方面。

一、微观语言特征研究

在众多的学术话语语篇评价意义研究中，我们首先将视线置于评价研究的词汇语法与语篇资源,即微观的语言特征研究。由于实现评价意义的语言资源多样,学界从不同的视角,针对不同的资源实现方式和使用特点,开展了多样的评价意义研究。其中,主要的研究内容之一是表达人际意义的元话语。Hyland① 将元话语定义为作者和说者通过语言使用与读者和听者互动的方式,在话语分析、语用研究和语言教学等多个领域引发了学者越来越多的兴趣。元话语的研究探究了语言及语境之间的关系、作者如何建构他们与读者之间的关系。元话语的研究包括理论的梳理和延伸,对元话语的定义、范畴和分析等方面进行拓展和历时梳理,既是理论的拓展,也促进了元话语框架在学科学术话语中的研究。此外,还有针对学术机构话语中师、生、专家话语的元话语分析。如学术写作教师针对学生写作中存在问题的反馈话语的元话语②,学生写作过程中合作话语中的元话语③,学术话语冲突如何使用元话语处理分歧、维系关系④等。通过对教师的元话语进行研究,发现在 5 名教师对 375 名学生的作文反馈语中用来展开语篇和建构作者—读者关系的元话语使用频率远高于学术笔语和口语,人称、指称使用多,能够有效解决交际中产生的问题。通过对学生写作过程中合作话语里元话语的研究指出,元话语是思维的中介,通过合作进行推理的学生更多使用元话语,读者意识更强,更少使用强调语、表达假设的语言和添加关系连接词。在学术争议话语的研究中,元话语被用来协商学术话语社团的关系,表达积极和负面的评价,那些拥有话语决定权的人多使用非对话型言语,表达从上至下的权力,而学术话语社团成员更倾向开放平等的对话。这些研究体现出,元话语既是一个比较成熟的分析框架,也是重要的评价意义研究内容,能帮助我们更系统地分类考察学术话语中的人际评价资源和语篇评价意义。

另一个主要的评价资源是语块。对于语块的研究在国内外均得到比较充分的关注。这些研究的共通之处在于采用语料库的研究方法,针对一种语类或是多种语类语篇中某种或某些高频短语序列展开描述或对比研究。有的研究结合了语步结构进行特定的描述,或对不同学术写作阶段的语篇中语块的使用进行对比,探究语块使用的发展特征,如非本族语者水平测试语料库 EPT(English Place-

---

① HYLAND K. Metadiscourse:Exploring Interaction in Writing[M].London:Continuum,2005.

② ÄDEL A. Remember That Your Reader Cannot Read Your Mind:Problem/Solution-Oriented Metadiscourse in Teacher Feedback on Student Writing[J].English for Specific Purposes,2017,45:54-68.

③ LATAWIEC B,ANDERSON R,MA S,et al. Influence of Collaborative Reasoning Discussions on Metadiscourse in Children'S Essays[J].TEXT & TALK,2016,36(1):23-46.

④ SHRIKANT N. Metadiscourse and the Management of Relationships during Online Conflict among Academics[J].TEXT & TALK,2020,40(4):513-535.

ment Test）中不同英语水平组学生对不同类型语块使用的偏好①、专家作者和学术新手学术写作中的语篇衔接语块使用差异②、期刊论文和学位论文中介词短语语块的使用差异。③ 文献涉及立场语块④、下定义话语行为语块⑤，或是综合不同类型的语块研究。⑥ 这些研究与前文对语块研究综述的不同点在于，它们都围绕语块的评价意义进行描写、对比与探究，更加关注语块作为语篇评价资源的特点。研究发现，不同的学科、不同的学术写作阶段、不同的语言水平、不同的文化背景下的作者，在语块使用上存在迥异之处。

标示名词、外壳名词，或称元话语名词⑦，是表达作者建构学科知识、表达学术立场、开展人际互动的另一重要资源，能够实现学术语篇劝谏和读者互动的功能。同时，名词的使用过程大多涉及名物化的语法隐喻，因此众多的研究以系统功能语言学为理论基础，在不同的内涵范围内开展对名词及名词类结构的评价意义研究。名词常常出现在特定的型式中，如"名词+补足语从句"结构、"名词+be+that"结构，实现多样的语篇功能，如表达抽象概念、事实性、正式程度，组织语篇等，受学术水平和语言水平的影响⑧，是不同学科学术写作的区别性特征之一。当将二语学习者和本族语学生、专家作者进行比较时，本族语学生作者使用"前置修饰语+名词"的结构比专家作者少，二语学习者与专家作者间的差异最大。

还有基于框架语法和构式语法的一些研究也积极地探索短语框架、语块框架、框架标示语等能够表达评价意义的型式或构式。如 be+to 搭配框架表达的评

① VO S. Use of Lexical Features in Non-Native Academic Writing［J］.Journal of Second Language Writing,2019,44:1-12.

② WANG Y. A Functional Analysis of Text-Oriented Formulaic Expressions in Written Academic Discourse:Multiword Sequences vs. Single Word［J］.English for Specific Purposes,2019,54:50-61.

③ BENELHADJ F. Discipline and Genre in Academic Discourse:Prepositional Phrases as a Focus ［J］.Journal of Pragmatics,2019,139:190-199.

④ 周惠,刘永兵. 中国英语学习者学术中标示名词的功能与立场研究［J］.外语教学与研究, 2015(2):251-261.

⑤ TRIKI N. Revisiting the Metadiscursive Aspect of Definitions in Academic Writing［J］.Journal of English for Academic Purposes,2019,37:104-116.

⑥ 李晶洁,胡文杰. 短语学视域下的学术话语功能研究［J］.外语教学理论与实践,2016(4):17-30.

⑦ 姜峰. 元话语名词:学术语篇人际互动研究的新视角［J］.解放军外国语学院学报,2019 (2):62-72,159.

⑧ TAQVIST M K. A Wise Decision:Pre-Modification of Discourse-Organising Nouns in L2 Writing［J］.Journal of Second Language Writing,2018,41:14-26.

价意义研究①,it 评价型式的研究②,评价性 that 句式的研究③,评价性 what 小句的研究④等。

有些研究内容涉及评价性形容词、正式性与口语化语言特征,和已被学者广为关注的模糊语等语力修饰语、人称代词/自我指称、句法复杂度等。

评价性形容词是表达评价意义的形容词,能在表达赏鉴和判断的同时,暗含作者的态度和情感。更重要的是,它们能够促进读者和作者之间的意义协商,促动话语目的实现。Poole⑤ 分析了财务报告中的评价性形容词的使用,表明它们在实现劝谏和隐形推销上发挥了重要作用;周惠和刘永兵⑥考察了二语学习者硕士学位论文和本族语者硕士学位论文中评价性形容词的异同;Vainik 和 Brzozowska⑦ 以跨语言的视角比较了不同语言自然会话中表达积极意义的评价性形容词和副词在功能和分布上的相同点,以及评价性累积与增强性程度上的差异。

学术话语的正式性程度研究虽然不多,但也得到中外学者的关注。Liardét 等⑧通过评分者对正式程度的打分以及学生论文中的代词、连词和词汇密度等多种指标,探究正式程度;王丽和王楠⑨对比硕博学位论文和期刊论文的口语化倾向程度,包括以下语言特征:缩略形式、准情态动词和情态动词、被动结构。硕博学位论文被指出具有较明显的口语化倾向,博士学位论文并不比硕士学位论文更加

① 张继东,黄雅婷. 医学学术语篇搭配框架 BE* to 的评价功能研究[J].解放军外国语学院学报,2014(2):54−61.

② 王冰昕,卫乃兴. 中西学者学术论文特征性 it 评价型式与意义的对比研究[J].外语与外语教学,2018(6):53−64,145.

③ KIM C,CROSTHWAITE P. Disciplinary Differences in the Use of Evaluative That:Expression of Stance via That−Clauses in Business and Medicine[J].Journal of English for Academic Purposes,2019,41:1−14

④ BONDI M. What Came to Be Called:Evaluative What and Authorial Voice in the Discourse of History[J].TEXT & TALK,2017,37(1):25−46.

⑤ POOLE R. "New Opportunities" and "Strong Performance":Evaluative Adjectives in Letters to Shareholders and Potential for Pedagogically − Downsized Specialized Corpora[J].English for Specific Purposes,2017,47:40−51.

⑥ 周惠,刘永兵. 二语学术写作中评价性形容词使用的语篇评价意义研究[J].中国外语教育,2017(1):58−66.

⑦ VAINIK E,BRZOZOWSKA D. The Use of Positively Valued Adjectives and Adverbs in Polish and Estonian Casual Conversations[J].Journal of Pragmatics,2019,153:103−115.

⑧ LIARDÉT C L, BLACK S, BARDETTA V S. Defining Formality:Adapting to the Abstract Demands of Academic Discourse[J].Journal of English for Academic Purposes,2019,38:146−158.

⑨ 王丽,王楠. 二语学习者学位论文中的口语化倾向[J].现代外语,2017(2):275−286.

接近期刊论文的正式程度，呈现非线性的发展特点。

　　模糊语属于礼貌策略的一种，能够缓和话语语力带来的潜在冲突和不和谐，在学术话语研究中也是一个热点话题。近年来的研究主要在特定的结构中考察模糊语言，少见专门的研究，尤其关注造成使用差异的影响因素。Larsson① 探究了本族语者和二语学生作者写作中的态度标记语和模糊语等词汇语法资源，发现了二语学生作者使用情况的不平衡性；Walkova② 则对比了本族语者和二语学生作者写作中的自我指称语和模糊语，指出二语写作中的微观语言使用受母语迁移的影响；Zainuddin 等③对博士研究生答辩话语中的学生与答辩委员使用的模糊语进行了差异对比，揭示了学科特点和话语权力的影响。

　　语力修饰语（pragmatic force modifiers）也是学术写作中实现人际意义和语篇功能的资源之一。Lau 等④探究了中国台湾地区的学习者对英语讲座中语力修饰语的认知情况，以及认知与讲座理解效果之间的相关关系。研究结果表明，讲座中语力修饰语的频率与学生对其认知不存在影响，理解能力不同的二语学习者对语力修饰语的认知也存在不同程度的差异。

　　人称代词作为读者指称的主要方式之一，在学术话语研究中一直备受关注。将人称代词和评价意义结合在一起是因为它们具有区别角色的功能。首先它们能够指称读者，具有引领读者、灌输知识、确保共享理解等功能，而且恰当地指称读者是学术作者学术素养和学科话语水平的体现。如 Fernandez⑤ 对比了本族语者和非本族语者学术会议发言中的 you 使用情况，指出非本族语者的 you 使用与书面语中的 you 使用有时比较类似，即存在"说书面语"的情况，同时缓和又积极地称赞听众，表现出他们对于听众的交际需求更加敏感。其次，人称代词也用来

① LARSSON T. A Functional Classification of the Introductory It Pattern：Investigating Academic Writing by Non‐Native‐Speaker and Native‐Speaker Students［J］. English for Specific Purposes，2017，48：57‐70.

② WALKOVA M. A Three-Dimensional Model of Personal Self-Mention in Research Papers［J］. English for Specific Purposes，2019，53：60‐73.

③ ZAINUDDIN S Z，DAMIANO‐NITTOLI A C，ZAINAL A Z. Hedging Functions in Malaysian Doctoral Candidature Defense Sessions［J］.Sage Open，2019，9（4）：1‐13.

④ LAU K，COUSINEAU J，LIN C‐Y. The Use of Modifiers in English-Medium Lectures by Native Speakers of Mandarin Chinese：A Study of Student Perceptions［J］.Journal of English for Academic Purposes，2016，21：110‐120.

⑤ FERNANDEZ F J. The Construction of Opposition Relations in High‐，Middle‐，and Low‐Rated Postgraduate ESL Chinese Students' Essays［J］.Journal of English for Academic Purposes，2018，49：14‐25.

自我指称。McGrath① 对比了 18 篇历史与 18 篇人类学期刊论文中的 I 使用频率，发现后者中的 I 使用频率高于前者，学科知识建构的方式在很大程度上影响了作者的自我指称，与此同时，研究者发现学科内部由于作者个体差异性带来的变异也非常显著。此外，母语对人称代词使用的影响也备受关注。Walkova② 提出了自我指称的三维模型，并在英语为母语、英语为二语和斯洛伐克语为一语的学术语篇中验证，发现了学术作者在这三维模型中频繁地调整与平衡自我指称的效果，且证明了有些自我指称受到母语迁移作用的影响。在学习者二语学术写作中，I 和 We 常用来实现研究者身份，建构研究客观性立场，也用来实现学术观点的评论者身份，通过与认知心理投射动词搭配，呈现作者的主体性，还可以实现知者身份，针对研究结果进行讨论与解析，凸显个人对学科知识进步的贡献，凸显研究的重要意义与创新程度。Isik-Tas③ 针对土耳其学者分别使用土耳其语和英语撰写的期刊论文和英语本族语者的期刊论文进行了第一人称代词使用的比较。研究发现，英语本族语者和土耳其学者撰写的英语期刊论文存在很大程度的相似性，均只在需要较大人际投入的位置使用第一人称代词，如观点表达、建构写作者权威立场。但是土耳其学者发表在本国的期刊论文则回避使用第一人称代词，差异显著。可见，人称代词的使用也受发表所在地社会文化环境的影响。

句法特征的研究在前文已经进行了比较充分的梳理，其研究开始较早，但是其与评价意义结合的研究仅仅是近期才开始。Wu 等④对比了二语学术期刊论文和美语者学术期刊论文的句法复杂度，通过 9 个观测点的差异分析，发现二语学术写作偏好名词类结构、长句、并列结构、在简洁性和直接性间寻求平衡，以表达语篇意义关系。

除此之外，还有一些标新立异的研究值得我们关注和继续深入探究。比如，

① MCGRATH L. Self-Mentions in Anthropology and History Research Articles：Variation between and within Disciplines[J].Journal of English for Academic Purposes，2016，21：86-98.

② WALKOVA M. A Three-Dimensional Model of Personal Self-Mention in Research Papers[J]. English for Specific Purposes，2019，53：60-73.

③ ISIK-TAS E E. Authorial Identity in Turkish Language and English Language Research Articles in Sociology：The Role of Publication Context in Academic Writers' Discourse Choices[J]. English for Specific Purposes，2018，49：26-38.

④ WU X，MAURANEN A，LEI L. Syntactic Complexity in English as a Lingua Franca Academic Writing[J].Journal of English for Academic Purposes，2020，43：1-13.

重要性标示语的评价功能①、陈词滥调的评价意义②等。总体而言，微观的语篇评价意义研究主要关注的是词汇语法层面上的资源在建构语篇评价意义上表现出的普遍性和差异性、规律性和变异性。这些研究细化、具体、深入地揭示了语篇评价意义，实现了资源的多样性，体现了学界日益关注看似非主观化的学术话语的主观化本质。

二、宏观语篇结构研究

宏观视角下语篇结构中的评价意义探究主要聚焦二语学术语篇的某个语类结构能够展现的语篇意义。下文将以具有普遍性的学术论文结构对具有代表性的相关研究进行梳理。

标题与摘要：标题高度概括了学术写作的主要内容、研究视角和/或研究方法；摘要客观汇报了研究的问题、目的、方法和结果，因此，对于学术语篇评价意义的研究很少着眼于标题与摘要。如 Arreman 和 Erixon③ 分析了瑞典学习者的学位设计文本标题与摘要，从学术读写能力、语步和知识建构等方面探讨了专业性话语中的意义表达，但是尚未触及评价意义。Friginal 和 Mustafa④ 对伊拉克学者分别发表在美国期刊和本国期刊上的英语期刊论文的摘要进行了基于语类的跨语言研究。文章采取了多维度分析方法，对四个学科的文本进行了对比和对照，发现了不同发表介体上的学术英语写作的异同点，比如，信息打包与共享的方式、程序性话语的使用以及作者建构的直接性和论证性立场，体现出摘要在客观传递信息的同时也能帮助作者建立语篇立场。

论文概要：概要（highlight）是一个未广受关注的语篇结构。Yang⑤ 对比了软硬学科期刊论文概要部分的评价性语言与互动话语，采用语篇分析、关键词分析和立场与介入分析的方法，发现软硬学科期刊论文概要存在显著差别，同时通过

① ZARE J，KEIVANLOO-SHAHRESTANAKI Z. Genre Awareness and Academic Lecture Comprehension：The Impact of Teaching Importance Markers［J］. Journal of English for Academic Purposes，2017，27：31-41.

② BULLO S. Cliches as Evaluative Resources：A Socio-Cognitive Study［J］.TEXT & TALK，2019，39(3)：289-313.

③ ARREMAN I E，ERIXON P-O. Professional and Academic Discourse-Swedish Student Teachers' Final Degree Project in Early Childhood Education and Care ［J］. Linguistics and Education，2017，37：52-62.

④ FRIGINAL E，MUSTAFA S S. A Comparison of US-Based and Iraqi English Research Article Abstracts Using Corpora［J］.Journal of English for Academic Purposes，2017，25：45-57.

⑤ YANG W. Evaluative Language and Interactive Discourse in Journal Article Highlights［J］. English for Specific Purposes，2016，42：89-103.

问卷调查发现,学术作者和编辑认同概要具备推销研究的功能,但对其必要性和实际效果的看法不同。可见,概要虽然简短,但是具有一定的评价功能。

引言:Xu 和 Nesi① 对比了中、英两国各 30 篇应用语言学作者的期刊论文的介入资源。研究揭示了这些期刊作者在语篇评价资源使用上存在的相似之处,也发现引言和结论部分的介入资源使用存在一定的中英差异,受母语的影响,体现出中英作者不同的介入策略、不同程度的介入、不同的互动效果。在另一项针对引言的研究②中,他们还发现中国作者更加武断与肯定、英国作者更加容忍不同立场,对前人研究和自己的观点立场更加明确。Maher 和 Milligan③ 基于语料库研究方法,对机械工程硕士学位论文的引言进行了体裁结构分析,发现语篇意义的表达是一个逐渐社会化、同入学术话语社团的过程。

文献综述:作者常常通过引证的方式建立自身同学术社团的联系,可以表达写作者对被引述文献的观点和评价。Peng④ 通过对比在中国接受学术训练的博士研究生和国外培养的博士研究生所写的文献综述中文献引用体现出的作者声音建构,并结合访谈方法,发现国外培养的博士研究生更加注重非融合性引用并凸显作者身份;国内培养的博士研究生倾向于使用评价性词汇表达作者身份,国外培养的博士研究生倾向于使用句法和语篇资源凸显研究者身份。Xie⑤ 则将焦点置于中国硕士研究生学位论文文献综述的评价意义资源上。作者发现中国学生作者常常在学术写作中选择直接表达评价意义、做出积极的评价、对他人立场持中立态度、在表达有力的观点时采取缓和强加性的表述方式。

研究方法:研究方法一向被认为是客观的,没有评价意义表达。但是作者常

① XU X,NESI H. Differences in Engagement:A Comparison of the Strategies Used by British and Chinese Research Article Writers[J].Journal of English for Academic Purposes,2019,38:121-134.

② XU X,NESI H. Evaluation in Research Article Introductions:A Comparison of the Strategies used by Chinese and British Authors[J].TEXT & TALK,2019,39(6):797-818.

③ MAHER P,MILLIGAN S. Teaching Master Thesis Writing to Engineers:Insights from Corpus and Genre Analysis of Introductions[J].English for Specific Purposes,2019,55:40-55.

④ PENG J-E. Authorial Voice Constructed in Citation in Literature Reviews of Doctoral Theses:Variations across Training Contexts[J].Journal of English for Academic Purposes,2019,37:11-21.

⑤ XIE J. Direct or Indirect? Critical or Uncritical? Evaluation in Chinese English-Major MA Thesis Literature Reviews[J].Journal of English for Academic Purposes,2016,23:1-15.

常通过引用其他研究的设计为当前的研究设计提供支持和理据。如 Lim① 表明学术写作中研究方法部分的语言资源能够确保研究设计的可接受度和科学性，具体而言，包括评价性小句在内的语言资源可以隐性地通过括号引用、形容性非限定结构和相关结构表明作者对被试行为的认知和被引用内容的评价。然而这样的研究还比较匮乏。大多数的研究是关于不同学科论文中的研究方法体现出的知识建构方式的差异②，有待我们继续探究。

研究结果与讨论：相关研究结果之间存在分歧是经常存在的情况。如何协商观点上的差别并恰当表达语篇立场是学术写作作者需要掌握的策略。Cheng 和 Unsworth③ 通过对 21 篇期刊论文中介入的资源进行分析，探究作者如何将学术分歧转化为知识建构的方式，引导读者对作者的研究结果持有积极的评价。有趣的是，作者在这个过程中不会采取否定前人研究结果的方式，而是通过凸显自己的研究结果更具有科学性和合理性实现的。这样的评价方式能够帮助作者在强调研究权威的同时建立和谐的学术社团关系。在另一项研究中，Geng 和 Wharton④ 对比了中国学习者和本族语者博士学位论文讨论章节中的评价性语言资源，探究他们如何评价自己与他人的研究发现。新颖之处在于，他们选取了小句之间的资源互动并进行了质化的研究。他们发现了作者讨论自己研究的三个模式，并以前人研究结构与观点批判性地介入语篇，展开语篇之间的对话。同时，还有的研究探究论文讨论章节的知识建构在学科间的差异。⑤

研究结论：不仅研究结果和讨论部分有不少语篇评价资源，研究的结论部分也蕴含着丰富的语篇评价意义实现方式与手段。通过对比不同语言的（英语和马

---

① LIM J M-H. Explicit and Implicit Justifications of Experimental Procedures in Language Education：Pedagogical Implications of Studying Expert Writers' Communicative Resources[J].Journal of English for Academic Purposes,2019,37：34-51.

② COTOS E, HUFFMAN S, LINK S. A Move/Step Model for Methods Sections：Demonstrating Rigour and Credibility[J].English for Specific Purposes,2017,46：90-106.

③ CHENG F,UNSWORTH L. Stance-Taking as Negotiating Academic Conflict in Applied Linguistics Research Article Discussion Sections[J].Journal of English for Academic Purposes,2016,24：43-57.

④ GENG Y,WHARTON S. How Do Thesis Writers Evaluate Their Own and Others' Findings? An Appraisal Analysis and a Pedagogical Intervention[J].English for Specific Purposes,2019,56：3-17.

⑤ 赵永青,刘兆浩,邓耀臣,等. 实证类期刊论文讨论部分体裁结构的学科变异研究[J].外语教学,2019(6)：26-31.

来语)期刊论文研究结论章节中的评价资源,结合结论章节的语步分析,Loi 等①发现英语期刊论文作者注重保持强加语与缓和语的平衡,但是马来语期刊论文作者倾向于紧缩语篇的对话空间,表明两种文化下的语篇评价和体验是存在差异的,受语言、语境和潜在社会文化的影响。Sheldon② 也对期刊论文的结论章节进行了对话空间的探究,但是涉及英语本族语作者、英语二语作者、西班牙语一语作者的应用语言学期刊论文。作者将知识的建构看作社会关系的协商,并发现三种期刊作者之间存在的差异:英语本族语作者为读者创设了一个对话空间,在这个空间中,他们对命题的支持抑或反对,在语篇中保持一致性。

我们可以发现,这些研究主要是基于结构非常明确的学术写作语篇,对于学术口语的关注不多。可能学术口语的结构更具有灵活性,因此很难通过语篇结构的划分开展针对性的研究。对文献进行整理后,我们发现了一些特例。Ruiz-Garrido③针对学术会议话语开头部分中的结构、元话语使用与非语言资源的多模态分析,探讨了学术会议发言人建构作者身份和介入读者的策略与特点;Raclaw 和 Ford④ 针对学者在项目评审时的笑声能够发挥的评价作用进行了分析,表明笑声是一种学术口语中表达异议的话语资源;Hao 和 Hood⑤ 讨论了学术讲座中语言和身体语言能够传递的学术话语社团所遵循的价值和传统;Cirillo⑥ 则针对学术演讲过程中演讲者使用的"空中引号"手势语进行了形式与功能的描写,发现这一手势语具有模糊语功能并表达作者对命题的人际投入和态度立场。总体而言,学术口语的评价意义研究是不多见的,仍有巨大空间,有待学者继续探究。

此外,对学生学术作者来说,体裁结构也是具有多样性的,即不仅仅是学术研究论文。因此,也有部分研究论文对不同的学生学术写作体裁进行探究。比如,

---

① LOI C,LIM J M,WHARTON S. Expressing an Evaluative Stance in English and Malay Research Article Conclusions:International Publications Versus Local Publications[J].Journal of English for Academic Purposes,2016,21:1-16.

② SHELDON E. Dialogic Spaces of Knowledge Construction in Research Article Conclusion Sections Written by English L1,English L2 and Spanish L1 Writers[J].IBERICA,2018,35:13-39.

③ RUIZ-GARRIDO M F. Introducing Nursing Conference Presentations:A Step Forward[J]. IBERICA,2019,37:193-219.

④ RACLAW J,FORD C E. Laughter and the Management of Divergent Positions in Peer Review Interactions[J].Journal of Pragmatics,2017,113:1-15.

⑤ HAO J,HOOD S. Valuing Science:The Role of Language and Body Language in a Health Science Lecture[J].Journal of Pragmatics,2019,139:200-215.

⑥ CIRILLO L. The Pragmatics of Air Quotes in English Academic Presentations[J].Journal of Pragmatics,2019,142:1-15.

Hardy 和 Friginal① 分析了 MICUSP 的四种体裁类型：①关涉的学术叙事体，及相对的、描写的信息类话语；②表达立场和思想过程话语；③情境依存的、非程序性评价话语，以及相对的程序性话语；④盖然性陈述观点和议论。这些体裁类型均能在学生学术写作中出现，而且作者也区分了较主观性写作（如创造性写作、评价文类等）和较客观性写作（研究论文、报告等），为我们进一步、更加广泛地探究学生作者学术写作提供了思路。

三、与评价意义相关的认知与过程研究

现有研究集中于学术写作中与表达评价相关的专业性、对话性、规范性、身份意识、读者意识、语篇/体裁意识，以及学术写作中表达评价意义的困难性认识。

围绕一语和二语博士学位论文研究与写作的若干问题，Casanave② 探讨了博士学生作者和指导学位论文写作的导师存在的认知焦虑，提出增强学生作者和导师对学术成长与发展建立正确的过程认知和期望目标的意识，以缓解不切实际的期望带来的焦虑。这个研究触及了二语学术写作中写作者身份意识和学术话语生态环境发展的因素，帮助我们了解二语学术写作实践、教学与指导存在的困难与问题，也将学术写作中把作者定位为学术社团成员、建构专业性自我的问题置于研究者视线中。因此，如何评价二语学术作者，尤其是二语学生作者通过语篇建构的专业性，以及他们与学术话语社团核心成员相比存在什么差异，值得我们深入探究。

我们需要针对学生作者在二语学术写作中面临的困难，从相关影响因素入手改善现有的情况。Altinmakas 和 Bayyurt③ 通过访谈、问卷调查和文本分析，指出土耳其 19 名英语专业本科生的二语学术写作的影响因素包括本科教育之前的二语写作体验和经历（尤其是质量与数量）、学生对学术写作和学术体裁的认知、日益增多的学术语境和学术话语接触、导师的期待，等等。

在以上两个研究中，导师对二语学生作者的学术英语写作认知有着举足轻重的作用。就评价意义而言，如何建构语篇内的对话性是很关键的，导师如何能在

---

① HARDY J A, FRIGINAL E. Genre Variation in Student Writing: A Multi-Dimensional Analysis [J]. Journal of English for Academic Purposes, 2016, 22: 119-131.

② CASANAVE C P. Performing Expertise in Doctoral Dissertations: Thoughts on a Fundamental Dilemma Facing Doctoral Students and Their Supervisors[J]. Journal of Second Language Writing, 2019, 43: 57-62.

③ ALTINMAKAS D, BAYYURT Y. An Exploratory Study on Factors Influencing Undergraduate Students' Academic Writing Practices in Turkey[J]. Journal of English for Academic Purposes, 2019, 37: 88-103.

潜移默化中将这一认识传递给二语学生作者呢？通过观察导师指导学生学术英语写作的话语，Wingate[1] 提出导师指导写作时的师生话语更多由导师主导，对话性不足，并指出在这一类学术体裁中对话的重要性。

在一项探究学生英语写作中角色身份的研究中[2]，来自 6 个不同类型大学的多种学科背景的 14 名教师，通过民族志研究汇报了自己对学术写作指导实践的认识。他们将学生及写作看作需要"母性呵护"的对象，降低了学生作者的能力认同，将其学术身份边缘化，不利于学生作者凸显自己的语篇立场、表达评价意义。如果指导老师能在学术指导这一学术口语中增强关于对话性的输入，可以预见学生作者将受到积极的影响，增强学术产出性语言的对话性，也能建立起自己的学术身份意识。Baffy[3] 的课堂话语研究就为此提供了证明。教师/导师在课堂上能通过"建构的对话"促进学生作者的学术话语社会化进程并帮助学生作者知悉学术话语惯例、建构学术身份。

规范性是与评价意义关联紧密的另一个话题，主要涉及文本借用的规范性，因为文本借用是引入语篇外立场并积极开展语篇多样性立场建构的重要方式。[4] Stockall 和 Cole[5] 通过对本科阶段二语学生作者的问卷调查，发现二语学生作者认为文本借用只是附属成分，他们只引用老师要求的信息，避免通过文本借用发出自己的声音，即自我赋权不足。Wette[6] 也发现同样的现象，不论是一语还是二语的本科阶段学生作者在学术写作中对文本借用都缺乏建构引用立场的意识，也不愿凸显自己的身份。

可以说，对文本借用的不规范性在一定程度上影响语篇评价意义的表达。此外，对一语和二语差异的认知并实施专门的注意，也影响着语篇评价意义和学术

① WINGATE U. 'Can You Talk Me through Your Argument'? Features of Dialogic Interaction in Academic Writing Tutorials[J].Journal of English for Academic Purposes,2019,38:25-35.

② TUCK J. I'm Nobody's Mum in This University:The Gendering of Work around Student Writing in UK Higher Education[J].Journal of English for Academic Purposes,2018,32:32-41.

③ BAFFY M. Constructed Dialogue as a Resource for Promoting Students' Socialization to Written Academic Discourse in an EAP Class[J].Linguistics and Education,2018,46:33-42.

④ WINGATE U. "Can You Talk Me through Your Argument"? Features of Dialogic Interaction in Academic Writing Tutorials[J].Journal of English for Academic Purposes,2019,38:25-35.

⑤ STOCKALL N,COLE C V. Hidden Voices:L2 Students' Compensatory Writing Strategies[J]. Teaching in Higher Education,2016,21(3):344-357.

⑥ WETTE R. Source-Based Writing in a Health Sciences Essay:Year 1 Students' Perceptions,Abilities and Strategies[J].Journal of English for Academic Purposes,2018,36:61-75.

写作质量。① 通过对 458 名中国 EFL 学生作者的回顾性问卷调查和写作质量分析，他们指出中国二语学生作者对语言差异的意识包括跨语言读者意识、英汉写作间话语单位连贯性差别意识、英汉写作行文范式的差别意识，三个因素均与写作成绩正相关。

学术写作中表达评价意义的困难性研究帮助我们更加清晰地认知二语学生作者在写作中存在的问题和采取的应对措施。Heng② 针对二语学习者在国外面临的一系列问题，如被误认为是急需指导的、不够主动的、对学术要求无法应对的等，在社会文化理论视域下，对 18 名中国在美留学的本科生进行了质化调查研究。作者通过问卷和三轮为期一学年的跟踪访谈，发现中国学生在遇到学术挑战时采取积极的应对措施，如寻求更有经验的人帮助、自己的不懈努力、付出更多的学习时间、采取多样的学习策略等。在另一项研究中③，他针对这些被试者在不同学习阶段的差异进行了探究，采用了半结构式访谈和文本观察的方法。研究进一步显示二语学习者在学术挑战中的发展呈现一个"U"形的曲线，并非线性趋势，而是复杂的、动态的发展态势。同年 Junes④ 也采用社会文化理论的理论视角对在美中国留学生的学术写作挑战应对策略进行了研究，并尝试性地提出二语写作能力发展的模型。研究获得了类似的结果，指出同学老师的支持、微观事件上的成败、接受新知识等影响因素，也表明对高阶学术写作能力的支持策略、持续产出的重要意义。

第二节　二语学术话语语篇评价意义研究的方法

我们曾经梳理和综述了基于语篇数据的语篇评价意义的研究方法和内容。但是语篇评价意义的研究方法并不局限于此，还有质化的描写方法和教学实践研究。本节将简述包括质化描写研究方法（调查方法与人种志研究）、语料库的量化

---

① WEI X,ZHANG W. Investigating L2 Writers' Metacognitive Awareness about L1-L2 Rhetorical Differences[J].Journal of English for Academic Purposes,2020,46:1-16.

② HENG T T. Coping Strategies of International Chinese Undergraduates in Response to Academic Challenges in US Colleges[J].Teacher College Record,2018,120(2):1-42.

③ HENG T T. Exploring the Complex and Non-Linear Evolution of Chinese International Students' Experiences in US Colleges[J].Higher Education Research and Development,2018,37(6):1141-1155.

④ JUNES D R. A Proposed Systems Model for Socializing the Graduate Writer[J].Studies in Higher Education,2018,43(1):173-189.

研究方法(语料库文本对比与描写)和教学实践研究方法(实验干预与课堂话语研究)对于语篇评价意义的探究。

一、语篇评价意义的质化描写方法

这一方法主要采取描写性语言学研究范式,如采取自然观察(包括直接观察、参与性观察、个案研究)及对自然情况的调查和描写(问卷、访谈、现场记录等)。①因为收集的数据主要是词语,其能够更加全面、具体、生动地说明研究发现、回答研究问题,所以具有量化研究不具有的优势。

这一研究范式下的语篇评价研究主要采取个案研究、访谈与问卷调查、结合语篇文本的研究方法。

为了描写学术写作指导教师如何指导、定位和评价学生的学术写作,Tuck②对来自不同学科和机构的 14 名英国大学教师进行了民族志研究。研究揭示了他们将写作话语看作技能和学习的不同视角。事实上,语篇评价意义的表达不仅仅是一种意识层面的问题,也是一个调动语篇语义、词汇语法,甚至副语言资源表达评价意义的技能。

McLean 和 Price③ 采取个案跟踪的方法对 13 名学术新手教师的身份进行了研究。研究展现了学术新手教师身份定位的发展与变化,逐渐发展了学术成员、教师、教师发展课程参加者和年轻学者的多样身份。这一研究通过较长期的观察,揭示了有目的的培训和指导能够促进学术新手的发展和自我学术身份的认同。同年,Choi④ 对 3 名在美的韩国研究生进行了跟踪研究,采取了民族志研究方法,使用了多种数据收集工具,探讨了身份建构与发展,从中反映出二语学术社会化的发展轨迹。Sanchez-Martin 和 Seloni⑤ 对博士研究生 Cristina 和其导师 Lisya 开展了为期 10 个月的跟踪历时研究,关注她博士学位论文写作的学术指导。虽然这一研究采取了女性研究视角,但是作者对质化数据进行了主题分析,表明博

① 桂诗春.语言学方法论:描写方法[M].北京:外语教学与研究出版社,2017.

② TUCK J. I'm Nobody's Mum in This University:The Gendering of Work around Student Writing in UK Higher Education[J].Journal of English for Academic Purposes,2018,32:32-41.

③ MCLEAN N,PRICE L. Identity Formation among Novice Academic Teachers:A Longitudinal Study[J].Studies in Higher Education,2019,44(6):990-1003.

④ CHOI L J. The Identity (re)Construction of International Students in the Process of Academic Literacy Acquisition[J].Teaching in Higher Education,2019,26(4):527-540.

⑤ SANCHEZ-MARTIN C,SELONI L. Transdisciplinary Becoming as a Gendered Activity:A Reflexive Study of Dissertation Mentoring[J].Journal of Second Language Writing,2019,43:24-35.

士研究生及其导师的跨语言和不同国籍这两个因素对学术写作指导起到一定的指挥作用；理论定位与引用问题也受到双方女性话语意识的影响。作者将跨学科适切性的发展看作女权主义问题。

另一项采取观察方法的研究来自 Zainuddin 等①。他们观察并录音了博士生答辩话语，对其中的模糊语进行了分析，并结合访谈结果探讨了答辩学生与答辩老师之间对模糊语使用的差异及其背后的原因。Taylor② 对课堂话语进行了观察，考察了学生在结对完成任务过程中的声音建构特征。

调查的方法也被广泛使用。Stockall 和 Cole③ 通过质化研究方法调查了二语本科学生作者对文本借用的认知，结果表明二语学生作者对文本引用的目的、功能和策略均存在很大程度的认识不足和使用问题。Wette④ 通过访谈的方法分别搜集了一语和二语本科学生作者的文本借用数据，发现二语学生作者对于文本借用的立场态度模糊、作者凸显度不足。

以上的研究也在一定程度上结合文本数据，为质化描写方法提供了文本参考。为了探究学术话语社会化过程，Zhang 等⑤通过个案研究描写了同伴反馈在研究生学位论文修改过程中的中介作用，收集了反馈话语录音、反馈文本、论文初稿和终稿文本。反馈的过程也是一个语篇评价、培养作者读者意识的过程，记录了二语学生作者在同伴互评过程中的学科话语融入过程。文本为作者得出该结论提供了语篇数据支持。Altinmakas 和 Bayyurt⑥ 结合二语学生作者的问卷、访谈以及文本分析揭示了 19 名学生作者在大一和大二对于学术写作和学科知识体系的认知异同。可见，文本数据结合调查数据收集方法能够比较全面地反映一些二语学术作者在与评价意义相关的读者意识、元认知、语篇行为和策略等方面的特

① ZAINUDDIN S Z, DAMIANO–NITTOLI A C, ZAINAL A Z. Hedging Functions in Malaysian Doctoral Candidature Defense Sessions[J].Sage Open,2019,9(4):1–13.

② TAYLOR R. Negotiating Voices through Embodied Semiosis:The Co–Construction of a Science Text[J].Linguistics and Education,2019,53:1–13.

③ STOCKALL N,COLE C V. Hidden Voices:L2 Students' Compensatory Writing Strategies[J]. Teaching in Higher Education,2016,21(3):344–357.

④ WETTE R. Source–Based Writing in a Health Sciences Essay:Year 1 Students' Perceptions,Abilities and Strategies[J].Journal of English for Academic Purposes,2018,36:61–75.

⑤ ZHANG Y,YU S,YUAN K. Understanding Master'S Students' Peer Feedback Practices from the Academic Discourse Community Perspective:A Rethinking of Postgraduate Pedagogies[J]. Teaching in Higher Education,2020,25(2):126–140.

⑥ ALTINMAKAS D,BAYYURT Y. An Exploratory Study on Factors Influencing Undergraduate Students' Academic Writing Practices in Turkey[J].Journal of English for Academic Purposes, 2019,37:88–103.

点。但是这些研究样本数量有限、文本的数据量较小,研究结果常常反映出个体的差异性,结论的可推广性受限。因此,我们通过文献梳理,发现了研究者青睐的研究方法和基于语料库的评价意义量化研究方法。

二、语篇评价意义的语料库量化研究

在"相信文本"的要义指导下,语料库的学术语篇研究加强了语篇描写的深入程度,阐释了学术语篇特征,在基于使用的语言观下,解释了形式与结构背后的语篇意义与功能。在语料库的研究方法中,语境发挥了重要的联系作用,将我们所关注的节点词汇语法表达的意义通过型式反映出来。语篇评价意义的实现方式可以分为词汇手段、语法手段以及词汇语法共同作用下的评价手段,但并不局限于这些手段。这些手段与资源在语料库中的复现特征和共现规律能够帮助我们将语篇评价意义的表达进行具体化、系统化的描写,揭示其规约性、规律性、变异性、复杂性。

近6年的国外语篇评价意义的语料库研究主要表现在旧题新作或是老题深探,以及新的研究对象的涌现。

Geng 和 Wharton① 针对一语和二语博士学位论文讨论章节的评价性语言进行了异同对比研究。研究发现,母语对评价资源的选择影响程度小,这对以往研究认为母语能够较大程度地迁移到二语学术写作中的观点提出了新的诠释。Larsson② 就本族语和二语学生作者学术写作中的 it 小句进行了功能的探究,是对于其型式研究的积极补充。

语类结构作为学界较早提出的概念,在学术写作研究中已然发展成熟。但是Cotos 等③对研究方法章节中如何彰显研究设计的科学严密性、提升研究的可靠性语步进行了深入的探究。针对语篇评价资源的研究,Liardét④ 分析了中国英语学习者学术写作中的人际语法隐喻,相对于众多探究二语语法隐喻的研究更有针

①　GENG Y,WHARTON S. How Do Thesis Writers Evaluate Their Own and Others' Findings? An Appraisal Analysis and a Pedagogical Intervention[J].English for Specific Purposes,2019,56:3-17.

②　LARSSON T. A Functional Classification of the Introductory It Pattern:Investigating Academic Writing by Non-Native-Speaker and Native-Speaker Students [J]. English for Specific Purposes,2017,48:57-70.

③　COTOS E, HUFFMAN S, LINK S. A Move/Step Model for Methods Sections:Demonstrating Rigour and Credibility[J].English for Specific Purposes,2017,46:90-106.

④　LIARDÉT C L. Grammatical Metaphor:Distinguishing Success [J]. Journal of English for Academic Purposes,2016,22:109-118.

对性。

新的语篇评价渐入学者的研究视线,成为语篇评价意义的研究对象。首先,一些新的语篇体裁进入了研究领域。Yang① 提出了一个新的微型语篇研究对象——研究论文的概要(highlight),并将其中的评价性语言和互动成分进行了跨学科的比较。Hu 和 Liu② 选取了一个新兴的学术口语形式——博士研究生三分钟学术演讲的语步分析。Simon-Maeda③ 对学术会议手册中的词块进行了探究,对学科差异也进行了探究,是一个较新的语篇类型探究。同样地,Myskow 和 Ono④ 选取了历史传记类论文的写作,描写了学生作者如何通过史实背后的隐性评价支持作者的显性评价。

其次,对新的语篇评价手段的挖掘。Katzir⑤ 基于语料库对 at most 和 at least 的功能进行了详细的探讨,尤其是让步—评价的范畴能够建构对作者来讲的"非最佳"论述功能。Bullo⑥ 研究了学术会议中的陈词滥调表达的评价意义,Hu 和 Chen⑦ 对研究论文中表达惊讶的标记语研究等,均选取了新的语篇评价意义资源。

此外,基于语料库的学术语篇历时研究也是这个时期的特点。这些研究有的探索较长时间内的语言特征演化,如 Hyland 和 Jiang⑧ 探究了不同学科学术写作的正式性或口语化情况。有的基于语料库的二语学习者学术语言发展特征,如对中国本科生四年间的议论文语料库 that 小句的历时研究⑨,对二语学术写作中的

① YANG W. Evaluative Language and Interactive Discourse in Journal Article Highlights[J]. English for Specific Purposes,2016,42:89-103.

② HU G,LIU Y. Three Minute Thesis Presentations as an Academic Genre:A Cross-Disciplinary Study of Genre Moves[J].Journal of English for Academic Purposes,2018,35:16-30.

③ SIMON-MAEDA A. A Corpus-Based Study of the AAAL Conference Handbook[J].Journal of English for Academic Purposes,2016,23:71-82.

④ MYSKOW G,ONO M. A Matter of Facts:L2 Writers' Use of Evidence and Evaluation in Biographical Essays[J].Journal of Second Language Writing,2018,41:55-70.

⑤ KATZIR N. Non-Optimal Argumentation:The Case of 'At Most' Constructions[J].Journal of Pragmatics,2019,154:1-17.

⑥ BULLO S. Cliches as Evaluative Resources:A Socio-Cognitive Study[J].TEXT & TALK,2019,39(3):289-313.

⑦ HU G,CHEN L. "To Our Great Surprise…":A Frame-Based Analysis of Surprise Markers in Research Articles[J].Journal of Pragmatics,2019,143:156-168.

⑧ HYLAND K,JIANG F. Is Academic Writing Becoming More Informal? [J].English for Specific Purposes,2017,45:40-51.

⑨ MAN D,CHAU M H. Learning to Evaluate through That-Clauses:Evidence from a Longitudinal Learner Corpus[J].Journal of English for Academic Purposes,2019,37:22-33.

词汇比例和词块使用进行了发展特征的研究①,Chen 和 Li② 通过对横截面语料库的对比研究,探究了如何建构更具评价性的学术空间的问题。还有的针对高中低水平二语学生作者学术写作中的评价意义表达和立场建构进行研究。③ 这些研究对于国内的研究具有极大的参考价值。

国内的研究主要采取的是基于语料库的量化研究方法。如姜峰和 Hyland④针对互动类元话语标记语 50 年历时变化的研究,王冰昕和卫乃兴⑤对中西方学者在学术论文中所使用的特征性 it 评价型式与意义的对比研究,张英和雷蕾⑥对软硬学科的学术论文中"名词+补足语"结构的立场建构与表达研究,张乐⑦对学术语篇中实际句干的隐性评价特征——互文序列语块进行了研究,都采取基于语料的研究方法,探究了大数据体现出的评价功能与意义表达。

可以说,语料库对各个基于使用的语言学学科来说,提供了一个优良的研究方法论和有效的研究工具。包括语用学、认知语言学、变异语言研究、社会语言学、二语习得、功能语言学、批评话语分析、语篇分析等学科都受益于语料库提供的有关频率、型式、搭配、语义韵、关键性、概率数据等实证参考。我们的语篇评价意义研究也是如此。本书就是以语料库研究为主,以调查方法为辅助,探究我国二语学术话语(特别是笔语)中的语篇评价意义表达。我们采取了横截面的观测方法,将不同学术阶段的学术写作进行比较,探究语篇评价意义的阶段性发展特征。同时,本书也借助调查问卷收集二语学生作者对二语学术写作过程中开展语篇评价的认知数据,探究影响语篇评价意义表达的语境因素。

当然,本书希望通过系统研究语篇评价意义资源及其使用的特征,描写二语

① VO S. Use of Lexical Features in Non-Native Academic Writing[J].Journal of Second Language Writing,2019,44:1-12.

② CHEN X,LI M. Chinese Learner Writers' Niche Establishment in the Literature Review Chapter of Theses:A Diachronic Perspective[J].Journal of English for Academic Purposes,2019,39: 48-58.

③ KUZBORSKA I,SODEN B. The Construction of Opposition Relations in High-,Middle-,and Low-Rated Postgraduate ESL Chinese Students' Essays[J].Journal of English for Academic Purposes,2018,34:68-85.

④ 姜峰,HYLAND K. 互动元话语:学术语境变迁中的论辩与修辞[J].外语教学,2020(2): 23-28.

⑤ 王冰昕,卫乃兴. 中西学者学术论文特征性 it 评价型式与意义的对比研究[J].外语与外语教学,2018(6):53-64,145.

⑥ 张英,雷蕾. 学术语篇中"名词+补足语"结构立场表达:基于语料库的跨学科研究[J].解放军外国语学院学报,2018(1):39-47,159-160.

⑦ 张乐. 学术英语中文际性句干的隐性评价特征研究[J].解放军外国语学院学报,2017 (5):20-28.

学术写作在这方面的发展性特征，也希望研究结论能够为相关教学实践提供可借鉴的数据与参考。本书并非首次进行这一尝试，学界已有一些学者对语篇评价意义的教学研究进行了尝试。

三、语篇评价意义的教学实践研究

基于教学的研究主要包括教师对学生学术写作中评价意义表达的评判、教师如何采取一定教学措施提升学生语篇评价意义的表达、课堂话语与活动的评价意义表达研究。

通过对学生学术话语中的评价立场和介入的教师进行评价研究，发现教师评分员评估结果间的差异性明显，对于学生的二语水平、学术小组内话语参与度、引证支持等方面，教师评分员均存在不同程度的评分差异和认知差别。① 这一研究结果对从事学术话语的学生而言，也显示了极大的挑战。研究表明，尽管二语硕士学生作者经过学术指导后，能够做到在形式上正确引用文献，将文本引用行为视为学术研究惯例，体现学术话语社会化的过程，但是仍不能与研究文献展开学术对话，不能恰当表达学术评价。② 可以说，在学术话语中常以隐性的方式呈现评价的意义，在学生作者学术话语建构过程中不仅难以掌握而且更加难以评判。因此，我们只能借助学科学术话语社团中核心成员的使用情况作为参照，以对照相似点、对比不同点。

在 Hedgcock 和 Lee③ 的行动研究中，他们针对参与教师教育研究生项目的研究生的语类意识进行了教学实践研究和调查研究。他们通过显性和隐性语类意识的培养来提升研究生的学科语类意识。行动研究采取了混合研究数据的方法，并获得较好的教学效果。但是研究仍揭示了当前教学存在的不足，主张增强研究生学科知识教学和学生作者的语类意识。在学术写作中，如果没有语类意识，将在较大程度上影响语篇评价意义的表达，令研究论文写得像说明文一样，枯燥无味，缺乏语篇中与读者和学科社团就学科知识与研究展开的动态互动。这一研究的切入点让我们能从教学实践的角度探查学生作者学术写作中存在的问题并探

---

① CROSTHWAITE P, BOYNTON S, COLE S. Exploring Rater Conceptions of Academic Stance and Engagement during Group Tutorial Discussion Assessment [J]. Journal of English for Academic Purposes, 2017, 28:1-13.

② FRIEDMAN D A. Citation as a Social Practice in a TESOL Graduate Program: A Language Socialization Approach[J]. Journal of Second Language Writing, 2019, 44:23-36.

③ HEDGCOCK J S, LEE H. An Exploratory Study of Academic Literacy Socialization: Building Genre Awareness in a Teacher Education Program [J]. Journal of English for Academic Purposes, 2017, 26:17-28.

索可行性的教学方案。Zare 和 Keivanloo-Shahrestanaki① 探究了重要性标记语的教学对二语学习者理解学术讲座要点的影响。教学实验包括接受显性的重要性标记语教学的实验组和接受通常英语教学的控制组。通过对学术讲座理解性程度进行后测,表明实验组对于要点的理解能力得以提升,显示出对于重要性标记语这一标示语篇重要性评价的资源是可以在教学过程中进行传授,并能有效提升二语学习者学术话语理解能力的。但是能否促进二语学生作者的产出能力,研究并未触及。

除此之外,课堂话语与活动中的评价意义研究也为教学实践研究提供了丰富的参考,因为教师的课堂话语是二语学生作者最直接的学术话语输入,而学习者在这个过程中的话语和文本产出是评价意义的真实体现。Baffy② 详细记录了一位教师如何在 ESP 课堂上通过她的课堂话语加快了学生学术话语社会化进程。研究发现,这位教师使用了"建构对话",灌输作者—读者关系的思想和读者意识,彰显了学术写作产出能力的社会文化维度本质。这一研究表明,让学生作者在学习学术写作的过程中,提升读者意识,建构作者身份,关照社会文化因素,将对作者在学术写作语篇中恰当地表达立场和有效地进行评价发挥积极的影响。叶洪和王凯伦③开展了博士研究生二语学术写作中合作写作模式下的教学研究。他们通过为期 8 周的观察课堂小组合作写作任务,对 93 名博士研究生分组合作产出的文献综述进行评价资源(基于评价理论)的文本分析,对小组访谈和微信群中学生的讨论话语进行记录和质性分析。研究发现,我国博士研究生作者在小组合作完成的写作任务中,通过写作共同体实现了评价意义的建构,在这一过程中学术写作经验是主要的推动力量,有学术写作和发表经验的成员促进缺乏经验的成员共同提升语篇评价意义建构能力。同时,写作资源、合作中矛盾的协商和解决、教师对评价意义表达的语言指引在活动系统中有机融合,促进语篇评价能力的螺旋式提升。

① ZARE J,KEIVANLOO-SHAHRESTANAKI Z. Genre Awareness and Academic Lecture Comprehension:The Impact of Teaching Importance Markers [J]. Journal of English for Academic Purposes,2017,27:31-41.
② BAFFY M. Constructed Dialogue as A Resource for Promoting Students' Socialization to Written Academic Discourse in an EAP Class[J].Linguistics and Education,2018,46:33-42.
③ 叶洪,王凯伦. 研究生在合作写作中的评价资源运用情况[J].现代外语,2021(5):704-716.

第三章

学术语篇评价能力与二语学术话语语篇评价意义研究框架

国内语篇评价意义研究主要涉及相关理论的引介和理论的本土化研究。这里我们无法穷尽所有的相关理论研究,因为语篇评价意义属于人际意义表达和立场建构范畴,涉及的内涵较广,许多相关理论的提出或多或少与语篇评价意义的理论探讨相关联。本章的第一节将从语篇评价能力内涵的相关理论、语篇评价意义研究范畴的相关理论、培养语篇评价能力的相关理论三方面,梳理相关的理论研究文献。基于相关理论文献,我们将在本章第二节提出学术语篇评价能力的概念与结构,并在第三节界定语篇评价行为模式。为了在具体的语篇中探究我国二语学术话语语篇评价能力的发展规律,我们在第四节基于系统功能语言学的思想和理念,提出了二语学术话语语篇评价研究层级,建构了基于社会语境的语篇评价意义研究框架。最后,本章第五节将对本研究的研究方法进行阐释。

第一节 二语学术话语语篇评价能力的理论模式研究

一、语篇评价能力内涵的相关理论模式探究

语篇评价能力属于二语学术写作能力,因此,从广义上看,语篇评价能力是学术英语写作能力的综合体现,包含学术英语写作能力的主要内涵。

严明①指出,学术英语写作能力的研究对我国广大学术作者发出学术声音、培养学术人才等多方面具有重要意义。就具体的能力而言,他认为如何将写作目的与外在资源相结合的认知能力是学术写作能力的评估基础,尤其是外在资源中的共时环境因素,如学术环境、读者需求、学科惯例、评价期望,与本文的语篇评价意

---

① 严明.高校学术英语写作能力评价体系建构[J].外语学刊,2014(6):108-112.

义认知层面的要求关联紧密；知识能力包括的语言知识（体现在词汇、语法和语言使用的策略等方面）与学科差异知识，也与本书对语篇评价意义表征的层级性观点一致，同时涉及作者对学科本质的认知；此外，写作者也应具备所写文本的体裁知识。事实上，有些评价资源虽然表达评价意义，但是在特定体裁的文本中并不恰当。如何表达语篇评价可以说是知识能力的体现，而恰当表达语篇评价意义可以说是认知能力和体裁知识的一种综合体现。齐曦①也列出了包括三大模块的学术写作能力，其内涵具有相似性，其中的学术话语共同体知识更加贴切地表述了共时环境中学术文化与学科环境的知识。Snow 和 Uccelli② 的学术写作能力模型也认同语言能力、学术体裁知识与学科专业知识是学术英语能力的认知要求中必备的要素，但是他们指出，逻辑和论辩能力与策略（思辨能力、学术批评的能力）也是学术英语写作的必要能力之一。

随着对学术英语的重视程度日益提升，学界对学术英语能力的内涵研究更加体现专业化。学术英语被看作一种语言变体，是专业化人员从事的话语行为涉及专业化的意义和功能表达。③ 学术英语的能力则包括"学术篇章组织"的能力（如学术论文所特有的"语篇信息配置方式及词语实现"）、"态度意义"的表达能力（如表达评价意义和作者声音建构等）以及"话语策略"调动的能力（与态度意义的表达密切相关）。以上对学术话语能力的诠释，为本书提出语篇评价能力提供了重要的理论启示。本书中语篇评价意义的表达就是学术作者配置评价资源的方式及评价性资源的选择性使用，而这种能力具体体现在学术话语策略的掌握与调动上。

在一个具体的范围内，语篇评价能力关涉在学术写作过程中体现出的具体能力。本书认为，语篇评价能力是学术写作能力所有因素的展现。下文将梳理学界有关语篇评价能力的理论模式，包括高层次思维能力和思辨能力、元思辨能力、互文和引证能力，以及学术批评能力。

1. 高层次思维能力和思辨能力

基于高层次思维能力的研究，濮实④针对我国研究生学术英语写作中文献综

---

① 齐曦. 生态语言学视域下的学术英语写作能力发展评估体系研究[J].外语界,2017(3)：82-89.

② SNOW C, UCCELLI P. The Challenge of Academic Language [M] // OLSON D, TORRANCE N. The Cambridge Handbook of Literacy. New York：Cambridge University Press,2009：112-133.

③ 卫乃兴. 学术英语再思考：理论、路径与方法[J].现代外语,2016(2)：267-277.

④ 濮实. 学术写作中元思辨能力的构成要素研究[J].外语界,2018(6)：28-35.

述中的思辨能力，将评价前人文献的评价能力和论证自己观点的论述能力进行了评估框架的研究。其中，评价能力包括理据性、深度和广度，论述能力包括理据性、相关性、明确性和完整性。作者将二语学生作者在学术写作中对前人文献评价的理据性、深度与广度进行例示。理据性即言据性，是前人研究结果的可靠性或结论的确定性；将对评价对象本质的评价看作深度；将评价对象的范围广度看作评价的广度。这三个因素体现了评价能力的高低。不仅在文献综述章节，在研究的方法、结果与讨论、研究结论等需要作者进行评价的地方也需要在文本建构过程中体现这种思辨能力。

2. 元思辨能力

在另一项研究中，濮实①通过访谈数据探究了学术写作中的元思辨能力，包括行为目的、角色定位和知识观。其中，对于角色定位的诠释主要指学习者在学术写作过程中的自我身份认同，这与学术研究者常开展的作者身份的研究不谋而合，也许正是作者身份在语篇中体现的认识根源。作者身份的研究与评价意义的关联在第二章关于作者声音的研究梳理中已经表达。作者发现，研究生在学术写作的文献综述中主要承担了学习者、实践工作者和研究者的身份角色；不同的角色认同会影响文献综述的视角和方法、对文献的批判性评价表达，以及学术社会化的进展。

3. 互文和引证能力

学术写作能力还包括一个很重要的范畴，那就是对前人文献的引证能力。作者在学术写作中开展的评价多是围绕先前研究而展开的。Coffin 和 Donohue② 提出了引证中对话介入的维度框架，包括作者立场、文本融合和文献人际特征三个维度。这个框架涉及了语篇评价的不同立场以及主体间关系和身份定位。徐昉③围绕引证能力的内涵进行了论述，并基于语言的三大元功能开创性地指出引证能力的内涵包括引证的内容广涉能力、引证的人际互动能力和引证的语篇融入能力。引证的内容广涉能力指的是作者能全面地引用相关理论和实证文献；引证的人际互动能力指的是作者能通过引证行为和读者以及更广泛意义上的学术话语社团建立起恰当的互动与对话；引证的语篇融入能力指的是引证在融入语篇的过程中，以最合适的文本形式，协助作者表达立场观点和建立人际互动关系，主要通

---

① 濮实．文献综述写作中思辨能力的评估指标[J]．外语与外语教学，2018(6)：107-117.

② COFFIN C，DONOHUE J P．Academic Literacies and Systemic Functional Linguistics：How Do They Relate？[J]．Journal of English for Academic Purposes，2012，11(1)：64-75.

③ 徐昉．二语学术写作的引证能力及其发展特征：截面与历时证据[J]．外国语(上海外国语大学学报)，2016，39(3)：73-82.

过(非)融入式引证方式和引述动词的使用实现。马蓉和秦晓晴①在文献基础上提出了互文应用能力,建构了基于评价理论、互文理论、对话理论和系统功能语言学理论的互文应用能力分析框架。框架包括:①作者的立场表达,主要是基于评价理论中的介入资源分类,如中立、疏远、支持和反对;②互文策略,主要是基于互文理论提出的规范互文与不规范互文;③引用类型,主要是基于对话理论的融入式和非融入式引用;④引用功能实现,基于系统功能语言学的具体语篇功能。在这些互文能力和引证能力的组成成分中,表达作者立场、建构人际关系以及身份定位,与本书中语篇评价意义的功能关系紧密。

4. 学术批评能力

当具化到对前人研究进行述评的学术批评时,陈新仁②借鉴语用学面子理论和评价理论,提取了24篇国际学术论文中学术批评开展的维度,为二语学术写作中表达语篇评价提供了重要的参考。研究主要涉及摘要、引言、文献综述、结语部分的显性学术批评行为,分析框架包括批评对象、批评的维度、批评的态度、批评的策略和批评的强度。这些维度、评价资源和评价的语篇分布共同建构了学术写作中的语篇评价系统。

以上能力被包含在本书的语篇评价能力中,但是语篇评价能力的内容并不局限于此。这些能力将组成一个"三维九项"语篇评价能力模型(详见本章第二节)。

二、语篇评价意义研究范畴的相关理论

对语篇评价意义研究范畴进行描写的相关理论模式主要有 Hyland 的元话语理论、Hunston 的评价(evaluation)理论、Martin 和 White 的评价(appraisal)理论。

(一)元话语理论

元话语意为指称话语的话语,最早由结构语言学家 Zelig Harris 于 1959 年提出,

---

① 马蓉,秦晓晴. 二语写作互文应用能力研究[J].福建师范大学学报(哲学社会科学版),2015(6):88-97.

② 陈新仁. 学术批评话语的分析框架建构:基于国际核心期刊论文的研究[J].外语与外语教学,2017(6):34-44,146.

也被称为 metatalk① 和 meta-text②,但是不等于 metalanguage 和 metapragmatics③。它们并不表达命题意义,而是帮助作者解释、评价和组织话语。因此,元话语可以促成语篇中的衔接与连贯,也可以表明作者所持有的立场与态度,是评价意义研究的理论模式之一。Ädel④ 也指出,元话语分别能起到指向作者和指向读者的功能。在基于使用的研究视域下,通过语料库的研究方法,Hyland 提出了元话语理论,包括那些表达非命题意义、实现人际意义与语篇功能的语言资源。元话语理论模型将元话语看作者与读者互动的资源与手段,通过元话语的使用与选择,作者引导读者展开互动,最终说服读者,是一种语用现象,实现特定的话语功能。同时,这一框架模型也注意到概念、人际和语篇元功能的互动性,能够表达语篇意义和人际意义。⑤ 该理论框架将能够表达评价意义的范畴分为引导(interactive)资源和互动(interactional)资源(见图 3-1)。引导资源是作者恰当地引导读者的资源,包括过渡语、框架标记、回指标记、言据标记和语码解释语;互动资源是作者介入读者的方式,包括模糊语、增强语、态度标记、自称语、介入标记。引导资源主要用来实现信息交互;互动资源主要用来表达评价和介入读者,实现人际互动。但是这一分类并非僵化的和互相独立的,引导资源和互动资源都可以既是语篇的,又是评价性的。

针对学术话语研究,元话语可谓一个非常强大的研究工具⑥,利用这一框架的研究颇多,包括学术期刊语篇⑦、学位论文语篇⑧、学术教材语篇⑨、元话语的跨

① SCHIFFRIN D. Meta-Talk:Organizational and Evaluative Brackets in Discourse[J].Sociological Inquiry,1980,50:199-236.

② MAURANEN A. Contrastive ESP Rhetoric:Metatext in Finnish-English Economic Texts[J]. English for Specific Purposes,1993,12(1):3-22.

③ HYLAND K. Metadiscourse:What Is It and Where Is It Going? [J].Journal of Pragmatics, 2017,113:16-29.

④ ÄDEL A. Metadiscourse in L1 and L2 English[M].Amsterdam:John Benjamins,2006.

⑤ 杨信彰. 元话语与语言功能[J].外语与外语教学,2007(12):1-3.

⑥ LEE J J,SUBTIRELU N C. Metadiscourse in the Classroom:A Comparative Analysis of EAP Lessons and University Lectures[J].English for Specific Purposes,2015,37(1):52-62.

⑦ MU C,ZHANG L,EHRICH J,et al. The Use of Metadiscourse for Knowledge Construction in Chinese and English Research Articles[J].Journal of English for Academic Purposes,2015,20: 135-148.

⑧ KAWASE T. Metadiscourse in the Introductions of PhD Theses and Research Articles[J]. Journal of English for Academic Purposes,2015,20:114-124.

⑨ WALKOVA M. A Three-Dimensional Model of Personal Self-Mention in Research Papers[J]. English for Specific Purposes,2019,53:60-73.

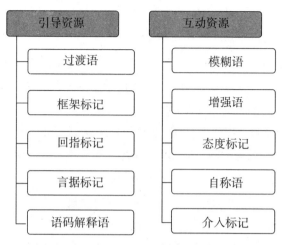

图3-1 元话语理论框架模型

文化跨学科跨语类对比研究①等。近年来,除了笔语的研究外,学术口语语篇,如课堂话语研究、网络学术冲突话语研究②也应用了元话语的分析框架展开对比研究。同时,一些元话语的理论拓展与发展研究,对其理论模式的补充和拓展使其更加丰富和完善,如徐赳赳③将其分类重新界定,杨信彰④探讨了其功能本质,Hyland⑤将元话语理论模式的实践意义拓展至语言和读写能力的教学中。

除了以上研究,元话语理论框架也适用于语篇中的身份研究,即 reflexive 的功能,探究写作者自称、读者指称的问题。这些研究主要探究作者凸显度、语篇表征和作者引导。此外,基于定性与定量的元话语分析,研究者还揭示了在不同学科中作者对身份不同的建构过程与特点,如 Hyland⑥ 指出了学习者在学术语篇中对写作者身份建构的不足,Hyland 和 Tse⑦ 研究了不同学科领域的简历中研究者的

---

① LEE J J, CASAL J E. Metadiscourse in Results and Discussion Chapters:A Cross‐Linguistic Analysis of English and Spanish Thesis Writers in Engineering[J].System,2014,46(1):39-54.

② SHRIKANT N. Metadiscourse and the Management of Relationships during Online Conflict among Academics[J].TEXT & TALK,2020,40(4):513-535.

③ 徐赳赳. 关于元话语的范围和分类[J].当代语言学,2006,8(4):345-353.

④ 杨信彰. 元话语与语言功能[J].外语与外语教学,2007(12):1-3.

⑤ HYLAND K. Metadiscourse:What Is It and Where Is It Going? [J].Journal of Pragmatics,2017,113:16-29.

⑥ HYLAND K. Authority and Invisibility:Authorial Identity in Academic Writing[J].Journal of pragmatics,2002,34(8):1091-1112.

⑦ HYLAND K,TSE P. "She Has Received Many Honours":Identity Construction in Article Bio Statements[J].Journal of English for Academic Purposes,2012,11(2):155-165.

身份建构。

（二）评价（evaluation）的理论概念

Hunston 在评价研究方面的成就享誉国内外。她在评价方面的论述、评价的三分说理论、评价性语言的研究方法，尤其是学术话语的语篇评价性语言研究等方面颇有建树。本书对评价及评价意义的定义就采纳了 Hunston 和 Thompson[①]提出的评价（evaluation）广义的称谓，不仅包括表达语篇评价意义的语言资源，也包括评价意义的维度、参数，还将语篇评价看作文本的功能与话语行为。

就理论层面而言，Hunston[②] 列出了评价行为的研究范式，分为三个步骤，被称作三分说理论。这三个步骤首先是对评价的对象进行识别和分类，其次是进行评价参数赋值，最后是标示语篇关联性、重要性和意义。这一三分说理论为本书在具体的语篇中评价范畴的研究提供了可供依循的具体范式，且将语篇评价意义的组织与语篇功能联系起来，如 Thompson 和 Hunston[③] 说明了评价的功能：表达观点与立场、维系与读者关系、组织语篇。

就评价意义研究范畴而言，Hunston 指出了语篇评价意义的复杂性，并一直致力于探索如何全面地对评价资源进行识别，如局部语法中的评价性形容词的范畴研究，利用短语学的情态助词的特征研究，借鉴型式语法的名词、动词和形容词的型式进行的评价研究。针对学术话语的语篇评价语言研究，Hunston 感兴趣的是学术语篇中的冲突性和评价性话语的表征、分布、特征与功能，也揭示出评价对推动语篇发展的作用，能够制造类似波浪的语篇推进力，同时使评价行为越发复杂。

由于该理论模型比较早地提出了评价的概念，并指出了评价行为的研究范式与步骤，其理论模型常被研究者引入研究并进行述评。然而，因为这个理论模型更偏向概念层面，并未对评价资源提出系统的分类，可操作性受到一定影响，所以研究主要集中在依附于局部语法[④]和型式语法[⑤]的评价研究上。

---

① HUNSTON S, THOMPSON G. Evaluation in Text：Authorial Stance and the Construction of Discourse[M].Oxford：Oxford University Press,2000.

② HUNSTON S. Evaluation in Experimental Research Articles [D]. Birmingham：University of Birmingham,1989.

③ THOMPSON G,HUNSTON S. Evaluation in Text[M] // BROWN K. Encyclopedia of Language and Linguistics.Cambridge：Cambridge,2005：305-312.

④ POOLE R. "New Opportunities" and "Strong Performance"：Evaluative Adjectives in Letters to Shareholders and Potential for Pedagogically-Downsized Specialized Corpora[J].English for Specific Purposes,2017,47：40-51.

⑤ MYSKOW G, ONO M. A Matter of Facts：L2 Writers' Use of Evidence and Evaluation in Biographical Essays[J].Journal of Second Language Writing,2018,41：55-70.

随后,基于 Hunston 的评价意义定义及研究范式,Moreno 和 Suárez 提出了助益于语篇对比的跨学术语篇的评价资源分析框架,这是对 Hunston 评价研究的一次拓展与延伸。他们支持评价的功能三分法,也指出了评价资源使用的复杂性。即使是本族语者也需要在人际环境中、在多样的语篇类型里,调用并修正评价资源,以实现不同的评价意义。他们认为,在评价分析的过程中区分命题层、元话语层和修辞层的评价资源是有益的思路,更利于语篇之间的对比研究。于是基于 Hunston 评价的理论概念,针对国际核心期刊上刊发的书评语料,他们具体诠释了书评中的评价资源研究框架。对于命题的评价资源主要针对事物(thing)展开评论,如评价性形容词和副词 especially impressive;元话语评价资源在不需要添加命题的情况下,围绕整个命题内容(也包括该命题前后的命题,即 interpersonal retrospective and prospecting)和语篇功能进行评价意义表达,如情态动词"might"和表达评价意义的名词"richness",以及模糊语和增强语,它们有时也能充当上下文的衔接成分,体现内容的连贯性和命题的推进性,帮助语篇引导读者产生特定的内容预期;修辞层的评价资源有效地帮助作者平衡与缓和前文的负面评价,以便同读者建立起联盟关系。然而,修辞层的评价意义只有当读者对此予以准确加工与诠释后才能实现。图 3-2 为基于 Hunston 和 Thompson 与 Moreno 和 Suárez 的评价意义研究范式与研究框架。

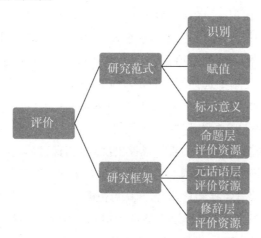

图 3-2 评价的研究模型

（三）评价理论模型(appraisal theory)

虽然同 Susan Hunston 的评价理论模型汉语名称相同,但是如前文所述,Martin 和 White 提出的评价理论(appraisal theory)基于系统功能语言学和对话理论,提供给广大评价研究者一个更加系统的研究理论模型。

评价理论中的评价指的是作者通过语篇的词汇语法资源显性地编码自己态度、介入语篇内外声音、限定态度和介入程度的方式，也包括作者隐性激活语篇评价意义并定位读者和更广泛的话语社团使其提供评判的方式。通过评价，作者可以同话语受众（如读者和听者）建立起一致和/或联盟的主体间关系（solidarity 和 alignment）。评价理论沿袭系统功能语言学的理论范式，积极拓展了人际意义的研究，使其理论和实证研究进一步发展壮大。

评价理论由三个系统组成，分别是态度系统、介入系统和级差系统。

首先，态度（attitude）系统是对传统意义上的评价参数的呈现。也就是说，评价者所持有的是正面还是负面的评价态度。态度系统包括情感范畴（是开心还是难过、是厌烦还是感兴趣等）、对行为的判断范畴（包括社会的尊重与社会的约束）、对事物和现象的鉴赏范畴（涉及评价者对评价对象的情感反应、评价对象的难易度与平衡度，以及评价对象的价值判断）。以上的态度评价常常由一些表达评价的名词和形容词实现，如 happy、pleased、normal、respectful、interesting、boring、simple、complex、valuable 等。

其次，基于巴赫金的对话理论和多声性观点，介入系统将话语类型分为单声（monogloss）与多声（heterogloss）。单声能够塑造客观性和事实性，常用来表达已经获得大家共识的命题。事实上，使用单声介入命题是作者的一种语篇选择，能够帮助作者屏蔽其他观点，将这一命题表达为不可协商，最大限度降低对话的可能性。多声性话语指的是将不同的声音汇聚在语篇中，能够表示作者同语篇内外不同观点展开了不同程度的互动，或是承认与认可，或是未决与中立，或是反对与疏远。作者通过在语篇中选择不同的介入程度，压缩或打开与不同立场协商的空间，分别是对话性收缩（dialogic contraction）和对话性拓展（dialogic expansion）。它们还包括各自的次范畴类型，详见图 3-3。

对话性收缩包括弃言（直接否认或提出反对）和宣言（表达肯定与让步、强调和认可），可以排斥不同观点，限制语篇中不同立场的存在空间。其中，弃言包括否认和反对范畴，宣言包括同意、断言与认可范畴。对话性拓展包括容纳（多源于语篇内的声音）与归属（多源于语篇外认知情态），增大了多样观点的存在空间。其中，归属包括承认和疏远范畴，可以让作者一边主观化外部声音，一边表达对多样立场与观点的不同程度的接纳。

最后，为了表达态度和介入的不同程度与级别，评价系统还包括级差系统，反映了评价意义的重要特征，即等级性。级差系统可以分为两个子范畴：语势（包括强化和量化）和聚焦（升级和弱化）。语势用来评价质量和过程的强度以及实体的数量。聚焦是对典型性或确切性进行分级，使通常不能分出等级的经验性范畴具

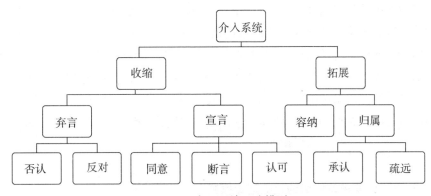

图 3.3　介入系统理论模型

备了等级性。评价理论认为级差系统也具备表达评价意义的功能,可以协商态度意义和语篇内外的主体间性。因为级差系统使作者能够表明自己同语篇立场不同程度的一致关系,从而将自己定位为享有共同价值立场和信仰的社团的一员,所以,级差体现着一定的一致和结盟关系,影响着人际意义的表达。

应用评价系统的理论模型,学者开展了多方面的研究。对态度系统而言,主要实现语篇评价意义的资源是一些显性评价资源。Bullo① 针对学术会议话语中陈词滥调的固化表达进行了评价意义分析,使用态度系统的理论模型,探讨了这些固化表达所体现出的劝诱、促动行为和顾全面子的功能。Zhao② 使用评价理论框架研究了求职类电视节目中的态度意义。国内学者刘世铸和张征③ 更加细致地研究了态度系统中判断子范畴的结构模式与语义类型,吴安萍和钟守满④ 基于评价理论模型研究了评价性形容词的语义结构模式。

以介入系统为理论模型的评价意义研究同样成果颇多。比如,期刊论文作者如何使用介入资源在研究结果中凸显自己的研究发现⑤,西班牙语二语作者在英

① BULLO S. Cliches as Evaluative Resources:A Socio-Cognitive Study[J].TEXT & TALK,2019,39(3):289-313.

② ZHAO W. Building Axiological Affiliation in Televised Chinese Job Interviews:Attitudinal Evaluations and Their Communication[J].TEXT & TALK,2020,40(2):241-267.

③ 刘世铸,张征. 评判的结构潜势与语义构型[J].中国外语,2011(1):22-27.

④ 吴安萍,钟守满. 评价性形容词形式范畴化的语义结构模式研究[J].外语与外语教学,2010(5):29-32.

⑤ CHENG F,UNSWORTH L. Stance-Taking as Negotiating Academic Conflict in Applied Linguistics Research Article Discussion Sections[J].Journal of English for Academic Purposes,2016,24:43-57.

语学术写作中评价立场和对话空间的跨语言对比①，中英两国应用语言学期刊论文中的引言和结论部分的介入资源对比研究②，等等。我国学者张滟③曾探讨了学术话语中的级差范畴化现象，将其看作态度意义的转喻性表达，级差资源建构了语篇的客观性修辞意义，也实现了人际意义，促动语篇实现劝说功能。也有研究关注了整个评价系统中的资源使用，比如，许家金④考察了我国学习者英语口语中的评价资源分布特征与现存问题。这些研究都有力地推动了评价意义的研究，并证实了评价理论模型的适用性。

三、培养语篇评价能力的相关理论模式

在语篇中表达评价也是作者语用能力的一种具体体现。二语学术写作中的语用能力包括作者能够恰当地在语篇中开展中介语语用行为的能力。刘润清和刘思⑤对一些学习者语用行为的研究进行了梳理，如建议、反对、异议等。他们认为二语语用能力受到更多的个人认知层面与社会心理层面的因素影响，并认为语用能力是可以教授的。为了支持这一观点，他们提出存在三个语用能力发展的理论模式，分别是言语适应理论、最近发展区理论和语言社会化理论。下文将简要介绍这三个理论模式。

言语适应理论（Speech Accommodation）认为学习者二语使用的能力发展是对目的语观念与习惯的适应。Verschueren 则进一步在访谈中指出语言具有顺应性（adaptability），是语言使用者的语言与心智共同作用的结果，访谈的作者郭亚东和陈新仁⑥也评价说，这一理论视角在本质上是一种基于功能的研究视角，是一种语言发展的"适者生存"进化思想。这一理论思想的初衷是解决如何"顺应"的问题，在探究动态交际语境下，基于特定的交际需要，受到各种因素的制约，交际方是如何使语言顺应的，并能从语言使用的发展进程中看到这种顺应趋势。语篇的

① SHELDON E. Dialogic Spaces of Knowledge Construction in Research Article Conclusion Sections Written by English L1, English L2 and Spanish L1 Writers[J]. IBERICA, 2018, 35:13-39.

② XU X, NESI H. Evaluation in Research Article Introductions: A Comparison of the Strategies Used by Chinese and British Authors[J]. TEXT & TALK, 2019, 39(6):797-818.

③ 张滟. 学术话语中的级差范畴化及其修辞劝说构建[J]. 外国语, 2008(6):33-40.

④ 许家金. 中国学习者英语口头叙事中的话语评价研究[J]. 外语教学与研究, 2013(1):69-79.

⑤ 刘润清, 刘思. 语用习得的认知特性和影响因素述评[J]. 外语教学与研究, 2005(3):218-225.

⑥ 郭亚东, 陈新仁. 语言顺应(性):概念与操作:Jef Verschueren 教授访谈与评解[J]. 外语教学理论与实践, 2020(2):37-41.

评价能力也一样受到诸多因素的影响。但是 Verschueren 更加强调的是语言使用者心智的成熟与发展对话语理解产生的影响，并且说话人也通过对听话人的"心智评估"开展语言使用的选择。那么，语篇的评价能力也随着语篇作者心智的发展和对读者的了解逐步深入，相应调整语言的选择与使用。如果在写作教学中对此予以明示，提升作者的语言顺应意识，将能在一定程度上加速这种心理状态的发展。

最近发展区理论是基于文化发展遗传规律，由发展心理学家 Vygotsky① 提出的。Vygotsky 认为，任何学习首先是社会的，其次才是个人的，是由智力之间到智力之内的过程。任何知识不是独立于学习个体之外的客观存在，等待学习者去发现，而是由个人在与主体和客体世界的互动中主动建构起来的。

Vygotsky 聚焦于思维和语言发展的社会环境与内部动力之间的互动，提出"最近发展区"的概念，指的是学习者现有能力所及的较低的实际认知水平与在他人协助/教学下将来能够达到的较高的潜在认知水平之间的距离。最近发展区的存在不是学习者的个体自然属性，而是通过在与他人合作完成任务时产生的心理之间的互动，创造出心理之内的发展潜势。这种协助/教学被称为"搭支架"。Vygotsky通过对"自我"的表述支持了这一观点：在学习中，与专家、教师、同学的对话与互动是学习者的"自我"产生的重要因素。② "搭支架"是否成功取决于两个条件：①学习处于发展之前；②协作/教学要与学习者的目的相关。在语言学习领域，最近发展区理论被研究者应用于研究不同语言水平学习者的互动，发现语言学习者不仅可以从高水平语者处获得协助，也可以从相同水平语者，甚至低水平语者和学习者自己那里获得帮助。

语言社会化理论提出的初衷是诠释母语的发展。但随着人类学家 Schieffelin 和语言学家 Ochs 在 1986 年共同出版了探究语言社会化问题的论文集，语言社会化逐渐发展为社会视角探究语言发展的理论模式之一。Garrett 和 Baquedano-López③ 将社会化定义为"儿童或新手为了能有效并恰当参与特定话语社团的社会生活而获取相应知识、动机、实践的过程"。这个过程如同学术新手在学术写作

---

① VYGOTSKY L S. The Genesis of High Mental Functions[M]//WERTSCH J V. The Concept of Activity in Soviet Psychology. Armonk：M. E. Sharpe，1981.

② 谭芳，刘永兵. 语言、文化、自我：论巴赫金与维果茨基理论核心思想之"殊途同归"[J]. 外语研究，2010(3)：40-45.

③ GARRETT P B, BAQUEDANO-LÓPEZ P. Language Socialization：Reproduction and Continuity，Transformation and Change[J]. Annual Review of Anthropology，2002，31(1)：339-361.

过程中逐渐获取学术知识、写作惯例、话语实践以渐入学术话语社团。在这个过程中，学术语言作为符号中介发挥了重要作用，融入了学科文化知识与学术话语实践，实现了学术语篇的功能。语言社会化的理论指出，语言发展与社会文化知识的获得是特定的社会文化情景中互动的产物。Lave 和 Wenger① 也指出了社团的新成员以合理化和被认同的身份进入实践社团并随着能力与技能的日益提升，逐渐成为核心成员。

在这一概念的基础上，二语社会化概念随着研究者将焦点转移至二语习得领域应运而生。研究者指出，人们不仅在母语习得中经历了语言社会化，在进入新的社会团体、承担新的社会角色和学习一门新的语言时，也处于语言社会化的过程中。学习者通过使用二语开展话语实践，获得了语言和语用知识，建构了恰当的身份，也逐渐融入了目的语话语社团。② 二语社会化概念体系中有三个关键性的术语与本书关系紧密，分别是目的语话语社团、语言能力和语言交际事件。目的语话语社团共享语言知识、语言准则和成员之间的沟通模式。新手成员进入某一话语社团后逐渐掌握以上知识和实践方式，渐渐获取成为核心成员的资格。语言能力指的是在特定的社会文化语境下，二语学习者语言能力的发展不仅反映在语言使用的准确性上，也反映在真实互动中的语言使用得体性上。语言交际事件就是二语学习者语言能力发展和建构核心成员身份的契机。通过语言交际事件，在目的语话语社团中进行成员互动，掌握知识与实践准则，促成第二语言的发展。

语篇评价能力的发展可以看作二语学习者学习学术语言这个变体的社会化过程，隐性地习得了学术话语社团的话语规范与写作惯例，尤其是表达学术评价的方法。从语言社会化的视角考察二语学习者语篇评价能力的发展，将学习者学术写作中评价能力的发展看作一个社会文化维度下的学术社会化渐进过程，有助于我们从宏观视角理解语篇评价能力的发展规律与特征。

以上理论模型存在的共识就是，学术话语能力的发展是一个社会实践过程，是在特定的语境中，作者与读者进行互动交流的过程。巴赫金的对话理论也较好地阐释了这一思想。对话理论将对话性看作语言及语言行为的本质，对话也是写作者参与语篇实践的主要方式。在学术语篇中，作者展开了同以前与现在、现实与潜在的真实读者和假想读者的对话和意义协商，因此，在这个过程中是否具有读者意识非常重要，同时，如何与读者开展语篇中的对话也非常关键。基于对话

---

① LAVE J, WENGER E. Situated Cognition: Legitimate Peripheral Participation[M]. New York: Cambridge University Press, 1991.

② DUFF P A. Second Language Socialization as Sociocultural Theory: Insights and Issues[J]. Language Teaching, 2007, 40(4): 309-319.

理论,王菲①探究了学术写作课堂上师生的互动与对话对学术写作能力的发展起到促动作用,其中包括学生作者与写作文本(文献作者和学术社团)的对话、学生作者与写作教师的对话、学生作者与同伴之间的对话、学生作者与语篇潜在读者的对话。通过人种志的研究方法,发现了对话的意识与实践对学术写作能力发展、降低学术写作焦虑、明晰学术写作任务期待、帮助学生作者做出写作决策等方面有重要的意义。

以上理论模型为我们建构学术话语语篇评价能力提供了重要启示。在下一节中,我们将提出学术语篇评价能力的理论模型,并在第三节基于系统功能语言学相关理论,建构二语学术话语语篇评价的研究框架。

第二节 学术语篇评价能力:"三维九项"金字塔

学术语篇评价能力可以表述为一个"三维九项"的金字塔(如图3-4所示)。"三维"指的是三个维度:认知能力维度、知识能力维度和语言使用维度。每个维度包括不同的具体项目,共有九项具体关涉语篇评价能力的内容。下面将对三个维度及其中项目进行诠释。

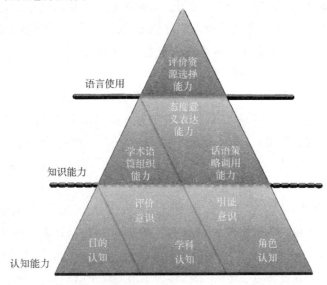

图3-4 学术语篇评价能力的"三维九项"金字塔及内涵

---

① 王菲.美国高校研究型论文写作教学对话元素的个案研究:对话理论视角[J].外语与外语教学,2016(5):107-114.

一、第一维度：语篇评价的认知能力

这个维度是语篇评价能力的认知基础，包括五项认知层面的内容。也就是说，具备语篇评价认知能力的写作者首先要能正确认识以下问题：为什么要进行学术语篇评价（目的认知）？学术语篇评价有无必要（评价意识）？所处学科如何进行学术语篇评价（学科认知）？该如何将被评价对象引入语篇（引证意识）？语篇评价行为的主客体是什么（角色认知）？

①目的认知：语篇评价的根本目的是更好地开展语篇内的观点表述，推介研究成果、推动学术发展。语篇评价不仅仅是评价他人、推介自己，也包括将自己的立场、观点与态度置于被评价的范畴中，欢迎读者和学术社团品评，并在这个过程中推介了学界中相同、不同或相关的研究。

②评价意识：在学术写作过程中，是否意识到学术语篇评价的必要性和重要性，决定了学术作者是否会采取相应的评价行为。

③学科认知：语篇评价行为要符合学科的惯例，因为不同学科语篇表达评价的语言特征、方法等均存在学科特异性。采用学科社团认可的评价方式、遵循符合学科学术评价的惯例是有效、得体地进行语篇评价的前提。

④引证意识：倘若评价先前研究，必然先引证相关文献，当然基本上也不存在不引证他人研究观点的学术语篇。因此，如何规范引用并采取特定的引用方式，如选择什么引述动词、引述的是他人的思想还是话语，是作者开展语篇评价的基础。这里借用评价理论关于介入系统的概念，学术作者应持有语篇多声性观点，具备通过引证开展语篇对话的意识。

⑤角色认知：在语篇评价行为中，作者的角色意识非常关键。如何看待自身作为语篇评价的主体地位、如何认识被引述进语篇的评价对象，是认知语篇评价本质的关键问题。事实上，语篇评价行为大致包括三个角色：作者、实体或命题以及读者。语篇评价是一个作者评价客体、定位主体性（包括自我和他人），并与其他主体建构主体间性的方式。这里，我们应该如何认知学术语篇中的作者和读者呢？作者是评价的主体，客体是学术问题（学术发现、研究结果、学术观点、理论视角等），读者的角色具有双重性，既是评价的接受者，也是与作者一样的评价主体，在语篇中与作者就观点、态度和立场实时交换意见。因此，语篇评价的本质是主体与客体的互动和主体与主体的互动，体现了语篇评价既具有主体性也具有主体间性的双重特征。

以上的认知能力及其五项内容，属于学术语篇作者内隐能力，使用虚线与第二维度的知识能力分隔。但是，虚线表明认知能力中的项目与知识能力中的项目之间不存在特别明显的划分界线,尤其是评价意识和引证意识。因为以往研究也曾将他们看作学术作者必须掌握的具体知识。然而,相对知识能力而言,认知能力中对评价目的的认知、对学科中如何开展评价的通常惯例和传统做法的认知以及语篇评价的角色认知处于更深层次的认知能力,影响作者对语篇评价知识能力的运用以及具体语篇评价语言的选择性使用。

二、第二维度:语篇评价的知识能力

语篇评价能力中的知识能力包括学术语篇组织能力、态度意义表达能力和话语策略调用能力。

(1)学术语篇组织能力:语篇评价具有语类结构特殊性,不同的语篇结构中语篇评价资源的分布特征存在差异。同时,语篇评价资源也能标识不同的语篇结构或具体语步。因为学术语篇和其他体裁一样,都是语篇信息的精密配置,学术作者需要具备一定的学术体裁知识和语步语阶知识(如 IMRD 模型、CARS 模型),并能掌握不同结构中语篇评价资源的使用特征。

(2)态度意义表达能力:如何在学术语篇中恰当地表达态度意义也是学术作者必备的重要语篇评价能力项目。这里的态度意义表达借鉴了评价理论中的态度资源,包括表达情感、表达判断、表达鉴赏。通过适当使用态度意义资源,作者表达积极或消极或中立的评价态度。

(3)话语策略调用能力:学术话语作为受限语言或子语言,是具备专业知识的学术人员通过话语行为实现知识传播和信息交流的言语事件。这个话语策略包括对交际事件的宏观谋划、信息传递的方式管控,以及与社团成员的互动技巧。具体而言,包括声言责任策略、介入策略和共识策略。

声言责任策略将作者的客观准确性与表达的适度性相结合,既严谨无误地表达学术观点,又保持适度发声,以缓和观点的强加性、降低人际风险。具体的话语策略如在语篇中恰当展现自我,并与读者进行交流而使用人称代词。

介入策略包括读者介入与作者介入,涉及双方的语篇互动与共享知识建构。读者介入主要指的是读者意识,用来表达写作者对实际和假想读者对象的认知及相对应的语篇调整。作者介入包括折射作者身份和研究信心的互动语言与意义协商。

共识策略是作者对学术社团的尊重和对先前研究的恰当评论,减少不同观点之间的分歧、扩大共识,在具体语篇中要肯定文献的贡献,辅助得体的评述,承认不同观点的存在。

这些话语策略的选择、使用与调整就是语篇评价话语策略调用能力。

三、第三维度:语篇评价的语言使用能力

语篇评价能力中的语言使用能力指的是学术作者或学术话语发出者对语篇评价资源的选择。这个能力显性地体现在语言层面上对语篇评价资源的使用和选择,即语篇评价语言的具体使用。

根据学术语篇评价意义实例化模型(见图3-5),学术语篇评价资源主要是语篇发生,分布在大量语篇实例中,作者在学术语言中通过对这些评价资源有选择性地使用,创造了语篇评价意义,组构了语篇评价意义潜势,体现出作者的语篇评价能力。据此,我们对语篇评价能力的研究主要聚焦在图3-4中的顶端部分,即在具体语篇实例中能够以文本形式和语言表述发生的语篇评价意义。我们通过对语篇评价意义的研究,可以明晰我国二语学术写作者在语篇评价能力上存在的明显问题和规律性特征。

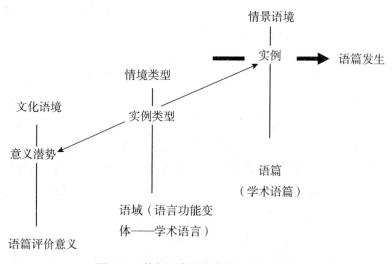

图3-5　学术语篇评价意义实例化模型

综上所述,基于语篇评价相关能力的文献梳理(本章第一节第一点),本书提出了语篇评价能力的"三维九项"金字塔,将语篇评价能力立体化为三维能力,并详述了具体九项能力的构成。众所周知,能力体现在具体的行为中。那么,下一节我们将界定语篇评价行为。

第三节 语篇评价行为模式

本书中语篇评价的操作性定义采纳 Thompson 和 Hunston① 的定义,即"说话人或作者对于正在谈论的事物或命题所持有的态度、立场、观点或感觉"。那么,二语学术话语语篇评价行为即为作者或说者在使用二语/外语开展学术交际的过程中,使用评价意义的资源表达对所言说的事物与命题所持有的态度、立场、观点或感觉,并与读者或听者所在的学术话语社团展开知识共享、观点建构、意义协商的语篇行为。

在这个语篇行为中,存在两个评价主体,分别是作者和读者;评价客体是正在谈论的事物或命题,比如,研究的问题、研究的观点等。作者和读者对评价客体均持有特定的态度、立场、观点或感觉,在语篇评价行为中,作者不是一个人自说自话,读者也并非被动地评价接受者,作者与读者时时就当前问题展开互动。因此,语篇评价行为体现了评价主体与评价客体之间、评价主体与主体之间的互动。这一过程体现在图 3-6 的中间三角部分。

作为评价主体,作者借助语篇评价策略,选择不同评价强度的语篇评价资源,表征出作者的评价态度(如图 3-6 左侧内容所示)。这个评价态度是语篇态度,或者说是作者声音,它制约了作者与读者就评价客体展开语篇评价的方式。比如,作者是否承认多种观点的可能性、是否愿意与不同声音展开对话、将读者假想为支持自己还是与自己观点相左,等等。这个评价态度也不是作者任意选取的,是由语篇目的决定的,受到学科话语的制约与规范、遵循学术社团惯例,一旦这个评价态度在语篇内得以实现,将帮助作者实现语篇的目的(如图 3-6 右上内容所示)。

这个语篇评价行为模式体现了图 3-4 认知能力中的目的认知、学科认知和角色认知。

首先,语篇评价行为始于作者要通过语篇实现的交际目的,这里就是指宏观层面上的二语学术作者开展学术交流、推广学术成果、评价学术贡献等,也可以指微观层面上的劝说读者支持作者的某个想法、说明研究被试选择的科学性与问卷

---

① THOMPSON G, HUNSTON S. Evaluation: An Introduction [M] // HUNSTON S, THOMPSON G. Evaluation in Text: Authorial Stance and the Construction of Discourse. Oxford: Oxford University Press, 2000:1-27.

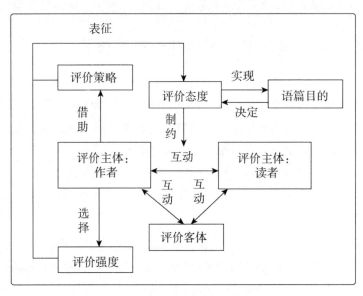

图 3-6　语篇评价行为模式

设计的全面性、表明作者的某个观点比以往观点更具说服力等。我们也可以说，语篇评价行为终结于特定语篇目的的实现。当新的具体目标需要实现时，又会开始新的一轮语篇评价行为。语篇评价行为的语言载体可以是一个词、一个名词词组、一个介词短语、一个小句、一个句群（相当于实现同一语篇目的的若干小句复合体）、一个段落、一个章节。学科规范与惯例是语篇评价行为的准则。就哪些维度进行评价、使用哪些评价性语言资源、是否凸显评价主体和评价客体、什么是评价的参照标准等一系列问题都需要作者在实施语篇评价行为时仔细考量。此外，语篇评价行为中作者和读者的关系是正式的、学术的，存在一定的权势关系，通过语篇评价行为，作者在最大限度上争取更多的读者支持和联盟关系。作者和读者关系也可以放大为作者与整个学科学术社团的关系。作为学科学术社团中的一位成员，学术作者需要使用学科的语言、选择恰当的意义潜势系统，以充分的学者自信和角色意识，加入学科学术互动。但是这些要求对二语学术作者，尤其是开展二语学术写作的学习者而言，必将是一种挑战。

在下一节中，本书将基于语篇评价意义相关范畴的理论，依据系统功能语言学相关思想，提出二语学术话语语篇评价意义的研究框架。

第四节　二语学术话语语篇评价意义研究框架

本书基于以往文献中的相关理论模式,依据语言层级的思想①和社会语境的观点②,尝试性地提出了以小句为核心的语篇评价资源研究层级图和社会语境模型下的语篇评价意义研究框架。

一、从语言层级思想看语篇评价资源的分布

(一)语言的层级思想:作为核心层级的小句

系统功能语言学旨在描写并解释语言的意义表达资源。在系统功能语言学的核心思想中,层次的观念贯穿语言的研究,每一个层次之间的关系是实现与被实现。任何一种语言,都由语法的层次构成,如词素—词—短语/词组—小句。每一个成分之间可以构成复合体,如词素复合体、词的复合体、短语/词组复合体、小句复合体。但是,在这些层次中,词汇语法最核心的层级单位是小句。

语言层级思想指出,正是在小句层面,不同的意义映射到融合的语法结构中。在小句的层面上有小句的三条意义线索,分别是作为交换的小句、作为表征的小句和作为信息的小句。三个部分的意义功能研究体现了小句在系统功能语言学研究中的重要地位。比如,语气与情态、及物性过程小句、主位结构等,仅仅是小句层面众多研究中的一小部分。可以说,小句的三个意义表征了语言的三大元功能:人际功能、概念功能和语篇功能。小句和功能的联系可以通过互动、信息和事件实现,即语义是由小句实现的。因此,作为语篇语义资源的语篇评价意义,是由小句实现的,那么本书将围绕小句层面的语篇评价资源进行评价意义的研究。

基于小句这一核心层级,小句之下的单位有词组/短语,如名词词组、动词词组、介词短语等。不同于实现的关系,词组/短语层面的研究体现语言的组构性,如名词词组构成小句的主语、宾语和补语,动词词组充当小句的谓语成分,介词短语充当小句的状语成分。名词词组、动词词组和介词短语(当然还有其他的词组/短语)共同组构了小句,表达了完整的意义。系统功能语言学并不将词组和短语

---

① HALLIDAY M A K,MATTHIESSEN C M I M. An Introduction to Functional Grammar[M].London:Edward Arnold,2004.

② MARTIN J R,WHITE P R R. The Language of Evaluation:Appraisal in English[M].New York:Palgrave Macmillan,2005.

混为一谈,因为虽然两者属于同级别层面的单位,都实现融合的元功能,但是词组是词的扩展,短语是小句的压缩。词组和短语的构成也可以进一步细分。如名词词组由指称语(特指与非特指)、数量语、修饰语、类别语、事物和性质语等成分构成;动词词组包括定谓语、助动词、词汇动词;介词短语由介词和名词词组构成,等等。因此,小句之下的词组/短语层也是语篇评价资源研究的语言层级之一。

小句之上的单位是小句复合体,如逻辑语义关系下的呈现扩展和投射关系的小句复合体,能够实现语言概念功能的另一模式:逻辑功能。但是系统功能语言学并不将小句复合体看作小句的上一层级,而是看作小句的扩展。小句复合体能够帮助语篇在直接语境中建构语义顺序,让意义结合更加紧密。Halliday 和 Matthiessen 认为,小句复合体有三种方式建构语义顺序:一是结构上的顺序,二是通过衔接手段表达的顺序,三是通过词组/短语充当环境成分建立的关联表达顺序。这一观点优于从语法结构上进行简单句、并列句、复杂句的简单区分。小句复合体与小句及物性的关系紧密,如投射与言语和心理过程小句相对应,扩展与关系过程小句相对应,与小句一样是实现语言元功能的意义潜势。图 3-7 是系统功能语言学对于小句复合体分类中的逻辑语义类型。

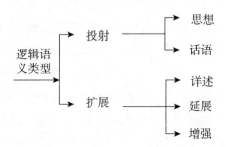

图 3-7 小句复合体的逻辑语义类型

小句复合体的相互关系一个是并列或从属,另一个是逻辑语义关系,包括小句之间的投射或是扩展关系。其中,投射指的是其中一个小句是另一个小句的话语或思想投射;扩展指的是其中一个小句扩展了另一个小句,方式有详述、延展和增强。由于每一个方式关涉语篇语义层的意义体现,其实现的语义常常置于更大的语义集合——语篇(特定的学术语篇结构)中进行考察。同样地,小句之上的层面也是本书探索语篇评价意义的层次之一。

超越小句的单位是隐喻式表达,如语法隐喻。不同的语法单位实现上一级语义关系,但是也存在语法单位和语义关系的隐喻式实现关系,通过降阶(downranking)和重新映射(remapping),语法单位的实现关系重新设置,成为新的意义潜势。语法隐喻包括人际隐喻和概念隐喻。人际隐喻可以分为情态隐喻和语气隐喻,概念隐喻主要是动词、形容词的名词化现象。名词化可谓开展语法隐喻最有力的资源,最早用在学术语篇或科技语篇中表达专业术语或开展逐步深入的论述,具有学科专属性。意义的隐喻式表达是我们建构对内在与外在世界体验的资源,这种体验的基本成分经过隐喻式表达,成为新的表达意义的资源。以专业语篇中的概念隐喻为例,隐喻式创造了更多的概念潜势,是非隐喻式所不可企及的。当然,反之亦然。因此,通过探究隐喻式表达的语篇评价意义,也是本书感兴趣的内容。此外,系统功能语言学对于隐喻的观点也包括广义上的隐喻,如涉及不同范畴的跨域映射(如转喻和提喻)。本书在超越小句的部分研究中,也会涉及广义的隐喻研究。

(二)语篇评价资源的层级分布

作为复杂符号系统的语言,具有多个层级。儿童的语言具有内容层和表达层①,成年人的语言具有语音层和书写层②。系统功能语言学更加细致地将语言分为以下层级。①表达:语音层。②表达:音系层。③内容:词汇语法层。④内容:语义层。⑤语境。这个层级体现出听者或读者感受话语或语篇意义的过程。

针对语篇评价意义,本书也采取层次思想,考察语言内容层更细层级上的评价意义表达。如前所述,小句作为最核心的内容层次,在词汇语法层和语篇语义层上实现语言元功能。如图 3-8 所示:

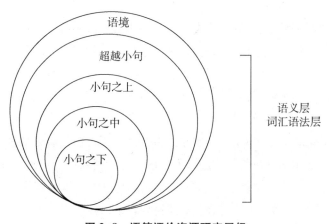

图 3-8 语篇评价资源研究层级

由图 3-8 可知,本书将在小句之下层面上探究词组/短语的使用特点与语篇

---

① HALLIDAY M A K. Learning How to Mean[M].London:Edward Arnold,1975.

② HALLIDAY M A K,MATTHIESSEN C M I M. An Introduction to Functional Grammar[M].London:Edward Arnold,2004.

评价意义的发展特征，其中包括名词词组、动词词组和介词短语；在小句之中的层面将考察作为交换的小句、作为表征的小句、作为信息的小句；在小句之上的层面实则是小句的扩展形式，即小句复合体，进行扩展和投射小句复合体的研究；在超越小句的层面将考察概念隐喻和学科隐喻的特征。事实上，能实现语篇评价意义的资源不只是本书所涉及的内容，表达层的资源（如音调、重音）和小句周围的资源（如衔接、连贯、省略等）也能表达语篇评价意义。但由于篇幅所限，本书仅限于图中词汇语法层和语义层面上的典型资源。

　　图中外圈的语境在理解和产出语篇评价意义中起着重要的作用。这部分将在下文进行阐释。

二、社会语境模型下的语篇评价意义研究框架

　　语篇评价意义位于语篇语义层，可以通过词汇语法资源和语篇语义资源实现。语篇语义层体现语境意义，因此，我们要在一个更加广阔的社会语境下考察语篇评价意义的理解与产出。

　　Martin 和 White① 将评价置于语言与社会语境的整体模型下，遵循语言的功能观点，在语言层级思想的基础上，提出了社会语境模型的观点。语言的元功能是语言内部的视角，而语言的社会语境是语言外部的视角。两个视角都是系统功能语言学不可或缺的语言分析视角。

　　在社会语境视角下，语域和语类也包括在语言层级系统中。作为比语篇语义层更加抽象的层级，语域被引入语言层级，包括语场、语旨、语式，与语言三大元功能相互对应。语场涉及就从事的事件与活动而使用的话语类型，如话语组织、话语参与者、过程与环境。语旨涉及话语角色的身份、地位和关系，关乎话语过程中的权利与联盟。语式涉及共同交流的渠道方式，如演讲、写作、邮件、微信等。语篇评价意义对语式非常敏感，不同的语式将会决定语言使用者采取截然不同的语篇评价资源。而本书的目的并非进行不同语式下的语篇评价比较研究，而是考察我国二语学术话语中的语篇评价，因此，本书将聚焦二语学术写作中的语篇评价意义，暂且不考虑二语学术演讲、会议、辩论等口语语式的话语。

　　语类是比语域更加抽象的层级，是语域的类型，在系统功能语言学中被定义为有阶段性、目的取向的社会过程，是作者/说者与读者/听者为了实现特定的话语目的而共同参与的过程，这个过程分为约定俗成的步骤或阶段，需要交际双方

---

① MARTIN J R, WHITE P R R. The Language of Evaluation: Appraisal in English[M]. New York: Palgrave Macmillan, 2005.

共同遵守。类似地,Biber 和 Conrad① 将语类视角具化为在约定俗成的惯例下语篇的结构特征与话语展开方式。本研究也将关注语类层面上的结构特征,即语篇评价资源如何通过特定的语类结构实现语篇评价意义,并同时推进语类结构的完善和语篇的进展。

据此,本书基于系统功能语言学的社会语境模型,将语言的内部层级和外部层级相结合,即将词汇语法层与语篇语义层和一层语境(语域)与二层语境(语类)相融合,一方面考察二语学术写作中的语篇评价资源实现语篇评价意义的特征及发展规律,另一方面考察二语学术写作语类结构与语篇评价意义的相互关系。同时,根据体现的思想,语篇语义由词汇语法的选择体现,语域由语篇语义的选择体现,语类由语域体现,而社会语境则反映语言使用者的意识形态。因此,本书还将探究二语学术作者对语篇评价的认识与影响语篇评价意义产出的因素,详见图 3-9:

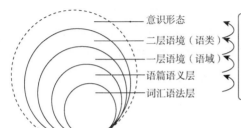

意识形态
二层语境(语类)
一层语境(语域)
语篇语义层
词汇语法层

● 二语学术作者对语篇评价的认识及影响因素
● 语篇语义评价资源通过语域在特定的语类结构(如摘要、引言、结论等部分)实现语篇评价意义,同时推进语域目的的实现
● 语言内部层级上语篇评价意义的实现

图 3-9　社会语境模型下语篇评价意义的研究框架

由图 3-9 可知,图中左侧的内圈为词汇语法层,它的外圈是语篇语义层,这两个层级上分布了语篇评价资源(如前文图 3-8 所示),我们将探究这两个语言内部层级上语篇评价意义的实现。图中带箭头的曲线表示层级之间的体现关系,那么一层语境(语域)由语篇语义层的选择实现,二层语境(语类)由一层语境(语域)实现。基于社会语境两个层级的关系,语篇语义层的评价资源能通过特定的语类结构实现语篇评价意义,而且能推动语域层语篇目的的实现。最高的层级涉及语言使用者的意识形态,与语言有千丝万缕的联系,却不属于语言范畴,因此使用虚线的外圈表示。它由语类体现,可以反映二语学术作者对语篇评价的认识(策略的使用)和影响语篇评价意义产出的因素。图 3-9 的研究框架指导了本书对语篇评价的研究,既包括语篇评价资源、语篇评价策略和语篇评价影响因素,也关涉语

---

① BIBER D,CONRAD S. Register,Genre,and Style[M].New York:Cambridge University Press,2009.

篇语类结构和语篇评价意义的互动。

第五节　二语学术话语语篇评价意义的研究方法

　　根据上一章对基于语料库的学术语篇研究进行综述，二语学术语篇语言资源的研究主要采取对比的研究方法，将二语学术语篇与本族语者学术语篇进行多维度对比，比如，体裁特征、词汇、语法等资源。这些研究的共同点是，不论是专家作者还是学术新手的二语学术语篇常常与本族语者学术话语存在差异。然而，将不同阶段的二语学术写作进行对比探究二语学术话语的发展性特征还有待拓展和深入。将不同阶段的二语学术语篇进行对比，有利于我们描绘出呈现阶段性特征的微观与宏观层面的语言发展规律，一方面能揭示规约性和共性，另一方面也能发现变异性和复杂性。同时，本书也结合了在自然情况下的调查研究方法，希望能在探究语篇层面显示的使用特征的同时，挖掘发展性特征的根源和影响因素，深入探究意识层面、技能层面、语境层面的互动对语篇评价能力的影响。因此，本章将简述本书的语料库研究方法和调查研究方法，这是本书探索中国二语学术写作中语篇评价能力的发展规律在方法上的可行性尝试。

一、语料库的研究方法

　　不可否认，语料库语言学对语言研究的多个领域而言，都提供了一个优良的研究方法和适用性很强的研究工具。这体现了语料库研究方法具备一些其他研究方法不可比拟的优势，如基于大量数据的样本代表性和研究结果的可概括化。[①]研究者能借助文字工具、语料库检索、赋码软件实现语料库建库、文本整理、检索与标注等功能，并且许多语料库检索软件自带统计工具，具有一定数字素养的研究者都能自动获取研究的数据与结果。同时，大型语料库中复现的语言特征能够再现使用者在自然发生的语篇中对语言的使用以及意义的表达，因此，语料库研究对于揭示特定语言社团中语言使用的规律性特征存在优势。

　　卫乃兴[②]指出："所有建构良好的语料库都显示了稳定的分布数据、大量复现的线性序列、特征性的结构及意义方式，超越了现有理论的描写范畴与解释框架。

---

①　HEWINGS M，HEWINGS A. "It Is Interesting to Note That…"：A Comparative Study of Anticipatory 'It' in Student and Published Writing[J].English for Specific Purposes，2002，21(4)：367-383.

②　卫乃兴. 学术英语再思考：理论、路径与方法[J].现代外语，2016(2)：267-277.

重要的是,大型综合语料库是语言社团语用事实的集合,其高频型式揭示了社团的语言使用模式。"本书将建构二语学术写作语料库以及期刊论文参照语料库。这两个语料库均属于专门用途语料库,可以集合专门领域下特定语言的真实使用,将社团语言模式、子社团语言模式、个体使用型式组成连续统。也就是说,建构专门的大型语料库对于揭示某个语言社团的某个子社团语言的核心模式具有重要意义,同时,这个专门语料库也能反映出这个子社团中处于边际状态个体的语言使用模式。同时,使用某一领域语篇建成的小型专门语料库可以有效避免对语料库研究方法脱离语境地采用自下而上的方法的质疑。① 类似的语料库如密歇根大学英语语言研究所 2002 年开发的 Michigan Corpus of Academic Spoken English(MICASE)和 2009 年开发的 Michigan Corpus of Upper－level Student Papers(MICUSP),英国华威大学、雷丁大学联合牛津布鲁克斯大学开发的 British Academic Written English(BAWE)以及我国 20 世纪 80 年代初,杨惠中教授带领的团队首开先河建立起交大科技英语语料库(JDEST),为我们建立二语学术写作语料库和期刊论文语料库提供了坚实的方法基础与宝贵借鉴。

(一)语料选取

为了探究二语学术写作中语篇评价的阶段性使用特征,本书自建了二语学术写作本、硕、博阶段的语料库,分别为 BTC(Bachelors' Thesis Corpus)、MTC(Masters' Thesis Corpus)和 DTC(Doctorate Thesis Corpus),以及期刊论文语料库(JRA,Journal Research Articles)。对于二语学术写作的语料库建构我们采取了横截面语料库的建构方式,选取了相同学科(语言学及应用语言学)本科生毕业论文、硕士研究生毕业论文和博士研究生毕业论文,进行科学随机抽样(详见下文),共同组成了本书二语学术写作语料库。

Gass 和 Selinker② 指出,可以使用横截面研究设计创设一个准历时的研究(pseudolongitudinal study),在这样的设计里,研究重点和历时研究一样,都在语言的变化上、在特定的时间节点收集数据,能够代表不同的语言水平。本书即在三个时间节点上收集数据,分别代表本科、硕士和博士阶段中,二语学术写作语篇评价能力的不同发展阶段。类似的语料研究方法适用于阶段性差异与发展规律的

---

① FLOWERDEW L. An Integration of Corpus－Based and Genre－Based Approaches to Text Analysis in EAP/ESP:Countering Criticisms against Corpus－Based Methodologies[J].English for Specific Purposes,2005,24(3):321-332.

② GASS S,SELINKER L. Second Language Acquisition:An Introductory Course[M].Mahwah:Lawrence Erlbaum Associates,2001.

研究。如 Hyland 和 Jiang① 通过横截面研究探究了学术写作中的非正式现象以及作者与读者之间关系的发展与变化。语料选择了四个学科的相同期刊在三个不同时期的学术论文中主要使用的十项非正式特征,展开对比研究。研究结果表明,自然科学学科的非正式化发展比社会科学学科更加显著,为揭示学术语篇评价意义在不同学科的发展规律提供了方法上的重要参考。Chen 和 Li② 通过中国二语学位论文横截面语料库的对比研究,探究了如何建构更具评价性的学术空间问题。研究者选取了两个不同时期的语言学及应用语言学学科二语学位论文语料,发现近期(2005—2015)的二语学位论文比早期(1990—2000)的二语学位论文更加注重研究空间的建构,语篇评价意识更强。这一研究为我们选取二语学位论文作为二语学术写作专门语料库的语料来源以及采取横截面语料库研究方法奠定了基础。在国内文献中,基于横截面语料库的研究方法,徐昉③发现本、硕、博阶段二语学术作者在学术语块的使用和学术引证能力上呈现出阶段性的规律特征,博士阶段是关键期。王丽和王楠④描绘了硕、博阶段二语学位论文中的口语化现象,也进行了不同阶段横截面语料的对比和期刊论文的对比。因此,横截面语料对比研究能有效地帮助研究者开展阶段性对比分析,适合于本书问题的解决。

(二)语料库描述

二语学术写作本科阶段语料库(BTC)的语料来自我国 2012 年至 2018 年东北、华北和中部地区多所高校英语专业学生的学士学位论文,共计 236 篇(类符 30444,形符 1151699)。因为学士学位论文并未公开发表,所以采用方便抽样的方式,在征得论文所在院校同意的前提下,使用论文的文档,并隐去作者、导师姓名、致谢内容等个人信息,保留院校、专业、题目等学科信息。同时,为了保证本科阶段二语学术写作语料的丰富程度和代表性,我们还采用了中国学生英语笔语语料库(WECCL 2.0)中大学 1~4 年级本科生英语作文语料,其中,88%为英语专业学生作文,95%为议论文,也可较好地代表学习者本科阶段的英语写作水平。

二语学术写作硕士阶段语料库(MTC)和博士阶段语料库(DTC)的语料分别

---

① HYLAND K,JIANG F. Is Academic Writing Becoming More Informal? [J].English for Specific Purposes,2017,45:40-51.

② CHEN X,LI M. Chinese Learner Writers' Niche Establishment in the Literature Review Chapter of Theses:A Diachronic Perspective[J].Journal of English for Academic Purposes,2019,39:48-58.

③ 徐昉. 中国学习者英语学术词块的使用及发展特征研究[J].中国外语,2012,9(4):51-56.

④ 王丽,王楠. 二语学习者学位论文中的口语化倾向[J].现代外语,2017(2):275-286.

来自我国 2006 年至 2017 年东北、华北、华中、华南、华东、西南和西北 7 个地区的多所院校英语专业外国语言学及应用语言学方向的英语硕博学位论文,共 100 篇。其中,硕士阶段语料库(MTC)有 50 篇硕士学位论文(类符 21813,形符 780326),博士阶段语料库(DTC)有 50 篇博士学位论文(类符 45028,形符 2523797)。MTC 和 DTC 的语料均选自中国知网硕博学位论文库,依据硕博学位授予地区的分类,随机抽取产生的。由于中国知网的学位论文已经公开发表,我们直接从中国知网下载随机抽取的学位论文文档。

参照语料库为期刊论文语料库(JRA),因为其包含国际话语社团的特征性语言使用可作为我们参照的规范。我们选取六个语言学及应用语言学国际权威刊物,它们是 *Applied Linguistics*, *The Modern Language Journal*, *TESOL Quarterly*, *Language Learning*, *Language Teaching Research* 和 *Second Language Research*。由于这些期刊代表学科规范、反映学科特征,我们将这些期刊中研究论文的语篇评价资源使用特征作为参照的标准。在这些期刊中,我们随机抽取 2014—2016 年发表的 227 篇期刊论文(类符 38439,形符 1765944)。与 MTC 和 DTC 在学科和语类结构上(IMRD)均保持一致。

在语料的处理上,WECCL2.0 保持语料库原有格式与内容;BTC、MTC、DTC 和 JRA 语料仅保留英文摘要与正文部分,删除中文摘要、个人信息、目录、图表、参考文献、附录、致谢等部分,经文本整理后保存为 TXT 文件。语料库具体情况见表 3-1。

表 3-1　本书语料库基本情况

语料库	篇数/篇	年份	类符	形符	平均篇长
WECCL2.0	4950	2008	—	1248476	252.22
BTC	238	2012—2018	30495	1151699	4839.07
MTC	50	2010—2015	31813	780326	15606.52
DTC	50	2006—2017	45028	2523797	50475.94
JRA	227	2014—2016	38439	1765944	7779.49

就研究语料的语类结构而言,我们将按照 IMRD 的线性结构进行分类。有时,二语学术写作语料中在研究方法之前也存在研究基础(theoretical basis)或是研究框架(theoretical framework)一章,专门用来介绍与该研究相关的理论基础或理论框架。由于属于理论层面的文献梳理,我们将其看作文献综述部分的内容。据此,所有的论文分为摘要—引言—文献综述—研究方法—研究结果与讨论—结

论与启示的宏观语类结构。我们在研究的过程中,当涉及特定的语篇评价资源时,也会聚焦某个或某些语类结构中的使用特征。

（三）语料库工具与方法

1. 语料库标注工具与方法

在建库工作完成以后,我们对语料库进行了标注。标注就是对语料库文本的元素或特征添加特定的预定标签,即附加的解释性语言信息。这里的语料库标注指的是语料库自动赋码标注和具体研究中基于特定分类标准的文本特征标注。

自动词性赋码采用 TreeTagger 软件,由斯图加特大学计算机语言学研究所的 Helmut Schmid 教授研发,能够应用于全球主流的 20 种语言的词性标注。标注了词性的语料被称为"熟文本",能够进行基于正则表达的复杂检索。比如,本书中对动词词组（被动结构）和语法隐喻（名词化）的检索就是分别对动词和名词的词性赋码。

另一种自动赋码是语义赋码。通过 Wmatrix3① 能对文本进行逐词的词性赋码和语义赋码,能够帮助我们识别隐喻的源域和目标域,如本书对学科隐喻的考察就借助 Wmatrix3 实现了自动的语义域辨识与标注。

手动标注是依据文献或本书建构的分类框架对特定语篇评价资源的人工标注。比如,本书中对情态身份的标注、对存在过程的功能标注、对主位等同结构的标注（具体详见相关章节的研究步骤内容）。所有手动标注工作均由两位以上项目组成员统一标准、熟悉程序后独立完成,并就存在分歧的标注进行商议或向第三方专家求证以达成一致判断。

以上语料库标注的具体过程,详见具体章节内容。

2. 语料库检索工具与方法

语料库检索的目的是从大量的文本中导出目标语言使用的索引行（concordance lines）,便于研究者批量观察索引行中的复现语言现象,并发现其中的规律性特征。通过检索"语境中的关键词"（Key Word In Context, KWIC）,我们在语料库中得到使用实例,以清单的形式按照检索顺序或者我们设定的呈现方式依次排列。这个通过检索工具从语料库中得到的包含若干个索引行的文本叫作微型文本②,是真实情景下语言使用的样本。

---

① RAYSON P. From Key Words to Key Semantic Domains [J]. International Journal of Corpus Linguistics,2008,13(4):519-549.

② 梁茂成,李文中,许家金. 语料库应用教程[M].北京:外语教学与研究出版社,2010.

本书采取的检索工具是 AntConc①。这款可供免费下载与使用的检索工具由 Laurence Anthony 设计,支持对无标注或是只进行了词性标注的语料库的检索,可实现简单检索和复杂检索,也可实现语块提取的功能。

简单检索是使用索引工具在语料库中查询语境中的关键词,也叫节点词(node)的过程。在检索界面中,如图 3-10 所示,在检索栏中输入节点词 there_EX,点击运行后将会获得语料库中所有符合条件的语言使用实例及其语境,这些信息以清单的形式列出,以便研究者获取频数、搭配、类连接等语言现象。

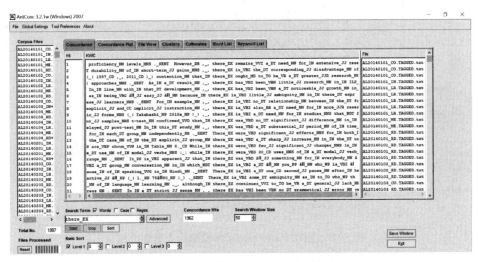

图 3-10 节点词 there_EX 的简单检索

由图 3-10 可知,对 there_EX 的简单检索共得到了 1962 个检索结果,它们以检索行的形式呈现,节点词位于索引行的中间。当点击某一行的节点词时,即可进入其具体的语境,对其上下文进行文本细读。这有助于手动剔除那些不符合检索要求的检索行,也用来对频数结果进行基于语境的文本分析。

本书中,对逻辑语义扩展的详述语、延展语和增强语的检索,以及对存在过程 there_EX 的检索就是将词表中的检索词看作节点词进行简单检索。简单检索适用于那些没有形式变化的节点词。简单检索方法依据确切的节点词进行检索,而当索引项是模糊的、包含变量时,比如,我们想检索被动结构,而这个动词可能是千变万化的,就需要编写正则表达式进行复杂检索了。

复杂检索的文本需要先经过词性标注,也就是上文提及的 TreeTagger 赋码后的文本。只有编写好正则表达式才可以借助 AntConc 检索软件实现复杂检索。

---

① ANTHONY L. AntConc (Version 3. 2. 1) [EB/OL]. Japan: Waseda University, 2007.

PatternBuilder 可以辅助正则表达式的编写。正则表达式①是一个字符串,记录下文本的排列规则,用来在复杂检索中匹配文本。正则表达式编写工具 PatternBuilder 可以进行初级编写,并通过在其自带语料库中进行验证,我们可以反复调试,编辑出能用于检索的正则表达式。PatternBuilder 性能良好,内嵌 TreeTagger 和 CLAWS4 赋码集,既可以通过选择赋码列表中的字母或符号获取某个语言项目的正则表达式,也可以使用其自带的预制式进行编辑。图 3-11 是这款软件的界面。

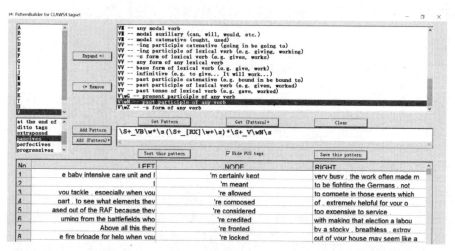

图 3-11　借助 PatternBuilder 获取的正则表达式

由图 3-11 可知,点击 V,能够显示所有的动词类范畴,再确定具体的目的型式,点击 Get Pattern 以后,正则表达式\S+_VB\w * \s(\S+_[RX] \w+\s) * \S+_V\wN\s 就被提取了。界面的下方是对这个正则表达式的检验。在图 3-11 中,节点词一列显示出了' re allowed,' re fronted 等被动结构,表明这一正则表达式在软件自带的语料库中能够有效地检索出目标形式。当然,这个表达式的有效性还需要在研究语料中验证,如刚才也提取了' m meant 的非被动结构形式,需要我们一方面反复调试正则表达式,另一方面在 AntConc 检索行导出的 TXT 文档中手动剔除不符合条件的索引行,以保证最后的索引行均为目标语言实例。

当获得了正则表达式后,我们将这个正则表达式复制粘贴到 AntConc 的检索框内,勾选 Regex(regular expression,正则表达式),就可以在赋码语料库中进行复杂检索了。本书中对动词短语和语法隐喻等结构的研究采取了复杂检索模式。在 JRA 赋码语料中被动结构的复杂检索结果见图 3-12。

① 对于正则表达式用法的详细说明,请参见 http://www. regular-expressions. info/,本书不做过多介绍。

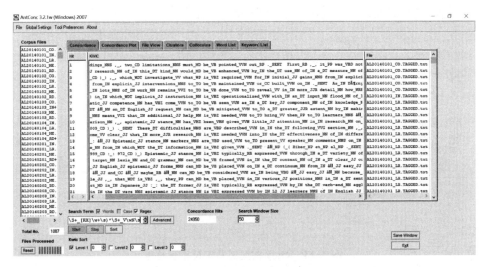

图 3-12 JRA 中被动结构的复杂检索结果

此外,AntConc 也能实现语块的提取(如使用 n-gram 提取介词短语语块)、搭配词的提取(介词短语的搭配词、被动结构的人际附加语等)和搭配频率的统计等功能,此处不予以详述,请参见具体章节的研究方法内容。

3. 搭配强度、类连接与语义韵的检索工具与方法

上文提及的搭配(collocation)最早由著名语言学家 Firth 提出,指的是两个词之间的结伴关系,体现两个词之间的共现偏好,比如,view 常与 hold 搭配使用,而 perspective 常用的搭配词为 follow/take/employ,却不常与 hold 搭配使用。也就是说,当表达"持有观点"时,view 常用的搭配词是 hold,perspective 常用的搭配词是 follow,这些有结伴关系的词互为搭配词。搭配的两个词之间存在搭配强度,是一个可以量化的数值,能够帮助我们确定两个词之间的共现关系是否紧密。其中的原理是以节点词为中心的特定跨距内的所有词被看作搭配词,节点词和搭配词构成了一个微型文本,搭配词与节点词的共现频率就是通过其在微型文本中的分布与其在整个语料库中的分布估计进行对比计算的。

我们采用的搭配强度统计软件为北京外国语大学中国外语研究中心设计开发的 BFSU Collocator 1.0 软件,能够列出搭配频数$[f(c)]$,互信息值(MI 和 $MI3$),Z 值($Z\text{-}score$),t 值($t\text{-}score$),$Log\text{-}log$ 值,对数似然率值($Log\text{-}likelihood$)。比如,我们将节点词 study 输入检索框,跨距设置为左 0 右 3,即 study 右侧 3 个词以内的搭配词,点击运行,结果参见图 3-13。

图 3-13 显示了我们按照 BFSU Collocator 1.0 提供的六种统计算法计算搭配

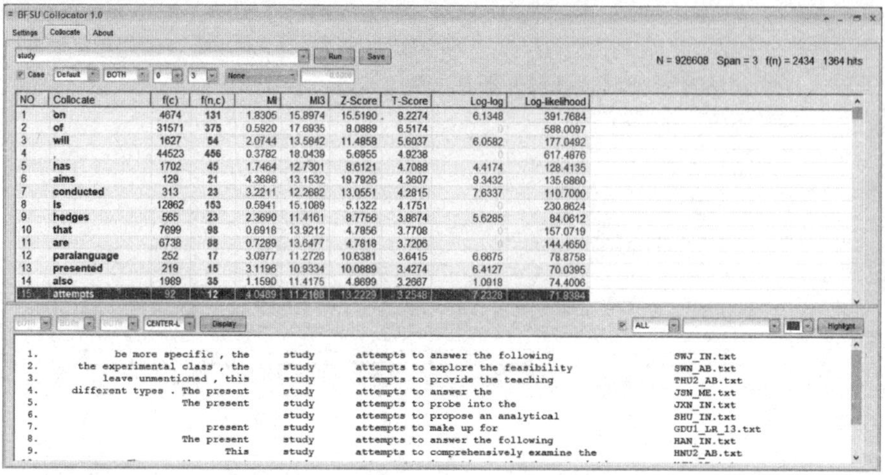

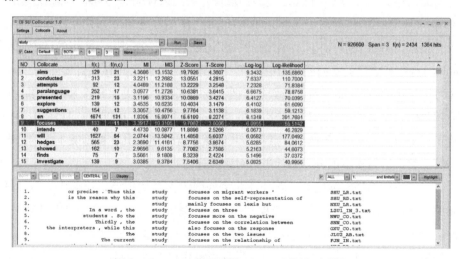

图 3-13　study 搭配词的 T 值排列结果

强度中的 t 值（$t-score$）进行排列的强搭配词，比如，study + on/of/has/aims/conducted/is 等，而且这些搭配词的搭配强度都在临界值 2 以上，都是搭配频率很高的词。同时，软件界面的下方可以显示搭配的具体语境，能够让我们获得更多的语境信息，可知 attempts 常作为 study 的谓语，使用一般现在时，表达研究的目的。

如果我们按照 $Log-log$ 值进行排列，将会偏重那些实义词，而介词 on 和 of 的排列就靠后了，参见图 3-14。

图 3-14　study 搭配词的 Log-log 值排列结果

因此，当我们开展搭配强度统计的时候，首先需要确定跨距，其次需要选择适当的参考值。有时我们也可以兼顾不同的统计方法,关注那些都排在前列的搭配词。如图 3-13 和图 3-14 共有的 aims、conducted、hedges 等。图 3-13 中显示出attempts 后接不定式,我们可以初步推断 attempts 和不定式存在类连接(colligation)的关系。可以说,搭配关注的是词汇之间的共现关系,类连接关注的则是词类乃至语法层面的结伴关系,与语言的句法有密切的关系。我们可以借助AntConc 检索软件的简单检索或复杂检索功能,检索出目标词或目标结构,再通过观察索引行,归纳词类之间以及节点词与其周围词类间的关系。比如,我们在本科阶段语料中验证一下我们对 attempts 类连接型式的推断。首先在 AntConc 中进行简单检索,输入 attempts_VVZ,运行简单检索,获得以下检索行,详见图 3-15。

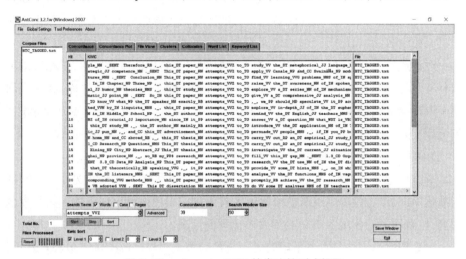

图 3-15　attempts_VVZ 的类连接型式提取

由图 3-15 可知,"attempts_VVZ+to_TO 动词_VV"的型式一共出现了 39 次,因此,我们可以说在本科阶段二语学术写作中 attempts 后接不定式是一个类连接型式。

语义韵是关键词的典型搭配词在共现语境中渲染出的语义氛围[1],能够表达作者在特定语境中的态度,如积极、消极或中性语义韵[2],其共现特征也显示特定的语义倾向[3],隐性地表达评价意义。比如,pose 常与贬义词搭配出现,如challenge、threat、danger、unacceptable risks 等词,表明出现了糟糕的问题与情况。

① SINCLAIR J M. Corpus,Concordance,Collocation[M].Oxford:Oxford University Press,1991.

② STUBBS M. Text and Corpus Analysis:Computer-Assisted Studies of Language and Culture[M].Oxford and Cambridge:Blackwell,1996.

③ 李晶洁,卫乃兴. 学术文本中短语序列的语篇行为[J].外语教学与研究,2013(2):200-213.

语义韵离不开搭配、类连接和语义倾向这些要素的共同界定[1],搭配与类连接的检索结果也对语义韵分析起到启示作用。比如,当计算得出的强搭配词具备一定语义倾向时,即褒贬词、情感态度类词等具有一定语义倾向性的词成为强搭配词,就能成为语义韵判断的基础。

(四)语料库数据统计方法

1. 频数标准化计算

某一节点词经过 AntConc 检索后,能够得到索引行的频数,即这个节点词在语料库中的出现频次。当对这个节点词在不同语料库中的频数进行比较时,由于语料库容量不同,在比较之前,需要通过频数标准化计算,使不同语料库中的原始频数转化为基于一个统一基准的频数,再进行跨语料库的对比与分析。操作方法是将原始频数除以总体频数(常常是语料库形符数),再乘以十万或百万,即得到每十万词或每百万词的标准频数。本书按照对比语料库的库容,进行了相应的频数标准化计算。有的研究语料使用的摘要部分语篇,属于小型语料库,因此采取每十万词标准频数统计;有的使用了整个语料库,库容大,因此采用每百万词标准频数统计。但是我们需要在每一个特定语篇评价资源的研究中保持统一的计算方式。

2. 频数差异显著性检验

卡方检验是本书采用的频数差异显著性检验方法之一。与上文提及的频数标准化不同,卡方检验不仅考虑检索项 X 在不同语料库中的出现频数和语料库的库容,也兼顾了检索项 X 在语料库中不出现的情况。

对数似然率方法是本书采用的另一个检验方法。*Log-likelihood* 值(*LL* 值)可以用来检测检索项 X 在两个语料库中的频数差异显著性。它不仅可以使原始频数不经标准化就可以直接进行对比,也可以显示差异的显著性。它基于统计学中的似然比理论,比卡方检验结果更加可靠。表 3-2 是在不同显著性水平上的卡方值和对数似然率关键值与标识符号。

表 3-2　不同显著性水平上的卡方值和对数似然率关键值与标识符号

显著性水平/%	95	99	99.9
x^2 值/*LL* 值	3.83/3.84	6.64	10.83
符号标识	*	**	***

---

[1]　陆军,卫乃兴. 短语学视角下的二语词语知识研究[J].外语教学与研究,2014(6):865-878.

由表 3-2 可知,当显著性水平置于 95%($p<0.05$)时,x^2 值的临界值为 3.83,LL 值的临界值为 3.84,表示进行对比的两个数值差异具有一定显著性;当显著性水平置于 99%($p<0.01$)时,x^2 值和 LL 值的临界值为 6.64,表示数值之间差异显著;当显著性水平置于 99.9%($p<0.001$)时,x^2 值和 LL 值的临界值为 10.83,表示数值之间差异非常显著。

x^2 值和 LL 值的计算工具采用的是北京外国语大学语料库语言学研究团队设计开发的软件 Chi-Square Calculator 和 Log-likelihood Ration Calculator[①]。

图 3-16 为卡方检验统计软件界面,图 3-17 为对数似然率(本书也称对数似然比)统计软件界面。两者的操作方法相同。在 Corpus 1 中输入语料库 A 的形符数,在 Corpus 2 中输入语料库 B 的形符数,然后将检索项 X 在两个语料库中的原始频数分别输入 Freq in Corpus 1 和 Freq in Corpus 2 的对应列中,即可得到检索项 X 的卡方值/LL 值和显著性水平值(sig. 值)。

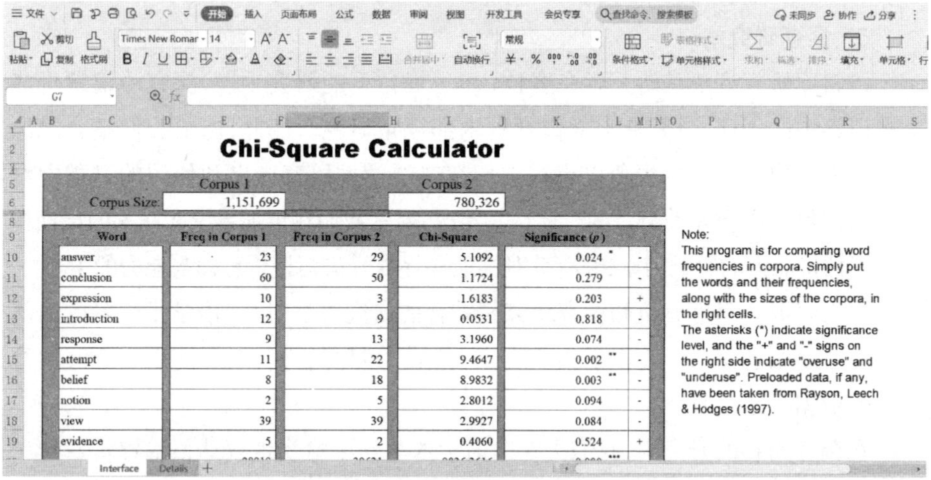

图 3-16　卡方检验统计软件界面

两个软件是基于 Excel 软件制作的自动统计软件,具有使用者友好的特征。最后一列的"+"或"-"表示该检索项在 Corpus 1 中的使用频数要多于或少于其在 Corpus 2 中的使用频数,能帮助我们判断检索项的使用差异趋势。值得注意的是,两个软件所得的显著性差异值比较接近。因此,本书并不严格区分两种统计方法,但在一个研究中,仅使用一种差异统计方法。

---

① 可参见北外语料库语言学团队成员开发的相关语料库软件 http://corpus.bfsu.edu.cn/CORPORA.htm。

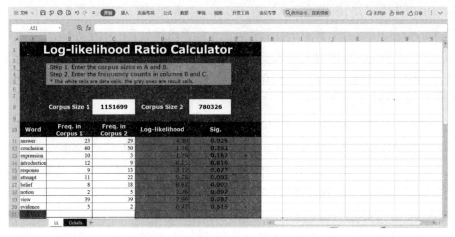

图 3-17 对数似然比统计软件界面

二、调查研究法

语料库研究方法是研究者在客位(etic)视角下的研究手段,探究语篇评价能力在语篇中的表征,尚无基于写作者的内部视角研究。因此,需要我们结合二语学术作者主位(emic)的视角以审视他们在二语学术语言产出和使用的过程中对于语篇评价的本质及其特点的总体认知情况,启示我们在更加系统和深入的层面探索语篇评价能力的影响因素,并有针对性地探寻提升语篇评价意识与能力的策略。

本书采取语料库分析和调查研究相结合的研究方法,以二语学术作者的语篇评价策略使用意识与影响因素为切入点,开展了调查研究,主要使用调查问卷和访谈的数据收集工具。

在调查问卷的研究中,我们把在二语学术写作中恰当地表达语篇评价看作二语学术作者需要掌握的重要学术写作策略之一,从而更有效地传播专业知识与交流信息。在英语作为二语的学术写作中,语篇评价策略成为二语学术英语能力的一个重要指标。如前文所述,现阶段语篇评价的研究主要基于语篇的外部视角,多以语料库研究方法为主,一个特例是赵冠芳和吕云鹤①对英语专业本科生学术写作的认知研究。他们基于 Snow 和 Uccelli② 的学术英语能力模型自行编制问

---

① 赵冠芳,吕云鹤. 英语专业本科生对学术英语写作的构念认知[J].外语与外语教学,2019(6):69-79.

② SNOW C,UCCELLI P. The Challenge of Academic Language[M]//OLSON D R,TORRANCE N. The Cambridge Handbook of Literacy. New York:Cambridge University Press,2009:112-133.

卷,通过在线调查发现,我国二语学术写作中对"评论已有研究、学术身份构建、预判读者需求、自评修改"这些涉及语篇评价意义因素的关注度严重不足,并未意识到它们在学术英语写作中的重要性。

可见,语篇评价是一个非常微妙、不易观察且容易被忽视的能力。因此,运用一个信效度合格的调查问卷直接考察我国英语学习者的二语学术语篇评价策略,是通过观察英语产出推测他们语篇评价策略使用特点与问题的有益补充。本书第八章将详细汇报调查问卷的设计、实施与结果讨论,此处仅做简单介绍。

调查问卷名为《中国英语学习者学术写作语篇评价策略调查问卷》,是基于卫乃兴[①]提出的学术话语策略模型,并参考以往文献中调查问卷与访谈数据,由项目组共同开发编制的。该问卷分为语篇评价策略、学生基本信息和学术写作实践,可以测量声言责任策略、介入策略和共识策略三个维度和观点所有权、秉持客观立场、体现权势关系、展现方式、读者意识、研究信息、模糊语言、语篇对话型、立场多样性九个观测点的情况(请参见附录)。问卷第一部分采取5级莱科特量表,经由表面效度检验、小规模试测、项目分析、因子分析、正式施测、相关分析等步骤和统计,对7所学校共计222名我国二语学术作者开展了问卷调查。该问卷具有良好的理论基础和信效度指标。

访谈数据来自对二语学术作者的半结构性访谈。研究者采纳方便抽样的原则,从参加"学术英语写作"课程的学生中选取自愿参加访谈的学生根据自愿原则进行访谈被试。本书将针对访谈数据,探究学术语篇评价能力的现状及影响因素。参加访谈的学生一共有6名,他们均有英语学术写作经验,并在笔者教授的"学术英语写作"这门课上独立完成了6000字的英语调查研究报告任务。他们来自笔者任教学校的本科二年级和三年级,其英语水平存在差异,既有高水平也有中低水平。访谈主要针对他们在学术英语写作过程中的感受、行动与策略展开。访谈语言为汉语,访谈内容均转写为文字。访谈一共进行了三次,前两次独立进行,每人大约半个小时,最后一次是小组焦点访谈,进行了两个小时。研究者对访谈内容进行了录音,保存为WAV格式,总时长约8小时,转写被访谈者话语共30857字(不包括访谈者话语)。访谈作为辅助工具,收集的数据主要用来辅助调查问卷数据的分析。

---

① 卫乃兴.学术英语再思考:理论、路径与方法[J].现代外语,2016(2):267-277.

第四章

小句之中的二语学术语篇评价意义发展特征

第一节　情态身份建构①

一、情态与建议

对话性是话语的本质。在话语过程中,说者或作者的角色得以建构,并赋予听者或读者特定的角色。比如,在问题话语中,说者或作者是问题的询问者,听者或读者就是答案的提供者;在命令话语中,说者或作者是命令的发出者,希望得到某种服务或便利,听者或读者就是命令的执行者,提供相应的服务或给对方带来便利。在以上的话语行为中,信息和服务得以在话语双方之间交换和传递。这就是作为交换的小句,小句实现了信息和服务的交换,促成了话语双方的互动。系统功能语言学对于对话本质的分析让我们更加清晰地认知了话语的对话性。

系统功能语言学界定了话语功能的四个主要因素:提供、要求、陈述和疑问,并将它们的发起与回应组合为 8 种开启话语的方式和 10 种回答话语的方式②,揭示了话语功能的潜势。系统功能语言学据此区分情态化(modalization) 和意态(modulation)。情态化可以描写命题的经常性与可能性,意态可以描写提议的义务性和意愿性。情态化和意态统称为情态(modality)。情态的实现方式可以是显性客观的(如 it is certain...)或者显性主观的(如 I'm certain that...),也可以是隐性客观的(certainly)或者隐性主观的(使用情态动词 must)。

---

① 部分内容发表于《外语研究》,2021 年第 4 期,第 57~63 页。
② HALLIDAY M A K, MATTHIESSEN C M I M. An Introduction to Functional Grammar[M]. London:Edward Arnold,2004.

这一节,我们将关注其中的一类话语功能:提供建议。建议是一种提议(proposal),交换的是一种服务(service),就像社会中各种咨询公司提供的咨询服务。比如,告诉客户应该做什么,不应该做什么。同时,建议也具备提议的义务性区间,比如:允许/应该/必须做什么,具有强加性的高中低值的区别,可以通过不同的情态实现,属于意态描写。实现的方式有显性客观建议(it is necessary that…;they are supposed to…)、显性主观建议(I suggest…),隐性客观建议(hopefully)和隐性主观建议(the teachers have to…)。

二、学术建议与情态身份

学术建议话语行为是作者通过学术建议将自己研究成果的理论与实践启示推介给学术社团其他成员的言语行为。作为实现建议话语行为的语言方式,情态意义资源的使用直接影响话语行为中的身份建构,如高值情态语"一定、必须"能够建构权威专家建议者身份①。

以情态意义资源为切入点,探究建议话语中的身份建构能够体现礼貌、权势和社会角色对身份建构的制约。现有学术建议话语中的身份研究多集中在专题研讨、论文开题与答辩等学术口语互动中,关注提问及建议的策略与学术身份的建构②。比如,Halliday③对论文答辩话语的情态意义分析表明,答辩委员会专家通过高情态值 should、have to 对答辩学生提出学术规范的要求,使用中、低值情态意义的外置 It 小句和 could、might 表达试探性的建议。夏芳④通过对英语硕士学位论文答辩中教师话语的研究进一步证明意态资源能够用来提出建议和意见,建构学者身份,受到现存身份关系和情景的影响。何荷⑤在语用身份观的指导下,探究了30篇应用语言学领域国际期刊论文中建议行为的强势与非强势身份、身份的隐藏与凸显,以及身份角色,揭示了学术建议话语中的情态身份特点。然而,二

① 任育新. 国外建议行为研究述评[J].外语教学理论与实践,2014(4):49-54,82.
② TRACY K, NAUGHTON J. The Identity Work of Questioning in Intellectual Discussion[J]. Communication Monographs,1994,61(4):281-302.
③ HALLIDAY M A K. "So You Say 'Pass'…Thank You Three Muchly"[M]∥HALLIDAY M A K. Linguistics Studies of Text and Discourse. Beijing:Beijing University Press,2007:228-286.
④ 夏芳. 论文答辩中教师话语身份特征研究:一场英文硕士论文答辩的个案研究[J].中国外语教育,2009(3):26-33.
⑤ 何荷. 国外英语学术期刊论文中建议话语的身份建构:一项实证研究[J].外语教学理论与实践,2016(1):34-40.

语学术写作中学术建议话语中的身份建构几乎无人问津①。

那么,本节将情态视为说话人所持有的立场或主观评价,或其对共同参与者立场的主体间性意识的表达,将情态身份定义为在学术建议话语中建议者通过调用情态意义资源(属于评价话语策略),向读者(包括现实读者和潜在读者)推广如何在对其有益的同时,建构起来的自我身份和对方身份,包括以下三个方面:身份强加程度、身份角色和身份凸显程度。情态身份受到语篇外社会角色的制约,是建议者与建议对象的主体性交互过程,体现身份建构的社会性、语境化和双向性。

情态身份概念的研究离不开对身份的认识。在本节第一点中,我们知道话语赋予参与者特定的角色,学术话语也不例外。学术作者在语篇内外的身份角色一直是学界关注的内容。Ivanič②提出了写作者身份理论框架,Hyland③建构了学科语篇中身份的互动建构模型,同时,考量了写作者立场和读者介入对写作身份建构的作用,在一定程度上揭示了学术语篇中的身份是作者个性化和读者共建性的有机结合。为了探究身份的相关问题,学者们通过研究自称语、指令语、模糊语与增强语、引述句中的主语、言据性要素等,增强了我们对写作者身份建构复杂性和重要性的认识。通过对善写作者和不善写作者的对比,Starfield④指出身份建构是学术话语的重要任务,也是区分写作水平的重要指标。

事实上,身份建构对于学习者"个人和学术发展至关重要"⑤,但二语学习者存在学术身份建构不足、对主体凸显度和人际距离把握不当的问题。与此同时,我们急需对不同发展阶段和水平的学习者学术写作身份建构特征进行系统探究。

据此,本节将选取本书语料中的结论与启示章节里有关研究、教学和学习的学术建议话语,聚焦情态身份资源的使用特征和建议话语调用策略,并参考以往研究中情态身份的研究结论,开展本、硕、博阶段二语学术写作的情态身份建构对比,主要探究情态身份的强加程度、范畴的分布差异、情态身份角色特征的阶段性

① 李淑静. ESL 学习者如何提出、接受和拒绝"建议":会话分析的视角[J].外语研究,2010(1):52-58.

② IVANIČ R. Writing and Identity:The Discoursal Construction of Identity in Academic Writing[M].Amsterdam:John Benjamins,1998.

③ HYLAND K. Authority and Invisibility:Authorial Identity in Academic Writing[J].Journal of pragmatics,2002,34(8):1091-1112.

④ STARFIELD S. "I'm a Second-Language English Speaker":Negotiating Writer Identity and Authority in Sociology One[J].Journal of Language,Identity,and Education,2009,1(2):121-140.

⑤ 唐芳,许明武. 英语写作者身份研究:回顾与展望[J].外语界,2015(3):41-50.

差异,揭示小句层面上情态身份作为语篇评价资源的发展规律。

三、情态身份研究的语料及研究步骤

本节选择的语料为本、硕、博阶段二语学术写作的结论和启示章节,其中,本科学位论文中学术建议话语语料类符数为5907,形符数为83049;硕士学位论文中学术建议话语语料类符数为4975,形符数为58763;博士学位论文中学术建议话语语料类符数为9819,形符数为170244。本节的研究将参照期刊论文学术建议话语中情态身份的凸显程度和角色特征进行,参照数据来自何荷①在7本应用语言学国际核心期刊中抽样的30篇论文的结论与启示章节中的学术建议话语。

依据Abolfathiasl②对建议话语策略的分类,我们将建议话语策略分为直接建议的话语策略和规约化与非规约化的间接建议话语策略。我们选取其中表达直接建议话语策略的建议动词、规约化间接建议话语策略的情态动词和非规约化间接建议话语策略的外置it小句,建构了学术建议话语的情态身份研究框架及标注系统(详见表4-1、表4-2)。情态身份研究框架包括建议者身份强加程度和被建议方身份凸显程度与身份角色。其中,表达义务意态的建议动词与高值情态动词建构的身份属于强势身份③,即学术作者提出的学术建议强加程度较高;中、低值情态动词和显性客观情态取向的外置it小句所实现的身份视为非强势身份,即作者提出的学术建议强加程度较低。建议话语中的被建议方身份凸显程度分为凸显建议对象和隐藏建议对象,即被建议方是否在学术建议的小句中被显性表征出来,被建议方身份角色分为学生、教师和研究者(如表4-1所示)。

① 何荷. 国外英语学术期刊论文中建议话语的身份建构:一项实证研究[J].外语教学理论与实践,2016(1):34-40.

② ABOLFATHIASL H. Pragmatic Strategies and Linguistic Structures in Making 'Suggestions': Towards Comprehensive Taxonomies[J].International Journal of Applied Linguistics & English Literature,2013(2):236-241.

③ MARTÍNEZ-FLOR A, FUKUYA Y J. The Effects of Instruction on Learners' Production of Appropriate and Accurate Suggestions[J].System,2005,33(3):463-480.

表4-1 学术建议话语中情态身份的研究框架

强加程度	范畴	实现资源/例子	凸显程度	身份角色
强势身份	建议动词	suggest、advice	凸显建议对象 隐藏建议对象	学生 教师 研究者
	义务情态动词	should、need to、ought to、 must、have to、 be supposed to、 had better		
非强势身份	意向情态动词	may、might、will、would		
	可能情态动词	can、could		
	外置 it 小句(重要性/ 必要性/价值性)	It is necessary… It is beneficial…		

表4-2 学术建议话语中情态身份的标注系统

标注内容	分类	标识	标注内容	分类	标识
情态身份范畴	建议动词	VB	身份凸显程度	凸显建议对象	OVE
	义务情态动词	OB		隐藏建议对象	COV
	意向情态动词	WI			
	可能情态动词	PO	情态身份角色	学生	S
	处置 It 小句(重要性/ 必要性/价值性)	NE 或 VA		教师	T
				研究者	R

由表4-2可知,建议动词被标注为 VB,仅包括最典型的直接建议话语策略资源 suggest 和 advice,不包括其名词形式和对于命题的投射小句,表达作者明示自己正在提出建议。义务情态动词被标注为 OB,表达"必须/不得不/应该/最好"之意,因此和建议动词属于作者作为建议方的强势身份表达。意向情态动词由于主要描写意愿性,也用于委婉建议,所以属于非强势身份,被标注为 WI。同样建构非强势身份的还有可能情态动词(标注为 PO)和表达显性客观情态取向的外置 It 小句(被标注为 NE 或 VA,因为它们常常表达所提建议内容的必要性和价值性判断)。值得注意的是,情态意义对身份的建构属于态度和评价,因此不包括命题真值认知情态意义(如表达预测、推导和假设)以及动态情态意义(如表达能力)的小句。凸显或隐藏建议对象相应地被标注为 OVE 和 COV,建议对象的身份分别被标注为 S、T 和 R。

就研究步骤而言,我们首先在语料库中逐个检索表4-1中的情态身份实现资源,其次判断是否属于建议话语,再次对建议话语索引行中的情态身份范畴、情态身份角色(建议对象角色)和身份凸显程度进行标注。具体如下:

①For each L2 idiom, learners **must** gradually figure out what concepts and what words it is related to and in what ways. (S-OB-OVE)

作者提出了对学生(S)的建议,使用了建构强势身份的义务情态动词 must (OB),凸显建议对象的身份角色(OVE),标注为 S-OB-OVE。又如:

②...changes in the paradigm of the research on the relationship between language and thought, for example, focus **might** be shifted from the static description of the language particulars in conceptualization to the exploration of...(R-WI-COV)

作者提出对研究者(R)的未来研究建议,使用了建构非强势身份的意向情态动词 might(WI),建议对象的身份是隐藏的(COV),因此标注为 R-WI-COV。

最后删除不符合条件的索引行,并统计每个范畴的频数(原始频数和每百万词标准频数),以及强加程度、身份角色与凸显程度的百分比相对比例,差异检验参考对数似然率值。

四、情态身份强加程度与情态范畴的阶段性差异

如表 4-3 所示,总体上二语学术写作中强势身份的建构呈现阶段性下行发展的态势。与本科阶段相比,硕士阶段中强势身份建构频数有所降低,标准频数由 7080/百万词降至 6363/百万词,但无统计学意义上的显著差异($LL = 2.61, p = 0.106$);与硕士阶段相比,博士阶段中强势身份建构频数降幅较大(降至 3020/百万词),差异显著($LL = 113.42, p < 0.001$)。

与此不同的是,随着研究水平的提升,二语学术写作中非强势身份的建构频数逐渐增强,硕士阶段已初现端倪,由本科阶段的 2589/百万词增至硕士阶段的 4781/百万词,博士阶段又攀升至 7168/百万词,是本科阶段的近 3 倍,建议的委婉程度也得以增强,保全了读者的消极面子,各个阶段之间的差异显著($LL_{本硕} = -46.4, p < 0.001; LL_{硕博} = -40.55, p < 0.001$)。这些情态身份的总体变化表明,我国二语学生作者读者意识增强、身份建构手段专业化提升、语篇内作者和读者间意义协商方式优化。下面将针对情态身份的范畴分布进行对比分析。

表 4-3 情态身份的强加程度与范畴

强加程度	范畴	BTC	MTC	DTC
		原始/标准	原始/标准	原始/标准
强势身份	建议动词	15/181	18/306	52/305
	义务情态动词	573/6900	356/6057	462/2715
	小计	588/7080	374/6363	514/3020
非强势身份	意向情态动词	53/638	102/1735	595/3496
	可能情态动词	96/1156	132/2246	522/3067
	外置 It 小句	66/795	47/800	103/605
	小计	215/2589	281/4781	1220/7168

由表 4-3 可知，就强势身份的范畴而言，二语学术作者进行学术建议时很少使用建议动词，较多使用义务情态动词，表达较高的人际效力，成为二语学术建议话语中主要的建议实现资源。就具体的情态资源而言，高频使用的有 should、need to 和 must，使用频数随着研究水平提升而逐渐降低；半情态动词 have to、be supposed to 和 had better 使用频数较低，但也为强势情态身份建构的逐渐减弱提供了证据支持。

其中，must 表达以言行事（指向他人）的义务情态，在历史的语料研究中发现它在 1962—1992 年经历了急剧减少的变化①。本书中 must 的使用频率也逐渐降低，尤其硕士阶段降幅明显，由本科阶段的 614/百万词降至硕士阶段的 272/百万词。

should 表达义务情态身份时，表示集体或个人的义务与责任。由于汉语文化中人际关系较近，我国学生作者偏好使用"应该"对他人进行劝告，表明责任性和必要性，与其他义务情态动词相比使用频率最高②。本书中 should 的使用比例居首位，本科学位论文标准频数高达 5093/百万词，硕士学位论文标准频数稍微下降至 4101/百万词，博士学位论文标准频数降幅显著，低至不足硕士阶段的一半（1733/百万词）。

need to 和 ought to 作为边缘情态动词也表达了义务和责任。need to 在本书中呈现硕士阶段增多、博士阶段降低的倒"U"形变化态势。本科阶段 need to 的标

---

① LEECH G. Modality on the Move：The English Modal Auxiliaries 1961—1992[M]//FACCHINETTI R，KRUG M，PALMER F. Modality in Contemporary English. Berlin and New York：Mouton de Gruyter，2003：223-240.

② 周惠. 英语专业研究生学位论文的语篇评价意义研究[D].长春：东北师范大学，2016.

准频数为771/百万词,但是其中高达70%的索引行明示了建议对象;硕士阶段频数为1157/百万词,但相应的比例下降至48%;博士阶段频数下降至540/百万词。可见,need to 所表达的义务和责任呈现了逐渐隐匿化的趋势。

半情态动词 have to、be supposed to 和 had better 提供了更多的证据支持。与 must 和 should 相比,have to 和 be supposed to 表明客观情况下的义务情态。观察本科阶段 have to 索引行后可以发现,几乎所有的语境均指明建议对象,如例③。而硕、博阶段出现了 have to be+被动结构的类连接型式,既隐藏建议对象,又提升语言的客观性,如例④和例⑤。

③ The teacher **has to** choose the right way to guide the students. For example,the teacher can help students to…(BTC)

④ The process of assessment **has to** be put into practice. Thirdly,bilingual materials should be compiled in accordance with the student's…(MTC)

⑤ Also,the curriculum **has to** be designed by the gradual development change of leaner's language. Thus,the focus and emphases…(DTC)

在所有范畴中,建议动词的使用频数最低,而且在本、硕、博阶段未见频数差异($LL_{本硕}=-2.29,p=0.130;LL_{硕博}=0.00,p=0.992$),不同研究水平的二语学术作者都避免使用建议动词,印证了 Jiang[1] 的研究发现,只有高权势的一方会在正式场合中的严肃话题上使用建议动词。二语学术新手对其使用比较谨慎,且多用于被动结构中。具体如下:

⑥ The author **suggests** that in the future <u>researchers</u> can also compare the language output of learners with different…(BTC)

⑦ It is **suggested** that <u>future researchers</u> refine strategy training approaches and work out more appropriate ways to…(MTC)

⑧ It is **advised** that <u>language teachers</u> help the students increase their awareness of word-family and facilitate the…(DTC)

---

① JIANG X. Suggestion:What Should EDL Students Know? [J].System,2006(34):36-54.

就非强势身份的范畴而言，意向情态动词与可能情态动词属于模糊语资源①，使用频数逐渐增多，博士阶段时分别增长到本科阶段的 6 倍和 3 倍，是间接实现建议话语策略的理想方式。这是因为语篇作者一方面要在文中表达对学习者、教师和研究者在学习、教学和研究等方面的建议；另一方面要巧妙控制威胁对方面子的风险，尽量不去引发对方的反感和排斥。非强势身份的建构更能实现建议的语篇目的。如下面意向情态动词的例句：

⑨ Teachers with good manners and appearance **will** always attract students more so as to improve the teaching quality, and students with good manners…(BTC)

⑩ On the one hand, the English teachers **would** design more exercises to let students practice these two types of pronouns. (MTC)

⑪ A second focus for further study **may** be quantifying the role of attention on different aspects of word knowledge by using questionnaire…(DTC)

在例⑨中，本科阶段二语学术作者明确提出教师若"举止优雅、外貌好"就能更吸引学生的观点，这极有可能引起教师读者的反对。在例⑩中，硕士阶段二语学术作者则借助模糊语 would 将对教师建议的突兀感降低，更利于教师读者接纳建议。在例⑪中，博士阶段的二语学术作者通过 further study 隐藏建议对象（研究者），并通过低值情态动词 may 将建议的强加程度降低，减少了对研究者面子的威胁，给予了建议对象更多的选择空间来采纳建议，增强了建议的可接受性。例句中体现的这种变化表明二语学术作者为了实现让建议对象接受建议的目的，在建议内容和方式上，均做出了调整。

二语学术写作中对以上两种建构非强势身份的情态意义资源均在博士阶段发生显著的转变，体现出二语学术作者学术语篇目的认知的提升和话语策略调用能力的增强。本科阶段每个意向情态动词的标准频数都不超过 277/百万词，集中趋势明显；硕士阶段频数普遍提升，个体标准频数居于 272/百万词至 647/百万词之间；博士阶段使用频数增多至本科阶段的约 5.5 倍，高频词 may 和 will 的使用激增，标准频数分别达到 1557/百万词和 987/百万词。可能情态动词在博士阶段的频数是本科阶段的近 3 倍，并在搭配上存在显著不同。在本科阶段，强搭配动词（依据左_3，右_3 的跨距内 Log‐likelihood 值排列）主要是 achieve、help 和

---

① HYLAND K. Stance and Engagement: A Model of Interaction in Academic Discourse [J]. Discourse Studies, 2005, 7(2) : 173–192.

change 的主动语态；在硕士阶段，强搭配动词更加多样，如 enrich、help、improve、know 和 conclude，仍以主动语态为主；博士阶段则主要以研究动词的被动语态为主，如 carried（out）、conducted、explained、applied 和 added。通过对这些强搭配动词的分析，发现博士阶段搭配词的专业化与客观化有所提升，反映出可能情态动词越来越多地帮助作者建构专业的、符合学术惯例要求的研究者身份。

作者通过外置 it 小句表达必要性、重要性和价值性以强调其后的命题是有益的建议，应被采纳。具体如下：

⑫ Therefore, **it is of great significance** for English teachers to increase students' awareness and capability...(BTC)

但是在二语学术写作的不同阶段里，外置 it 小句不存在频数上的显著差异（$LL_{本硕} = -0.00, p = 0.973 > .05; LL_{硕博} = 2.42, p = 0.120$），故本文不予以详述。

综合以上发现，我们认为强势身份的减弱和非强势身份的增强体现了情态身份作为一种语篇评价资源的阶段性变化，即陈新仁[①]提出的学术建议话语行为的适切性、得体性和正当性逐渐提升。在强势身份的减弱过程中，博士阶段是关键阶段，对于建议的强加程度骤减，可以避免对读者提出建议而显得不礼貌的风险；在增强非强势身份的建构过程中，硕士阶段已发生转变，博士阶段显著提升了建议的委婉程度，保全了读者的消极面子。这一结果同王月丽和徐宏亮[②]的研究发现存在部分吻合，二语学术作者的身份建构呈现发展特点，并且在博士阶段呈现明显的飞跃，二语学术作者能够以更恰当的方式提出建议并达成更佳的身份平衡。

Hinkel[③]曾指出，汉语的建议话语行为是一种建立同盟关系的行为（act of solidarity），体现为更多的直接建议策略。虽然在学习的任何阶段中都可能产生母语迁移的影响，但是本书中本科阶段二语学术作者受到更多的母语影响，凸显了建议对象的强势情态身份建构过度，忽略了自身与建议对象之间的社会关系距离。比如，过度建构强势身份标示建议施为行为，可能会给建议者贴上居高临下的身

① 陈新仁. 语用学视角下的身份研究：关键问题与主要路径[J]. 现代外语，2014（5）：702-710.

② 王月丽，徐宏亮. 中国英语学习者学术写作中第一人称使用发展特征与身份构建研究[J]. 外语教育研究前沿，2019（3）：58-64.

③ HINKEL E. Appropriateness of Advice: DCT and Multiple Choice Data[J]. Applied Linguistics, 1997, 18（1）：1-26.

份标签①；明确指向研究者的建议也缺乏礼貌、不够适切。

以历时的视角来看，二语学术作者对建议话语的接触越多，对该话语行为的语用能力就越好②。这一观点能够解释何以博士阶段二语学术作者对学术建议的情态身份建构方式比本、硕阶段更加优化：更加频繁的文献阅读使博士阶段二语学术作者对学术建议话语的接触量自然高于本、硕阶段二语学术作者，在情态身份建构方式上也越接近期刊论文作者。例如，表达强势情态身份的高值情态动词 should 的频率显著下降，need 后接被动结构的类连接型式的占比增高，由本科阶段占比 25%，上升至博士阶段的 40%，所表达的义务和责任呈现了逐渐隐匿化和客观化的趋势。

五、情态身份角色特征的阶段性差异

就情态身份的角色而言，明示的建议对象包括学生（students、learners、speakers、test-takers 等）、教师（teachers、instructors 等，也包括教学政策制定者 policy-makers 和教育管理者 educational administrators 等），以及研究者（researchers）。同时，语篇作者也可以隐性地指涉学生（如谈及学习和知识获得等）、教师（如谈及教学、测试和评价、教学大纲制定和改革等）和研究者（如谈及未来研究前景和研究方向发展等）。作者对不同关系身份的建议对象提出学术建议时，使用的强势与非强势的身份资源占比不同，建议对象是明示的还是暗含的也存在差异。如明示 students must…或 teachers should…，还是隐性地表述建议的指向性，如 future research can…，会使所指对象面临不同程度的面子威胁。表 4-4 将二语学术写作中研究数据与国际学术期刊论文中的相关数据相结合③，汇总了建议对象的身份凸显程度差异。

① MARTÍNEZ-FLOR A. A Theoretical Review of the Speech Act of Suggesting：Towards a Taxonomy for Its Use in FLT［J］.Revista Alicantina de Estudios Ingleses,2005(18)：167-187.

② MATSUMURA S. Modelling the Relationships among Interlanguage Pragmatic Development, L2 Proficiency, and Exposure to L2［J］.Applied Linguistics,2003,24(4)：465-491.

③ 何荷. 国外英语学术期刊论文中建议话语的身份建构：一项实证研究［J］.外语教学理论与实践,2016(1)：34-40.

表4-4　情态身份中建议对象凸显程度的阶段性差异

强势身份	BTC		MTC		DTC		JRA	
	凸显	隐藏	凸显	隐藏	凸显	隐藏	凸显	隐藏
原始频数	439	149	209	165	96	418	22	45
标准频数	5286	1794	3557	2806	565	2455	—	—
百分比/%	75	25	56	44	19	81	33	67
非强势身份	BTC		MTC		DTC		JRA	
	凸显	隐藏	凸显	隐藏	凸显	隐藏	凸显	隐藏
原始频数	157	58	139	142	445	775	34	128
标准频数	1890	699	2365	2416	2615	4553		
百分比/%	73	27	49	51	36	64	21	79

注：本书对国际学术期刊的数据进行了四舍五入，以便统一比较。

由表4-4可知，在强势身份和非强势身份的建构中，本科阶段凸显建议对象的比例高达73%～75%，而隐藏对方身份的情形占比仅为25%～27%，建议对象面临较大程度的面子威胁。硕士阶段在凸显或隐藏建议对象的比例上保持相对平衡，博士阶段凸显建议对象的比例降至19%～36%，在绝大多数情况下隐藏建议对象，极大地缓和了面子威胁的风险，最接近期刊论文的使用比例（21%～33%）。

若想使建议更容易被对方接受，建议者应采取委婉和间接的方式，而非凸显建议对象并强加意见和建议。比较恰当的方式是通过隐藏被建议方的形式建构作者在语篇中的非强势身份。通过放低自己的身份位置，减弱对方的面子威胁，提升语篇观点的可接受性。通过以上比较可知，二语学术写作中呈现了情态身份凸显程度的阶段性发展规律，随着研究水平的提升，本、硕、博阶段二语学术话语中情态身份的凸显程度逐渐由明示凸显建议对象发展为隐性弱化建议对象，更加注重礼貌原则，尽可能地避免面子威胁的风险，直接性和强加性显著降低，间接性和缓和性逐渐增强，越来越接近期刊论文的身份建构方式。

就被建议方情态身份角色而言，如表4-5所示，本科阶段二语学术作者无论对学生、教师还是研究者提出建议时，都倾向于使用强势情态身份资源，对教师和研究者提出建议时，强势身份比例分别高达81%和58%，建构了"冒失的建议者"身份，易引发建议对象的反感而无法达成建议行为的劝说效力。硕士阶段二语学术作者对建议方身份建构的强加程度呈现比较一致的平均态势。博士阶段与国际学术期刊论文趋同，对学生、教师和研究者进行建议时，在大多数情况下博士阶段二语学术作者倾向于将自己建构为非强势身份，降低施为行为的强加性，建构了"谦逊的建议者"身份。

表4-5　情态身份角色的阶段性差异　　　单位:%

角色	BTC		MTC		DTC		JRA	
	强势	非强势	强势	非强势	强势	非强势	强势	非强势
学生	65	35	53	47	26	74	60	40
教师	81	19	62	38	38	62	35	65
研究者	58	42	52	48	25	75	15	85
角色	BTC		MTC		DTC		JRA	
	凸显	隐藏	凸显	隐藏	凸显	隐藏	凸显	隐藏
学生	84	16	87	13	90	10	60	40
教师	78	22	64	36	37	63	33	67
研究者	39	61	14	86	19	81	5	95

注:本书对国际学术期刊的数据进行了四舍五入,以便统一比较。

由表4-5可知,当建议对象是学生时,本、硕、博阶段的二语学术作者都倾向于凸显该建议对象,比例达80%以上。当为教师和教学提出建议时,他们逐渐降低了凸显程度(比例由78%降至64%,又降至37%),趋向隐藏对方,接近期刊论文作者的使用情况(比例为33%)。与这个趋势一致的是,当建议对象是研究者时,凸显角色的比例也渐趋降低(由近40%降至20%以内)。这个趋势表明,在不同阶段二语学术论文中,建议对象角色的凸显程度逐渐降低,体现出语篇外权势关系的影响逐渐增大。

正如Matsuda① 所说,身份并非只存在于文本之中。语篇内身份关系层级网络反映出语篇外权势关系的层级分布。语篇外的社会角色通过作者的情态身份资源选择,或是显性或是隐性地被介入语篇中,通过语篇再加工,被赋予了情态身份角色特征。在语篇外的关系身份中,研究者和教师的身份层级高于学生,而研究者由于具备更高的专业水平,身份层级又高于教师。我们发现,二语学术作者学术建议话语中,针对不同的建议对象身份,他们逐渐降低建议对象凸显程度,同Hinkel② 对于本族语者对存在身份关系层级的建议双方均进行了模糊处理的发现一致。

<hr>

① MATSUDA P K. Identity in Written Discourse[J].Annual Review of Applied Linguistics,2015(35):140-159.

② HINKEL E. Appropriateness of Advice as L2 Solidarity Strategy[J].RELC Journal,1994(25):71-93.

为了方便讨论,在这里我们需要引入语用身份论的观点。语用身份是"语境化的、语言使用者有意或无意选择的自我或对方身份,以及说话人或作者在其话语中提及的社会个体或群体的他者身份"①,并指明了社会身份和语用身份之间存在的系统和实例化的关系:社会身份是作者的身份潜势,语用身份是语境化的身份实例,身份建构是作者在身份系统中的一个或多个选择。语用身份论指出,身份不是既定不变的,而是交际双方共同建构的,特定的身份建构影响交际需求的满足和语言使用的得体性与适切度。在学术论文中,基于翔实的研究发现,即使是本科阶段的二语学术作者也能在学术建议话语中建构自己在特定领域里的专家身份。然而研究结果表明,本科阶段二语学术作者的建议话语过于直接和生硬,他们将情态身份当作一种施为资源,"居高临下"地提出建议,而博士阶段的二语学术作者则倾向于将情态身份视作一种"体现认同取向的人际资源"②,尊重社会身份层级差异,选择非强势和隐匿化的情态身份实现资源,缓和建议行为的面子威胁,助益学术建议话语行为的交际效果实现。

综上所述,结合研究结果和语用身份的相关理念,二语学术作者学术建议话语中情态身份的强加程度渐弱,并将读者身份凸显度隐性化处理,体现了他们语用身份选择与社会身份的有机互动,在众多身份潜势中,趋向选择更加得体、礼貌和有效的身份建构策略与方式。更重要的是,这一发展特征也显示了他们二语学术话语中目的认知的增强、语篇内外角色认知的提升和话语策略调用能力的提高。

六、小结

在作为交换的小句层面上,情态资源的使用是提供学术建议、建构学术话语身份的重要资源,也是我们考察二语学术作者学术话语中语篇评价能力发展规律的一个观测点。本节通过探究学术建议话语中的情态身份建构特征及其阶段性差异,发现二语学术建议话语中的情态身份强加程度存在阶段性的发展特征,博士阶段为关键期;强势情态身份建构趋弱,非强势情态身份建构渐增,其中,义务情态动词使用频数显著减少,意向情态动词使用频数显著增加,可能情态动词中更加具有学科特质的搭配词也帮助二语学术作者营造了越来越专业和客观的学术身份。研究还发现,随着研究水平的提升,除了对学生提出建设时凸显建议对

① 陈新仁. 语用身份:动态选择与话语建构[J].外语研究,2013(4):27-32.
② 陈新仁. 语用学视角下的身份研究:关键问题与主要路径[J].现代外语,2014(5):702-710.

象身份外,二语学术作者在学术建议话语中逐渐降低了对教师和研究者提出建议时的角色凸显程度。

在表达情态身份的过程中,学科话语社团规约、社会语境、文化背景和情景语境都能成为影响二语学术话语中身份建构的因素。作为交换的小句层面上的情态资源只是实现身份的一种方式,对二语学术作者而言,语篇内外身份角色之间的互动,才是真正的推手。在学科之路上不断探究的二语学术作者,处于学术新手向学术社团核心成员学术社会化发展的进路中,其身份建构过程受到自身研究水平、学术能力培训、学科语境融入和学科文化同入的积极促动,体现出身份建构的阶段性发展特征,也反映出语篇评价能力的逐渐提升。

第二节　主位等同结构

一、主位等同结构的概念

语言的主要功能之一是信息的传递。传递信息的小句成分是主位,是小句信息的开端,相对的述位是被展开的部分,常常传递新信息。主位和述位常常与新旧信息重叠,促进小句中信息的推进、交替与组织,组成小句的信息单位。

在互动的视角下,读者在作者的指引下,关注位于小句首位的主位,也对主位表达的信息格外注意。也就是说,主位是作者可以选择的意义潜势①。不像传统语法规定的那样,主位一定是主语、主语一定是名词词组,事实上也存在其他形式的主位、多重主位、主位等同结构等。一个为大家所熟知的典型例句是"What the duke gave to my aunt was that teapot",主位是"What the duke gave to my aunt",述位是"was that teapot",这个小句就是主位等同结构(thematic equatives),因为小句中的"主位即述位",在构成表征信息的小句时发挥着重要的作用。

系统功能语言学从主位结构和信息结构两方面,对无标记主位等同结构和有标记主位等同结构的差异予以阐释。例①是无标记主位等同结构,主位由句首的wh-小句充当,是旧信息,be 动词后的述位,起到了"通知(读者)注意"的作用(please-pay-attention message②),提请读者关注接下来的焦点信息,相对于 wh-

① HALLIDAY M A K,MATTHIESSEN C M I M. An Introduction to Functional Grammar[M]. London:Edward Arnold,2004.

② WEINERT R,MILLER J. Cleft Constructions in Spoken Language[J].Journal of Pragmatics, 1996,25:173-206.

小句而言是新信息。例②是有标记主位等同结构,主位常是 that 小句或名词短语,为焦点信息,有机整合了强调焦点和语义衔接①, wh-小句则为述位,表达了新信息。与例②类似,以指示小句开头(例③)的主位等同结构也属于有标记主位等同结构,焦点信息由指示代词 this 表达,充当主位,读者若想理解相应焦点信息,需要主动在前文搜索所指信息,因此,指示主位等同结构常出现在语篇的总结或概括部分,具有更强的概括性和指示性。

① What you want to do is curve round that wood.

② Fiction is what Mr. Smith likes best.

③ This is where EPT fills a gap.

同时,主位等同结构是语言使用者在语境中做出的对焦点意义的选择,在语篇中由作者决定凸显"主位渐弱"和"焦点渐强",是对主位和信息进行包装的语言手段②。因此,在系统功能语法中,主位等同结构也是语法隐喻现象的一种。如例②中的一致式表达可以是 Mr. Smith likes fiction best,其中,心理过程这一动态的过程经过隐喻化过程,转化为一个静态的关系过程 Fiction is what Mr. Smith likes best(即 A is B)。在主位等同结构中,命题被加工为事实,能够体现作者做出的事实性预设。通过主位等同结构,作者在引导读者采纳 wh-小句表述的命题、提升命题说服力的同时,主动保持与读者的同步动态交际。

主位等同结构也被称作假拟分裂句③,除了 wh-小句外,也包括起到联结作用的 be 动词,以及表达强调意义的焦点信息。具有凸显效果的焦点信息可由句子的谓语成分、主语成分、宾语成分、主语分句成分、状语成分和主语补足语成分充当④。

在本节中,我们将探究主位等同结构的使用,考察作为信息的小句对语篇评价意义的表达,及二语学术写作中主位等同结构的阶段性使用特征。

二、主位等同结构的意义与功能

较早的主位等同结构语法研究尝试对其进行穷尽的语法描写。后期除了系统功能语言学外,语用学、认知语言学领域的学者也开始探索主位等同结构,使描

① 陆丹云. Wh-分裂句的元语言功能和英语句法教学[J].外语研究,2003(5):57-62.

② 王勇. 英语中的特殊主位结构[J].四川外语学院学报,2007,23(6):35-42.

③ 仇伟,张法科. 假拟分裂句的功能分析[J].天津外国语学院学报,2004(5):20-24.

④ 钱卫国. 英语假拟分裂句初探[J].外语教学,1988(3):30-33.

述更加丰富，助益主位等同结构的人际意义和语篇意义的扩展。

在语用学的视角下，学者主要聚焦如何区分不同体裁中的无标记主位等同结构与有标记主位等同结构。使用者面对两个选择：把 wh-小句置于句首，抑或将简短的焦点信息置于句首，两个选择的共同之处在于如何衔接旧信息，接续新信息①。Weinert 和 Miller② 指出，无标记主位等同结构指向下文，为下文提供话题和关键始点，而有标记主位等同结构则回顾上文，在语篇转移话题之前保持现有命题的凸显度，并在下文展开新信息的讨论。

认知语言学从"背景—图形"的角度探究主位等同结构的认知机制。以 wh-小句为背景，以焦点信息为图形，被有效凸显，使人们对它的认知理解过程不同于对常规句序小句的理解。此外，认知语言学家通过对主位等同结构的历时研究，表明了包含 wh-小句和 all-小句的主位等同结构经历了逐渐概括化的认知发展过程，促使了这一构式的演变与发展，也加深了我们对主位等同结构的理解③。

就主位等同结构的功能而言，学界最先关注的是它的语篇功能，然后转向人际意义。Weinert 和 Miller 还指出，主位等同结构的宏观语篇功能是引入或重新引入新话题，能有效保持或引导读者的注意力，同时能体现出作者预见、对比或反驳其他观点。黄国文④通过非对比型强势主位结构的阐释，举例说明了其促进话语发展的 7 个具体功能，包括语篇指向、点明主题、标示特殊体裁、承上启下、突出逻辑关系、标示高潮语篇结构和总结概括。虽然以语篇功能为主，但是也在一定程度上体现了这一结构的读者引导和人际互动功能。学界认为主位等同结构的语篇功能主要体现在信息焦点的凸显、语篇话题的转换、语篇中动态交际的增强等几个方面，其中信息焦点的凸显方式就是使用对比，在一定程度上也表明了语用人际功能。Downing 和 Locke⑤ 列举出主位等同结构的三大语篇功能，分别是引入新话题、回指某一语篇成分和修正先前表述。Cheng 等⑥的研究也指出 what...call

①　DECLERCK R. The Pragmatics of It-Clefts and Wh-Clefts[J].Lingua,1984,64(4):251-289.

②　WEINERT R,MILLER J. Cleft Constructions in Spoken Language[J].Journal of Pragmatics, 1996,25:173-206.

③　TRAUGOTT E C, TROUSDALE G. Constructionalization and Constructional Change [M]. Oxford:Oxford University Press,2013.

④　黄国文. 英语的非对比型强势主位结构的话语功能[J].外语教学,1997(1):1-8.

⑤　DOWNING A,LOCKE P. English Grammar:A University Course[M].London:Routledge,2015.

⑥　CHENG W,CHRIS G,WARREN M. From N-Gram to Skilgram to Conc-Gram[J].International Journal of Corpus Linguistics,2006,11(4):411-433.

(如 what we call)结构能够起到修正先前表达的作用。Bondi①则基于对其研究的扩展,探究了历史学术期刊论文中的 what 小句分布、高频短语序列、及物过程、视角与观点转移等具体的评价功能,体现出这一结构具有表达评价意义的潜势,为本节聚焦该结构的使用提供了证据支持。可见,主位等同结构作为表征信息的结构,却蕴含人际意义的潜势。

实证研究也证实了主位等同结构的人际意义潜势。研究表明,主位等同结构常见于主观性较强的语篇中。如 Weinert 和 Miller 通过口语任务的研究,发现主位等同结构在对话中的频率为每千词出现 1 次,但是 Delin 通过对 LOB 语料库的研究,发现在笔语中有标记主位等同结构的频率仅约为 0.04/千词。Bondi 在基于学科特异性的研究中指出,虽然在通常的学术语篇中 what 引导的小句出现频率为0.1/千词,但是在经济英语学术语篇和历史学术语篇(均为期刊论文)中其出现频率分别为 0.8/千词和 1.3/千词②,其使用频数多寡是由学科的知识建构特点决定的,如历史学科期刊论文主要是表达作者对历史事件和人物的诠释,会不可避免地凸显作者主观性,因此使用更加频繁。

综上所述,以上视角下的主位等同结构研究成果颇丰,但是学界主要关注了会话中主位等同结构的使用特点,对于书面语中的此结构使用,尤其在二语学术写作中,主位等同结构的使用尚未引起足够的重视。本节将通过对比我国本、硕、博阶段二语学术写作和期刊论文中该结构的总体使用频数、句法结构、焦点成分和语篇功能,提炼出阶段性使用差异,以此为观测点,探究我国二语学术话语中的语篇评价能力发展特征。

三、主位等同结构的研究过程

主位等同结构除了前文提及的无标记 wh-主位等同结构(上文例①)、有标记wh-主位等同结构(例②)、指示小句主位等同结构(例③),还可以按照小句的类型分为 th-主位等同结构(例④)和 all-主位等同结构(例⑤)③。

④ The thing the car needs is a new battery.

⑤ All the car needs is a new battery.

---

① BONDI M. What Came to Be Called:Evaluative What and Authorial Voice in the Discourse of History[J].TEXT & TALK,2017,37(1):25-46.

② Bondi(2017)的研究中,what 小句还包括表达感叹和疑问的小句,与本书的考虑范围存在差异,因此以上数据仅为参考。

③ COLLINS P C. Cleft and Pseudo-Cleft Constructions in English[M].London:Routledge,1991.

系统功能语言学在 th-主位等同结构中主要列出了 the one 这一个实例,但在 Collins 的研究中还包括 the thing、the place、the reason、the time、the way+名词性小句的组构。

据此,就句法结构而言,首先,本节将主位等同结构分为无标记 wh-主位等同结构、有标记 wh-主位等同结构、指示小句主位等同结构、th-主位等同结构和 all-主位等同结构,分别使用一个大写字母标注(U-unmarked、M-marked、D-demonstrative、T-th、A-all)。其次,表达焦点信息的成分在句中可以充当谓语、主语、宾语、状语和主语分句五大类(其中也包括不太常见的补足语),分别用两个大写字母标注(PR-predicate、SU-subject、OB-object、AD-adverbial、SC-subject clause)。最后,语篇功能可以分为引入新话题、回顾上文和修正先前表达①,分别用三个大写字母标注(NEW-new information、ANA-anaphora、MOD-modification)。主位等同结构的标注系统详见表4-6。

表4-6　主位等同结构的标注系统

分类	范畴	标注符号	范例
句法结构	无标记 wh-主位等同结构	U	What is of utmost importance for its L2 acquisition is how often it is used
	有标记 wh-主位等同结构	M	One of the most important questions related to the production and comprehension of metonymy is what makes some metonymies viable...
	指示小句主位等同结构	D	This is what the exploratory project "Diagnosing reading and writing in a second or foreign language" (DIALUKI), to be described in the next section, set out to do
	th-主位等同结构	T	The third type of linguistic environment is the one where a learner modifies his/her output to make it more target-like...
	all-主位等同结构	A	All they want to do is to pass the examination

---

① DOWNING A, LOCKE P. English Grammar: A University Course[M]. London: Routledge, 2015.

续表

分类	范畴	标注符号	范例
焦点信息	谓语	PR	All the instructor needs to do is to saturate the reading materials with the target linguistic item
	主语	SU	What interests us most is the pedagogical implications that we conclude for college integrated English teaching…
	宾语	OB	What the unidirection of grammaticalization results in is that there are several deviant forms…
	状语	AD	Why there exists this proportion is that the theme used by imitating lyrics of songs is quite limited
	主语分句	SC	What needs to mention is that those statistics from the reference group are not that scientific…
语篇功能	引入新话题	NEW	What their researches show in common is that syntactic priming plays an important role in second language…
	回顾上文	ANA	…the second "in" is also used to indicate a place or a destination. What we should pay attention to is that if "in" makes collocation with other verbs, it cannot indicate…
	修正先前表达	MOD	In contrast, the most common contextual factor that instructors cited as discouraging their CF was when errors did not interfere with the student's communicative meaning.

我们在本书语料库中检索 wh-小句(如 what、how、why、when、where)、all、the one(s)(如 the thing[s]、the place、the reason[s]、the way[s]),并对索引行进行手动核查,删去那些不符合条件的索引行,如"The reason why DTC is applied as the main data collection instrument was also justified."被删除。因为尽管形式上它是th-小句,但是其主位和述位不存在意义等同,并非主位等同结构。完成手动清洁后,我们首先根据 be 动词的位置,将 wh-成分在 be 动词前的索引行看作无标记wh-主位等同结构,将 wh-成分在 be 动词后的看作有标记 wh-主位等同结构。其次,依据表4-6的标注系统,我们对每条索引行进行句法结构、焦点信息和语篇功

能的赋码。如：What becomes clear from the interviewee's views on means of diagnosis is that it is to a large extent dependent on an interaction between good train-ing, the availability of resources, and experience and expertise. 我们标注为 U-SC-ANA，代表了句法结构是无标记 wh-主位等同结构，焦点信息由主语分句充当，主要回顾了上文(the interviewee's views on means of diagnosis)，并在下文展开新信息(an interaction between good training, the availability of resources, and experience and expertise)的讨论。

最后，我们统计每一类主位等同结构的频数并进行差异显著性检验，汇报原始频数、每百万词标准频数、对数似然比值(*LL* 值)。

四、主位等同结构的总体使用情况与差异

根据总体使用情况表明(见表 4-7)，本科阶段中主位等同结构的总体使用原始频数为 235，标准频数为 204/百万词，硕士阶段中主位等同结构的总体使用原始频数为 142，标准频数为 182/百万词，本、硕阶段不存在显著性差异($LL=1.17$，$p=0.279$)。博士阶段中主位等同结构的总体使用原始频数为 512，标准频数为 203/百万词，硕、博阶段的使用差异也不具有统计学上的意义($LL=-1.34$，$p=0.247$)。但是，作为参考语料库的期刊论文中，主位等同结构的总体使用原始频数为 257，标准频数为 146/百万词，整体上二语学术写作与其存在显著差异($LL=19.51$，$p<0.001$)。也就是说，总体上本、硕、博阶段对主位等同结构的使用不存在阶段之间的显著性差异，但与期刊论文相比，二语学术写作中对主位等同结构的总体使用过度。

表 4-7　主位等同结构的总体分布(原始频数/对数似然比)

项目	BTC	MTC	DTC	JRA
无标记主位等同结构	105	70	244	143
	$LL_1=0.01(p=0.916)$	$LL_2=-0.31(p=0.578)$	$LL_3=2.87(p=0.090)$	
有标记主位等同结构	130	72	268	114
	$LL_1=1.92(p=0.166)$	$LL_2=-1.15(p=0.283)$	$LL_3=21.01$ ***	
总频数	235	142	512	257
	$LL_1=1.17(p=0.279)$	$LL_2=-1.34(p=0.247)$	$LL_3=19.51$ ***	

注：LL_1 为本硕间差异，LL_2 为硕博间差异，LL_3 为博士和期刊间差异，*** 表示 $p<0.001$。

主位等同结构被发现与口语体裁联系紧密①。这是因为主位等同结构的信息值低②，具有限制性和重复性的特点③。而学术写作中有限篇幅里的信息量大，内容上避免重复性的要求也高于口语体裁，主位等同结构的使用频率较低。本书的学术笔语语体中使用频数在每千词 0.15～0.20 之间，低于口语体裁中的使用频数，证实了主位等同结构的语体特异性。

由表 4-7 可知，本、硕、博阶段中，有标记主位等同结构的使用频数都高于无标记主位结构，这与 Weinert 和 Miller 对会话研究的发现吻合。但期刊论文语篇中的情况正好相反，有标记主位等同结构的使用频数较少，这与 Delin④ 对笔语的研究发现一致。据此，学生语篇中总体使用频数高于期刊作者语篇，体现出学生语篇较强的主观性，且与口语语体中的分布具备相似性，体现出一定程度的口语化倾向，与文秋芳⑤、王丽和王楠⑥对二语写作口语化的研究结果一致。

在有标记主位等同结构中，焦点信息位于句首，是主位，而 wh-成分经历了述位化（rhematisation）过程，成为述位。焦点信息作为主位，是作者取向的（writer-oriented）陈述始点选择，作者将语义重心置于句首，进行开门见山的表达。也就是说，这个作者选择的（writer-selected）焦点信息，即主位上的焦点成分"不是别的，正是这个"（this and this alone），增强主位等同结构语义层面的排他性（exclusive-ness）。尤其博士阶段对其使用过度（$LL = 21.01$，$p < 0.001$），与期刊论文相比，在一定程度上增强了语篇语义的句首强调程度，凸显了命题的语义重心前移。

五、主位等同结构的句法层面和语篇功能的差异与发展特征

（一）句法结构

就句法结构而言（见表 4-8），本、硕、博阶段学位论文中主位等同结构不存在使用上的差异。但是，除了无标记 wh-主位等同结构、th-主位等同结构和 all-主位等同结构的使用不存在显著差别外，博士学位论文比期刊论文过度使用有标记 wh-主位等同结构（$LL = 8.60$，$p < 0.01$）和指示主位等同结构（$LL = 13.73$，

① WEINERT R, MILLER J. Cleft Constructions in Spoken Language[J]. Journal of Pragmatics, 1996, 25: 173-206.
② 仇伟，张法科. 假拟分裂句的功能分析[J]. 天津外国语学院学报, 2004(5): 20-24.
③ BIBER D, JOHANSSON S, LEECH G, et al. The Longman Grammar of Spoken and Written English[M]. London: Pearson Education Limited, 1999.
④ DELIN J L. Cleft Constructions in Discourse[D]. Edinburgh: University of Edinburgh, 1989.
⑤ 文秋芳. 学习者英语语体特征变化的研究[J]. 外国语, 2009(4): 2-10.
⑥ 王丽，王楠. 二语学习者学位论文中的口语化倾向[J]. 现代外语, 2017(2): 275-286.

$p < 0.001$)。

表4-8　主位等同结构句法结构差异(原始频数/对数似然比)

范畴	BTC	MTC	DTC	JRA
无标记 wh-主位等同结构	61	43	189	115
	$LL_1 = -0.04(p = 0.843)$	$LL_2 = -3.15(p = 0.061)$	$LL_3 = 1.41(p = 0.235)$	
有标记 wh-主位等同结构	44	32	123	54
	$LL_1 = -0.09(p = 0.761)$	$LL_2 = -0.78(p = 0.376)$	$LL_3 = 8.60^{**}$	
指示主位等同结构	50	27	94	32
	$LL_1 = 0.92(p = 0.337)$	$LL_2 = -0.12(p = 0.734)$	$LL_3 = 13.73^{***}$	
th-主位等同结构	76	37	101	55
	$LL_1 = 2.81(p = 0.093)$	$LL_2 = 0.76(p = 0.384)$	$LL_3 = 2.29(p = 0.130)$	
all-主位等同结构	4	3	5	1
	$LL_1 = -0.02(p = 0.894)$	$LL_2 = 0.77(p = 0.381)$	$LL_3 = 1.67(p = 0.196)$	

注:LL_1 为本硕间差异,LL_2 为硕博间差异,LL_3 为博士和期刊间差异,*** 表示 $p < 0.001$,** 表示 $p < 0.01$。

博士学位论文对有标记 wh-主位等同结构使用过多,如对 be what 和 be how 的使用显著多于期刊论文($LL = 16.33, p < 0.001; LL = 11.45, p < 0.001$)。究其原因,一方面,博士论文的篇幅较长,而期刊论文篇幅相对较短,因此博士阶段二语学术作者需要借助主位化的名词成分建立与前文的衔接;另一方面,正如他们对有标记主位等同结构的过度使用,是为了凸显强调性与突出焦点。

指示主位等同结构由于指示代词 that/this 表达了典型的旧信息,那么述位的 wh-成分表达了新信息,将读者应注意的信息包装起来。在博士学位论文中,新信息主要表达原因,如 that(this) is why/the reason why,比例占半数以上,剩下的其中一半是表达主语或宾语的名词性成分(如 that [this] is what),另一半是时间或地点或方式的状语成分(如 that [this] is when/where/how)。Weinert 和 Miller[①] 指出,指示主位等同结构具有特别指向性,能做到对所指的精准确认,也能起到概括总结的作用,更是一个吸引注意力的语法手段。因此,作为常见的有标记主位等同结构,指示主位等同结构暗示了"除此以外别无他物"的穷尽性(and nothing else),同时增强了信息凸显度,在与读者的同步互动中,提请读者给予特别注意,

---

① WEINERT R, MILLER J. Cleft Constructions in Spoken Language [J]. Journal of Pragmatics, 1996, 25:173-206.

强调穷尽性和重要性。

（二）焦点信息

作为具有特殊结构的识别小句，主位等同结构能帮助读者判定特定成分的意义，引导读者将注意力转移到这个成分上来。焦点信息的选择如表4-9所示：主语和宾语作为名词成分，得到强调的频数在每个语料库中都未呈现显著差异，但谓语、状语和主语分句的强调频数存在差异。

表4-9　主位等同结构焦点信息差异（原始频数/对数似然比）

范畴	BTC	MTC	DTC	JRA
主语	61	43	149	87
	$LL_1 = -0.04(p=0.843)$	$LL_2 = -0.16(p=0.689)$	$LL_3 = 1.83(p=0.177)$	
宾语	41	25	100	51
	$LL_1 = 0.17(p=0.677)$	$LL_2 = -0.94(p=0.332)$	$LL_3 = 3.48(p=0.062)$	
谓语	20	6	17	4
	$LL_1 = 3.84(p=0.062)$	$LL_2 = 0.08(p=0.783)$	$LL_3 = 4.69^*$	
状语	83	55	171	75
	$LL_1 = 0.02(p=0.898)$	$LL_2 = 0.06(p=0.080)$	$LL_3 = 12.00^{***}$	
主语分句	30	13	75	40
	$LL_1 = 1.91(p=0.167)$	$LL_2 = -4.24^*$	$LL_3 = 1.97(p=0.160)$	

注：LL_1 为本硕间差异，LL_2 为硕博间差异，LL_3 为博士和期刊间差异，*** 表示 $p<0.001$，** 表示 $p<0.05$。

it 分裂句中不能予以强调的谓语在主位等同结构中能够成为焦点化成分①。由表4-9可知，谓语强调在本、硕、博阶段并未显现差异，但是博士学位论文比期刊论文过多强调谓语成分，差异显著（$LL=4.69$，$p<0.05$）。具体如下：

⑥ Another advantage of the input flood is that no special teaching or explaining is needed. <u>All</u> the instructor needs to do is to saturate the reading materials with the target linguistic item. (DTC)

⑦...of the learners, effect of learning plateau and curriculum may account for these observations to some extent. <u>What</u> we should attempt to do in the future is find out the important learner-internal and learner-external factors...(DTC)

---

① 钱卫国. 英语假拟分裂句初探[J].外语教学,1988(3):30-33.

在例⑥中,to saturate the reading materials with the target linguistic item 作为原句的谓语得到强调;在例⑦中,得到强调的 find out the important learner-internal and learner-external factors 是谓语动词后的动词不定式。在博士学位论文中,谓语强调主要发生在无标记 what-主位等同结构和 all-主位等同结构中,且常与高值情态动词 should、need to do、have to do 共现,表达对句子主语应承担的情态义务的强调。然而,在期刊论文中,谓语强调仅有 4 例,均使用第三人称作主语,且没有表达高值情态意义,如:

⑧... the contributions to the special issue, does not claim a comprehensive treatment of this complex objective. What it does do, however, is suggest opportunities for redrawing the domain of epistemological, conceptual, and...(JRA)

状语作为焦点化成分在博士学位论文中的频数高于期刊论文,差异显著(LL=12.00,$p<0.001$)。被强调的状语成分主要出现在 when、where、how 和 why 的无标记 wh-主位等同结构和有标记 wh-主位等同结构,以及 the reason why、the way 等 th-主位等同结构中。由前文表4-8可知,博士阶段对有标记 wh-主位等同结构使用显著过多,尤其对 be how 和 be why(LL=18.28,$p<0.001$)使用过多,导致状语成分被过度强调。然而,期刊论文中更常用的是 how(LL=-9.47,$p<0.01$)和 the way(LL=-4.5,$p<0.05$)做主位的无标记 wh-主位等同结构。也就是说,就强调状语成分而言,博士阶段二语学术作者更多使用有标记 wh-主位等同结构,焦点信息做主位,期刊作者更多使用无标记 wh-主位等同结构,焦点信息做述位。因为述位常常表达新信息,所以期刊论文的使用特征是将焦点信息和新信息结合起来,符合主位等同结构的末端焦点原则。

就主语分句的强调而言,硕、博阶段存在显著差异(LL=-4.24,$p<0.05$),博士阶段比硕士阶段增多了使用频数。主语分句指的是 be 动词后的焦点信息是由一个小句充当,具体如下:

⑨...different nature of contextual information will determine their different accessibility levels to L2 learners. What still needs to be noted is that when two different contextual factors are presented in the same contexts, it...(DTC)

⑩...after ME2, the discrepancy becomes larger, 67.4% of dynamic passives in ME2 and 81.1% in ME3. What can be concluded from Table 3-1 and Table 3-2 is that (1) the earlier be+V-en construction is more...(MTC)

比起名词短语充当的主语,主语分句能够表达更加丰富的内容,增强句子的复杂程度和命题密度,在例⑨和例⑩中能够充分体现。博士学位论文更倾向于选择主语分句为焦点信息,并达到期刊论文使用水平($LL = 1.97, p = 0.160$)。

(三)语篇功能

语篇功能涉及主位等同结构在上下文语境中的宏观语篇功能。比如,例⑦做出未来研究展望,属于引入新的话题;例⑧在语义上和前文存在差异或与之正相反,属于修正先前表达的功能;例⑪通过指示代词 that 回顾上文的内容。

⑪...learners with English language skills and confidence relying on form-focused activities because that was <u>what</u> they could do. Thus, longitudinal research or research with pre or post measures is needed to investigate...(JRA)

这三种语篇功能在不同语料库中的分布如表4-10所示。

表4-10　主位等同结构的语篇功能差异(原始频数/百分比/对数似然比)

范畴	BTC	MTC	DTC	JRA
引入新话题	88(38%)	58(41%)	201(39%)	103(40%)
	$LL_1 = 0.03(p = 0.870)$	$LL_2 = -0.22(p = 0.641)$		$LL_3 = 6.81^{**}$
回顾上文	118(50%)	67(47%)	204(40%)	75(29%)
	$LL_1 = 1.35(p = 0.244)$	$LL_2 = 0.18(p = 0.670)$		$LL_3 = 24.76^{***}$
修正先前表达	29(12%)	17(12%)	107(21%)	79(31%)
	$LL_1 = 0.23(p = 0.633)$	$LL_2 = -7.61^{**}$		$LL_3 = -0.13(p = 0.718)$

注:LL_1为本硕间差异,LL_2为硕博间差异,LL_3为博士和期刊间差异,*** 表示 $p < 0.001$,* 表示 $p < 0.05$。

引入新话题的功能在每一个阶段的二语学术写作中比例不变,趋势稳定(约40%左右),且与期刊论文使用比例一致。但是从频数上看,博士阶段比期刊论文过多实现了引入新话题的功能,差异比较显著($LL = 6.81, p < 0.01$)。回顾上文的功能在二语学术写作中的比例逐渐下降,从本科阶段的50%,减少到硕士阶段的47%,博士阶段又下降至40%,在期刊论文中,回顾上文的功能比例仅为29%,而且博士学位论文的使用频数与期刊论文中的频数差异非常显著,使用过多($LL = 24.76, p < 0.001$)。与之不同,修正先前表达的功能比例随着研究水平的提升逐渐增多,本科阶段为12%,硕士阶段保持不变,然而博士阶段升至21%,呈现显著增

多的趋势（$LL=-7.61, p<0.01$），期刊论文中的使用比例更高（31%），但频数上与博士阶段不存在统计学意义上的差异（$LL=-0.13, p=0.718$）。

以上数据表明，主位等同结构在本、硕阶段主要是承上启下的手段，忽视其对比修正功能；博士阶段是关键期，在语篇功能上适当降低了衔接功能而提升了对比修正的功能表征。也就是说，二语学术作者对主位等同结构主要语篇功能的建构由侧重引入新话题和回顾上文逐渐趋于平衡，增多了主位等同结构的对比修正功能，呈现发展的趋势。博士阶段越发接近期刊论文的使用水平，可能源于逐渐发展的句法—语义体系以及更具批判性的评价意识：相比于本科阶段和硕士阶段作者，博士阶段二语学术作者对目标语言接触时间更久，因此更加谙熟主位等同结构的句法结构和焦点信息，也由于较多的学术语言输入，更加注重学术语篇的评价性本质。

这个研究结果也可依据 Bondi[①] 对作者身份的探讨进行诠释。Bondi 将 what 看作表达"重新定义的关系词"（re-defining relative），通过表达对比和重新修正先前表达，更好地实现了作者的语篇评价目的，比如，切换研究视角、疏远某个研究发现，甚至表达负面评价，增大了语篇的意义协商空间。作者在其中担负起了评论者、引导者和对话邀约人的角色，而不仅仅是语篇的作者，也体现了本、硕、博阶段二语学术作者在目的认知和角色认知方面的发展。

六、小结

本节探究了二语学术写作中主位等同结构的使用特点及其发展特征。研究发现，与国际期刊论文相比，在本、硕、博阶段的学位论文中，主位等同结构总体使用过度，倾向于使用有标记主位等同结构，体现出一定程度的口语化倾向；在句法结构上，本、硕、博阶段的使用未呈现阶段性差异，但博士阶段二语学术作者比国际期刊论文作者过度使用有标记 wh-主位等同结构和指示主位等同结构，凸显了强调性和排他性；就焦点信息而言，主语分句是唯一体现本、硕、博阶段性差异的焦点信息呈现方式，但与国际期刊论文相比，博士阶段过度依靠谓语和状语成分表征焦点信息，体现了对末端焦点原则的忽视；在语篇功能上，本、硕、博阶段二语学术写作中修正先前表达的功能呈现阶段性发展态势，在博士阶段呈现显著发展，主要功能的建构比例渐趋平衡。

基于本节的研究发现可知，学术语篇中主位等同结构的使用凸显了语义重

---

① BONDI M. What Came to Be Called: Evaluative What and Authorial Voice in the Discourse of History[J].TEXT & TALK,2017,37(1):25-46.

心,创设了焦点语境,实现了语义上的承接,适度使用能够增强语篇可读性。与此同时,作为表征信息的小句资源,主位等同结构不仅是信息表征的方式,也是语篇评价能力的体现。这一特殊的主位结构是作者对语篇资源的积极选择,有意识地调用不同种类的主位等同结构,凸显小句的不同语法成分,实现多样的语篇功能。同时,通过主位的选择,建立与读者之间的良性互动,开展对比修正,凸显研究焦点,博士阶段的发展特征显示了二语学术作者通过这一语篇评价资源显现出语篇评价能力的提升。

第五章

小句之下的二语学术语篇评价意义发展特征

第一节　名词词组：非特指不定代词①

一、非特指指称语与不定代词

名词词组在小句中充当主语、宾语和补语，表达小句的参与者角色②，常由固定顺序的修饰成分与事物（thing）组成。其中一个修饰成分就是指称语（Deictic），分为特指指称语（如 the、those、his、her、Mr. Thompson's 等）和非特指指称语（如不定冠词，no、one、each 等）。如果按照传统语法分类，部分非特指指称语可以构成不定代词，如 nothing、something 等。代词在系统功能语法中充当名词词组的事物，常常不需要更多的前置修饰成分（有时需要后置修饰成分），而且"事实上属于名词中最具概括性的一类"，却没有更多的相关叙述。学界的研究主要集中在人称代词的研究③、预指代词 it 的研究④、反身代词的研究⑤等，鲜见对充当名词词组的不定代词的研究。

同时，对不定代词的研究能够拓展 Halliday 和 Matthiessen 对名词词组中事物的功能潜势。Halliday 和 Matthiessen 指出，可数性、生命度和概括性是事物的三个功能潜势。就概括性而言，与其他类型的代词相比，不定代词的概括性应该更高，但是不同阶段学习者二语学术写作中的不定代词使用情况如何，概括性

---

① 部分内容发表于《外语界》，2019 年第 3 期，第 32~40 页。
② HALLIDAY M A K, MATTHIESSEN C M I M. An Introduction to Functional Grammar[M]. London: Edward Arnold, 2004.
③ 任育新. 学术会话中人称代词身份建构功能研究[J].外语研究,2016(2):23-28.
④ 王勇. 预指代词 it 的系统功能语言学研究[J].现代外语,2005(3):265-271.
⑤ 贾光茂. 英汉反身代词概念基础对比研究[J].外语与外语教学,2020(2):60-68.

（generality）是否具有发展特征，有待我们在本节予以研究考察，也是我们观察语篇评价能力的一个切入点。

二、不定代词与概括性

Uccelli 等①将概括性定义为笼统性或确切性的所指或量化。概括性在语言形式上经常由不定代词表达，如"Anyone cheating in school is definitely wrong."②，作者通过 anyone 使命题"cheating in school is definitely wrong"适用于任何一个人，表达了概括性。

对于不定代词和概括性的关系，学者给出的表述越来越完善。Kennedy③ 提出了"整体性概括"（如 all），用来表明某个概念的普适性。Smith④ 定义了"未经修饰的概括化"，指的是不定代词在没有修饰成分的情况下，常表达泛指概念；相对应的"合理概括化"（如 not everyone），则通过修饰或限制概括化适用的范围，表明对概括化的局限⑤。Hinkel⑥ 提出了更加完善的分类，将不定代词分为泛指代词（如 all）、否定代词（如 none）以及断言性代词（如 anything）。Mühlhäusler⑦ 赞同这种分类，认为泛指代词和否定代词表明极值，即"全部是"或"全不是"，和夸张修辞有紧密联系；断言性代词，也称为部分代词，限制命题的适用范围，常与名词或名词词组共现，出现在肯定或否定的语境中。

概括性属于语篇评价意义。正如模糊性和确定性（上例中的 definitely 即表达了确定性）这一对概念一样，概括性和确切性也是表达语篇认知立场。但是与现有研究中的模糊性研究相比，概括性与确切性这一对概念尚未得到足够重视。一

---

① UCCELLI P，DOBBS C L，SCOTT J. Mastering Academic Language：Organization and Stance in the Persuasive Writing in High School Students［J］.Written Communication，2013，30（1）：36-62.

② AULL L L，BANDARAGE D，MILLER M R. Generality in Student and Expert Epistemic Stance：A Corpus Analysis of First-Year，Upper-Level，and Published Academic Writing［J］.Journal of English for Academic Purposes，2017，26：29-41.

③ KENNEDY G. Quantification and the Use of English：A Case Study of One Aspect of the Learner's Task［J］.Applied Linguistics，1987，8（3）：264-286.

④ SMITH S. The Role of Technical Expertise in Engineering and Writing Teachers' Evaluation of Student Writing［J］.Written Communication，2003，20（1）：37-80.

⑤ 布里奇，图沃-玛沙奇，奇尔波．叙事研究：阅读、分析和诠释［M］.王红艳，译．重庆：重庆大学出版社，2008.

⑥ HINKEL E. Indirectness in L1 and L2 Academic Writing［J］.Journal of Pragmatics，1997，27：361-386.

⑦ MÜHLHÄUSLER P. Review of Indefinite Pronouns［J］.Lingua，2000，110（2）：137-139.

部分原因就是对不定代词的关注不足，现有的研究聚焦某个学科，而且不定代词常常被等同于"对于命题的限制"①，而被研究者置于认知立场之下整体考察。然而，实际情况是有些不定代词倾向于表达的是概括性而非模糊性，如将上例中的 anyone 改为 someone，则不再表达概括性而是模糊性，语用效果与语篇功能也随即发生变化。

研究表明，概括性是二语学术写作中的普遍问题。Hinkel 在对二语学习者学术写作的间接性（indirectness）研究中，探究了指示语中的不定代词使用。他将不定代词分为泛指代词和否定代词（包括 all、both、each、every、everybody、everyone、everything、neither、nobody、none、no one 和 nothing）以及断言性代词和非断言性代词（assertive 和 non-assertive）（包括 anything、anyone、anybody、any、either、somebody、someone、something、some）。研究结果表明，中国英语学习者在英语学术写作中，对于不定代词的使用过多，呈现显著性差异，体现出精确性的匮乏，与学术写作的正式文体要求不一致。

在 2005 年的研究中，Hinkel② 将不定代词进行了语用分类，把泛指代词和否定代词归于增强语，把断言性代词和非断言性代词归于模糊语③，进一步对比了高水平二语学习者与本族语者在考试作文中的使用情况。研究再次验证了中国学习者对这两类不定代词使用过度，表明二语学习者倾向于夸张。本族语学生则并不依赖泛指代词和否定代词，反而更倾向于缓和概括性，以避免表达极值命题。这些发现为分析二语学习者使用不定代词表达概括性的问题提供了重要依据，但是研究仅从美国语境下口语接触频繁和教学指导匮乏两方面阐释原因，对我国语境下英语学习者的使用特点及存在问题不具有可推及性。此外，国内文献也鲜有涉及二语学术写作的概括性研究，尚不能为我们提供直接借鉴，有待进一步研究。

就概括性的发展特征而言，Reilly 等④探究了一语的概括性发展特征，并指出包括泛指代词和部分代词在内的非人称代词在使用数量上，随着年龄的增长而呈下降趋势。也就是说，年龄增长可能意味着写作经验逐渐丰富，即逐渐熟知具有特征性的写作规范并融入特定写作社团。这种社会化过程伴随着写作中概括性

---

① BIBER D, JOHANSSON S, LEECH G, et al. The Longman Grammar of Spoken and Written English[M]. London: Pearson Education Limited, 1999.

② HINKEL E. Hedging, Inflating, and Persuading in L2 Academic Writing[J]. Applied Language Learning, 2005, 15(1-2): 29-53.

③ 作者并不赞同将概括性等同于模糊性的观点。

④ REILLY J, ZAMORA A, MCGIVERN R F. Acquiring Perspective in English: The Development of Stance[J]. Journal of Pragmatics, 2005, 37(2): 185-208.

的减弱。这一观点得到了 Aull 的证实。他们通过对比专家作者语篇与大三学生学科写作和大一新生作文中的概括性,发现概括性呈现逐渐减少的发展特征,即大一新生作文中的概括性最强,而且主要表达对"时间"和"人"这两个范畴的概括性,大三学生学科写作中概括性居中,而专家作者语篇中的概括性最低。以上研究为探知概括性的发展趋势提供了重要借鉴,但因为没有严格区分本族语学生与二语学生作者,所以对于二语学习者写作中是否也呈现类似的发展趋势,我们仍然不得而知。

在教学实践层面,Hinkel 的研究表明,教师告诫学生要避免概括性,也尽量不要在学术英语写作中使用包括 all 和 never 在内的表述,因为恰当的表达概括性是学术写作新手和专家作者、二语学习者和本族语者的区别性特征之一。但是,语义概括性是否应该一概而论地杜绝使用? 如果不是,应该如何恰当使用? 对广大教师与学生来说,仍需参考实证研究的数据与结果。综上所述,我国学生作者在二语学术写作中通过不定代词表达的概括程度如何、不同阶段的学习者二语学术语篇呈现了怎样的概括性发展特征等问题尚待考察。据此,本节通过描述并统计本、硕、博阶段二语学术语篇中非特指不定代词的使用情况,参照期刊论文中的使用,探究我国二语学术写作中非特指不定代词的总体使用情况、不同概括性程度的差异,以及阶段性发展特征。

三、语料描述和不定代词分类与检索

这一节继续使用本书的二语学习者学术写作语料。但是需要把本科生语料替换为学生作文,以便与以往研究进行比较。在这一节中,我们采用 WECCL2.0 中的大学 1 至 4 年级本科生英语作文语料,其中 88% 为英语专业学生作文,其余为非英语专业学生作文;就体裁而言,95% 为议论文,能够较好地代表本科阶段学习者的英语写作水平①。WECCL2.0 共有作文 4950 篇,形符 1248476,平均篇长 25222 字(类符信息并未提供)。硕、博阶段的二语学术写作语料依旧使用 MTC 和 DTC,并将 JRA 的数据作为参照。

---

① 文秋芳,梁茂成,晏小琴. 中国学生英语口笔语语料库[M].北京:外语教学与研究出版社,2008.

结合 Aull 等[1]和 Hinkel[2] 的分类,我们检索了以下不定代词,同时记录使用修饰语的频数,即合理概括化。详见表 5-1。

表 5-1 不定代词概括性分类

分类	不定代词	概括性
整体性概括	all、both、none、neither A nor B、every+A、everything、everybody、everyone	全体普适性
个体性概括	each、nothing、nobody、no one、neither (of A)	个体适用性
部分性概括	any+A、anything、anybody、anyone	部分适用性

语料检索使用 AntConc 进行了频数统计、词语共选、语义趋向和短语序列的探究。搭配强度的统计使用 BFSU Collocator 1.0(左_3,右_3,参照 t 值大小排序,临界值为 2),卡方检验使用 Chi-Square Calculator 程序,结果汇报原始频数、每百万词标准频数与 x^2 值。

四、二语学术写作中不定代词的总体使用情况

如表 5-2 所示,二语学术写作中不定代词使用的总频数为 25823(标准频数为 5672/百万词),整体性概括使用最多,部分性概括使用最少,个体性概括使用数量居中。当我们将 JRA 的使用情况视为参照标准,可以发现二语学术写作中不定代词的使用总体呈现过度趋势($x^2 = 252.2827, p < 0.001$),差异显著。JRA 中不定代词使用的总频数为 8197(标准频数为 4641/百万词),在总量上远远少于我国学生学术写作中的使用。

表 5-2 不定代词总体使用情况

分类	WECCL	MTC	DTC	JRA	x^2
	原始/标准	原始/标准	原始 / 标准	原始/标准	
整体概括性	8767/7022	2491/3192	8407/3331	5457/3090	485.61***
个体概括性	1046/838	669/857	2646/1048	2111/1195	-70.13***
部分概括性	578/463	198/254	1021/405	629/356	4.92*

① AULL L L, BANDARAGE D, MILLER M R. Generality in Student and Expert Epistemic Stance: A Corpus Analysis of First-Year, Upper-Level, and Published Academic Writing[J]. Journal of English for Academic Purposes, 2017, 26: 29-41.

② HINKEL E. Hedging, Inflating, and Persuading in L2 Academic Writing[J]. Applied Language Learning, 2005, 15(1-2): 29-53.

续表

分类	WECCL	MTC	DTC	JRA	x^2
	原始/标准	原始/标准	原始／标准	原始/标准	
总计	25823/5672			8197/4641	252.28***

注:*** 表示 $p<0.001$,* 表示 $p<0.05$,下同。

在二语学术写作中,对于具体类别的过度使用和过少使用的倾向也很明显:整体性概括使用过多($x^2 = 485.6056, p<0.001$),个体性概括使用过少($x^2 = -70.1291, p<0.001$),部分性概括使用略多($x^2 = 4.9232, p<0.05$)。

同时,合理概括化的使用也存在差异。虽然二语学术写作与国际期刊论文中都使用 almost、nearly、not 等修饰整体性概括,如 almost all、nearly everybody、not everyone 等,分别表达两种语义:近似概括性和反驳可能的概括性,但是我国二语学生作者对概括性的限制程度明显低于期刊作者。以 all 为例,WECCL 中合理概括化占比 3.7%,MTC 中增长到 4.9%,DTC 中持续增长到 5.4%,JRA 中则高达 7.2%,是本科阶段的近两倍。

以上总体使用情况的研究结果表明,与国际期刊论文相比,我国二语学术写作中表达概括性的不定代词总体使用过多,且合理概括化的使用过少,这分别与 Hinkel 的研究结果和 Aull 等的研究发现基本吻合。究其原因,可能源于汉语夸张修辞的影响。在《文心雕龙·夸饰》的记载中,夸张修辞就被赋予了表达力强的特征,在汉语书面语中尤为常见。Hinkel 曾指出:"汉语的某些语境下,(夸张)是允许使用的……是用来隐性地加强说服力或是雄辩的标志。"在二语学术写作中过度使用不定代词,是因为我国学习者意图通过提升命题的可泛化程度,扩大语篇立场的适用范围。然而,这与学术文化规约中的充分确切性与科学性的期待和需求存在差距,在文化参照和修辞方面,我国二语学生作者使用了母语修辞参照,不符合英语学术文化规约,体现出他们在学科认知方面的差距。

同时,学习者对整体性概括和部分性概括使用过多,个体性概括使用过少,体现出二语学术写作中概括性程度的不平衡性分布,具体结果与分析请参见下文内容。

五、不同概括性程度的阶段性特征

(一)整体性概括

整体性概括使用在不同阶段呈现明显减少趋势。以 every * 的使用为例,本科阶段中使用最多,硕士阶段中突然减少,并一直呈下降趋势,博士阶段中变化不明显,期刊论文中使用最少(如图5-1所示)。

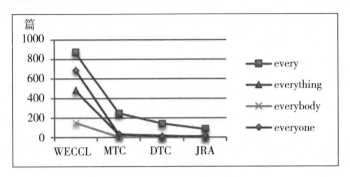

图5-1 every * 使用的阶段性特征

具体来看,every * 在不同阶段被用于不同的语境中。在本科阶段,every * 常用于表示对 world 和 life 的概括化,频繁短语序列是 every coin has two sides 以及 everyone has the right to,缺乏合理概括化,如例①。硕士阶段中开始出现合理概括化,如 not every,almost everyone 等,如例②。博士阶段中不仅有合理概括化,还进一步限制了概括性程度,如例③。期刊论文中使用了更多样的类连接型式,如被动动词词组和 there be 存在过程小句。同时,概括范畴多与研究相关,如 classroom、school 和 text(如例⑤和例⑥),而非 world 和 life 这类宏观空间与时间范畴。

① Today,everyone in the world should be educated. (WECCL2.0)

② However,as we can see from Table 2,not every part of the sample is compared for…(MTC)

③…not everything that can be realized in language can also be realized…(DTC)

④Every effort was made to make the text as fully comparable as possible…(JRA)

⑤There is every reason to expect that language production in the…(JRA)

⑥…a focus on the learning agenda for everyone in the school by involving students…(JRA)

all 的使用与整体性概括的总体趋势一致。通过分析发现,本、硕阶段 all 的使用存在相似之处,而博士阶段则更接近期刊作者的使用特点。本、硕阶段相似点为:①显泛指的"空间""人"或"事物",如 all over/around the world,all kinds of people,all kinds of things,与 Aull 研究中的大学新生的使用情况相似;②高频使用 know/known 语块,如 as is know to all,known to all that 等,表达共识认知立场。然而,这两个特征在博士阶段和期刊论文中均没有体现。与此同时,all 的合理概括化只出现在博士阶段和期刊论文中,分别是 in almost all the 和 all but one of 语块,在本、硕阶段都没有使用。

(二)个体性概括

个体性概括在不同阶段均呈现持续平稳增长的趋势。以 each 为例,它与 all 和 every * 不同,虽同为概括化表达,但 each 用来强调整体中的个体,不具有高泛化程度。如图 5-2 所示,each 在四个阶段中的使用频数逐渐增多,使用比例也逐渐增高(分别占总使用频数的 36%、91%、94% 和 96%)。

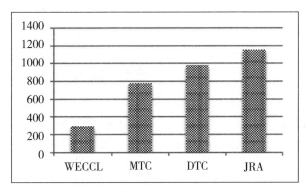

图 5-2 each 使用的阶段性特征

就搭配而言,期刊论文中 each 在直接语境中的实义共现词有 participant、group、task、language 等研究名词,体现语篇命题对研究个体的适用性。本科阶段 each 的共现词多为 person 和 individual,呈现出对泛指意义的"人"的概括化。硕士阶段的 each 开始高频搭配实义共现词 group、students、class 等。博士阶段使用情况与期刊论文体现出较大程度的一致性,高频共现词类似。

与 each 平稳增长的趋势不同,nothing、nobody、no one 和 neither(of A)的使用情况呈现减少的阶段性特征。如图 5-3 所示,本科阶段使用最多,硕士阶段骤减,硕、博阶段与期刊论文的使用差异不大。

它们虽然指代个体,但因为属于否定代词,常用来表达极值①,所以主要产生夸张的语用效果。具体如下:

⑦ If we never read at all, there is nothing in our mind, how can we...?

---

① QUIRK R, GREENBAUM S, LEECH G, et al. A Comprehensive Grammar of the English Language[M].London:Longman,1985.

(WECCL2. 0)

⑧ I think nobody could refuse the electronic cards any longer. (WECCL2. 0)

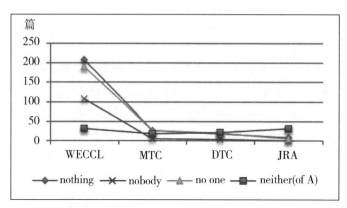

图5-3 否定代词的阶段性使用特征

例⑦将读书概括性地推及为头脑中知识储备的唯一渠道,不读书即头脑空空的命题立场得以强化。在例⑧中,通过使用主观投射 I think 和否定代词 nobody,将电子贺卡的普及性无限夸大至每个人,增大了命题的强加性。那么,否定代词呈现阶段性的减少趋势则体现了夸张语用效果的减少、立场强加性的减弱和协商性的增强。

(三)部分性概括

部分性概括的使用呈现起伏变化。如图 5-4 所示,本科阶段使用最多,硕士阶段急剧下降,博士阶段突然提升,但并未超过本科阶段的使用频数,相比较而言最接近期刊论文使用情况。

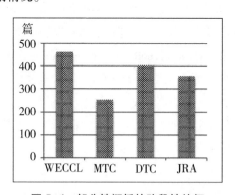

图5-4 部分性概括的阶段性特征

由于 any 分别占据不同阶段中部分性概括总使用频数的 65%、94%、95%和97%,我们以它为例,进行前五位实义共现词的搭配强度分析。

表 5-3　**any** 前五位实义共现词与搭配强度的阶段性比较

No.	WECCL		MTC		DTC		JRA	
	共现词	t 值	共现词	t 值	共现词	t 值	共现词	t 值
1	time	6.8035	other	2.7468	if	4.6306	if	4.0753
2	or	3.9751	if	2.4300	kind	3.3442	language	3.9830
3	other	3.8931	language	2.3991	absence	2.6774	other	3.9135
4	place	3.2489	or	2.3115	change	2.2035	differences	3.4310
5	things	2.9156	time	2.2365	difference	2.1960	changes	2.9075

由表 5-3 可知,本科到硕士阶段,any time 的搭配强度由第一降至第五,表明本科阶段对时间范畴的概括性最普遍,硕士阶段呈现减少趋势,到了博士阶段,any time 就不再出现在列表之中。硕士到博士阶段,if any 的搭配强度由第二升至第一,表明部分性概括开始产生语篇协商性和对话性的功能,但是本科阶段中没有一例。博士阶段,高频共现词中呈现出消极语义韵,如 difference 和 change,在期刊论文中也增强了搭配强度(分别为 t = 3.4310 和 t = 2.9075)。可见,硕士阶段虽然在使用数量上呈现减少的态势,但仍在使用型式、表达意义上存在本科阶段的使用痕迹,博士阶段最接近期刊论文的使用特点,在词语共现、语义趋向和频繁短语序列等方面都存在一致性,提升了确切性。

综观不同类别语义概括性的阶段性使用特征,我们能够考察语义概括程度的发展趋势。我们将语义概括程度分为增强概括性与缓和概括性,分别表示增强或限制命题的可泛化程度。如前所述,整体性概括与否定代词属于增强概括性程度的手段,个体性概括、部分性概括和合理概括化属于缓和概括性程度的策略。不同阶段语义概括程度的发展趋势详见图 5-5。

由图 5-5 可知,总体上语义概括程度呈现波动式下降,其中,增强概括性程度一降再降,而缓和概括性程度不断上升,整体趋势朝向更少的概括化和更多的协商性发展。本科阶段的语义概括性程度最强,其中,增强概括性程度居四个阶段之首,而缓和概括性程度最低。硕士阶段的语义概括性程度锐减,增强概括性程度也大幅度降低($x^2 = 1507.0605, p < 0.001$),缓和概括性程度略有提升,但变化不显著($x^2 = -4.6187, p > 0.05$)。博士阶段,增强概括性程度持平($x^2 = -2.9029, p > 0.05$),缓和概括性程度显著提升($x^2 = -50.0828, p < 0.001$),但与期刊论文相比,增强概括性程度仍然过高($x^2 = 21.5629, p < 0.001$),缓和概括性程度过低($x^2 = -20.3733, p < 0.001$)。

语义概括性程度的发展是多种因素共同作用的结果。首先,作为学术新人,

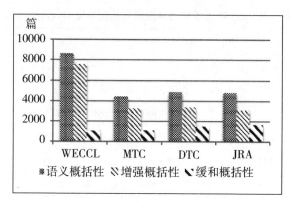

图 5-5　语义概括性程度的发展特征

我国学习者对科学写作的精确性与翔实性要求逐渐提升,从本科写作的高泛化程度发展到博士写作的确切性,在很大程度上得益于学术写作指导中科学写作的要求。Smith① 发现,当评价学生学术写作时,教师对于 every 和 all 这类未经修饰的概括化持有质疑态度,认为它们影响学术写作的精确性。因此,在科学写作要求下,硕、博阶段学生意识到英语学术写作中概括性表达可能导致精准性的欠缺②,便大幅度减少增强概括性程度的整体性概括。

其次,因为学习者受到母语夸张修辞的影响,所以,可以说学习者语义概括性程度的逐渐降低就是不断克服母语迁移的成果。同时,随着英语水平的提升,硕、博阶段用于缓和概括性与强加性的语用资源逐渐丰富起来,有助于克服母语迁移现象。比如,本、硕、博阶段学生作者对 every * 型式的复杂性与多样性逐渐提升,博士阶段学生作者在 all、each 和 any * 的型式与意义上都比本、硕阶段学生作者更加接近期刊论文作者的使用特征。

最后,最重要的推动力来自二语社会化进程。二语社会化即指非本族语者努力获得该二语的语言能力、成员身份以及参与该语言社团活动能力的过程③。那么二语学术写作不仅表达个人学术观点,更是作者与读者展开意义协商,并有效参与学术话语社团的社会化过程④。命题的可泛化程度在学术语篇中能够产生

---

① SMITH S. The Role of Technical Expertise in Engineering and Writing Teachers' Evaluation of Student Writing[J]. Written Communication, 2003, 20(1): 37-80.

② CHANNELL J. Vague Language[M]. Oxford: Oxford University Press, 1994.

③ DUFF P A. Second Language Socialization [M] ∥ DURANTI A, OCHS E, SCHIEFFELIN B B. The Handbook of Language Socialization. Oxford: Wiley-Blackwell, 2011: 564-586.

④ DUFF P A. Problematising Academic Discourse Socialization[J]. Learning Discourses and the Discourses of Learning, 2007, 1(1): 11-18.

"语用丰富"的效果①,表达了比平常值或期望值更高的所指或量化②,但是这一效果影响作者与读者间的一致关系建构。因为一方面,作者借助语义概括化强化观点阐释③,忽略了读者可接受程度;另一方面,压缩了与读者就命题开展意义协商的对话空间,必然影响语篇的说服功能。在二语社会化进程中,学习者逐渐意识到在语篇中应开展学术对话,以加快同化学术写作的惯例与规范,趋同于专家型写作。因此,硕士阶段减少整体性概括的使用以限制命题的普适性,博士阶段增加个体性概括的使用以缓和泛化程度,都体现了二语社会化过程中二语学术写作的语义概括程度减弱和语篇协商性增强的规律性特征。

六、二语学术写作中概括性的发展特征

不同阶段概括性的总体走势呈现动态下降趋势,由突变渐趋平缓,而且每一个阶段同前一个阶段相比,差异都比较显著。

如表5-4所示,本科阶段对整体性概括和部分性概括的使用都远远多于硕士阶段。这表明,本科写作中夸大的修辞手段非常普遍,并主要凸显了命题的整体性与部分性可泛化程度。到了硕士阶段,命题的普适性以及部分适用性的表述频数突然锐减。这可能因为硕士研究生进入学术研究的领域,开始基于学科的写作,必然要改变本科阶段的写作方法和规则。他们被告知不要使用语义概括性,力求客观严谨。同时,硕士研究生也开始重视命题对个体的适用性,变化虽不显著,但也呈现出增多的端倪。

表5-4　不同阶段不定代词使用的差异

分类	本科与硕士	硕士与博士	博士与期刊论文
整体性概括	1276.40***	−3.50	18.73***
个体性概括	−0.22	−21.71***	−20.26***
部分性概括	54.88***	−36.76***	6.32*

注:*** 表示 $p<0.001$,* 表示 $p<0.05$,下同。

---

①　PAJUSALU R. Pragmatics of Quantifiers: The Case of Estonian Kõlk "All" [J]. Journal of Pragmatics,2008,40:1950−1965.

②　UCCELLI P,DOBBS C L,SCOTT J. Mastering Academic Language:Organization and Stance in the Persuasive Writing in High School Students[J].Written Communication,2013,30(1):36−62.

③　李海辉,何自然. 话语缓和的语用功能研究[J].兰州大学学报(社会科学版),2016(3):151−158.

从硕士到博士阶段,概括性出现了全面增多的趋势。除了整体性概括的使用增势不显著外,个体性概括和部分性概括的使用增势都比较显著(分别为 $x^2 = -21.7141, p<0.001$; $x^2 = -36.7572, p<0.001$)。也就是说,一方面,博士更加重视命题对个体的适用性而非整体的普适度;另一方面,随着进一步融入学科社团,博士不再像硕士那样一味地避免语义概括性,甚至矫枉过正,而是开始策略地使用概括性表达,比如增多对命题的部分语义概括,缓和命题的强加性。

博士阶段对个体性概括的使用仍不足以达到专家的使用水平($x^2 = -20.2611, p<0.001$),但整体性概括($x^2 = 18.7257, p<0.001$)和部分性概括($x^2 = 6.32, p<0.05$)的使用仍然过多。

综上所述,二语学术写作中语义概括性的发展特征是:本、硕、博不同阶段概括性的总体使用呈现动态减少趋势,本科阶段概括化最普遍,硕士阶段急剧减少,博士阶段平缓上升,但要想达到期刊论文使用水平,还有待平稳下降。这与 Reilly 等[①]和 Aull 等[②]的研究结果一致,证实了在学术写作过程中,概括性波动下降的使用趋势源自学习者对学术社团的趋近和融入以及日益丰富的学术经历与经验。可以想象,硕士研究生进入了学术写作社团,开始学科英语写作,有意识地降低命题的概括性和立场的强加性,但是尚未意识到个体性概括、部分性概括和合理概括化的作用,缓和概括性策略未充分发展。逐渐丰富的学术经历与研究经验使博士研究生意识到缓和概括性程度的重要性,并有策略地使用不定代词,使语篇内的概括程度趋于合理化。虽然仍存在一定差距,但是博士阶段概括性特征最接近期刊论文。

语义概括程度的降低是我国二语学术英语写作中语篇评价能力提升的体现。我国广大英语学习者使用二语进行学术写作,必然面临诸多困难。因此,虽然存在过度使用的总体特征,尤其在本科阶段,但这是二语学习者语用表达能力发展的必经阶段。这些具有中介语特征的语言使用是非常有价值的,并非使用偏误,而是阶段性特征。语用表达的确切性和得体性逐渐提升,发展轨迹清晰可见,具有动态复杂性。

七、小结

研究发现,我国二语学术写作中的概括性呈现以下使用现状和发展特征:

① REILLY J, ZAMORA A, MCGIVERN R F. Acquiring Perspective in English: The Development of Stance[J]. Journal of Pragmatics, 2005, 37(2): 185-208.

② AULL L L, BANDARAGE D, MILLER M R. Generality in Student and Expert Epistemic Stance: A Corpus Analysis of First-Year, Upper-Level, and Published Academic Writing[J]. Journal of English for Academic Purposes, 2017, 26: 29-41.

①以国际期刊论文为参照,总体上我国二语学术话语中过度使用表达概括性的不定代词,在具体类别的使用上也存在明显的过度使用和过少使用倾向,比如,整体性概括和部分性概括使用过多,个体性概括使用过少,合理概括化的比例较低;②在本、硕、博不同阶段里,不定代词使用总体走势呈现下降趋势,本科阶段最多,硕士阶段急剧减少,博士阶段平缓上升,但与期刊论文相比,博士阶段仍使用过多;③整体性概括的阶段性特征是本、硕、博阶段持续减少,个体性概括逐渐增多,部分性概括呈现起伏变化。这些特征表明,我国二语学术话语中的概括程度波动性下降,具体表现为增强概括性的下降和缓和概括性的上升。这一规律性特征可能受到科学写作要求、克服汉语修辞迁移、二语社会化进程的影响,表明语篇评价意识的增强。

作为小句中主要成分之一的名词词组还有许多能够表达语篇评价意义的因素,如修饰语(形容词)、数量语等。本节主要聚焦的是非特指不定代词充当事物(thing)时表达的概括性,是名词词组中非常重要而又往往被忽视的一个内容。下一节,我们将视线转移至小句中充当定谓语成分和及物过程的动词词组。定谓语被认为与名词词组中的指称语共同作用,将小句的话语与情景语境联系起来,对于我们理解话语的语篇评价意义具有重要价值。

第二节 动词词组:被动动词词组

一、动词词组与被动动词词组

系统功能语言学指出,动词词组是动词的扩展,其中,重要的成分包括定谓语、助动词和事件(event)成分。定谓语成分通过时态、情态、语态和极性建立话语与情景语境的联系。结尾的事件成分表达过程,是动词词组中的新信息,可以是一个行为、一个思绪或一种关系。系统功能语言学对时态系统的表述非常完善,并将语态看作时态表达的延伸,将被动动词词组作为附加修饰成分置于动词词组结尾。因此,被动动词词组(be+V-en)就逻辑结构而言,表达过去事件给现在带来的影响,可以发挥次时态(secondary tense)的作用。

被动动词词组能够实现语言的元功能。首先,被动动词词组中表达事件的词汇动词能够表达过程意义,如 I was told 表达了一个言语过程;其次,被动动词词组的修饰成分能够表达人际意义,如 to be tested 表达中性意义,而 to be unfairly tested 就能表达说话人对测试这一过程的负面态度;最后,被动动词词组中定谓语、助动词、词汇动词和修饰成分的排序表达了一种语篇意义，常常是词汇动词置于结尾，表达新信息。本节将以被动动词词组为例，通过分析其总体分布情况、及物过程和人际附加语的使用情况，以及阶段性的使用特点，探究我国二语学术话语中动词词组的使用特征及其语篇评价意义。

二、被动动词词组的研究框架

如前文所述，在理论上被动动词词组属于动词词组，具有及物性和语态结构①。实证研究也证实，被动动词词组与词组的使用存在支持交互②，呈现共同发展。本节将被动动词词组置于词组与短语层面上开展研究，主要关注以下几个方面。

首先，我们将考察被动动词词组中词汇动词的及物性。我们依据系统功能语言学及物性系统的概念，将刻画经验世界中各种事件和过程的及物性动词分为6个类别，分别是物质过程、行为过程、心理过程、关系过程、言语过程、存在过程。但行为过程仅有一个参与者且表示存在过程的被动小句听起来不太自然③。因此，本书主要将被动动词词组中词汇动词分为四个过程，如表5-5所示。

表5-5　被动动词词组的及物过程分析框架

过程	意义	例词
物质过程	表示做某件事的过程	explored、examined、analyzed、made、followed、combined、found、divided
心理过程	表示感觉、反应和认知等心理活动	thought、known、viewed、considered、believed、discovered、taken
关系过程	反映事物之间具有何种关系	indicated、realized、included、defined、illustrated、represented
言语过程	通过讲话交流信息的过程	said、discussed、suggested、argued、called、proposed、reported、explained

其次，被动动词词组也通过表达对以上及物过程的态度表达人际意义。态度的表达主要通过人际附加语实现，因此，我们将采纳人际附加语中语气附加语和

---

① HALLIDAY M A K, MATTHIESSEN C M I M. An Introduction to Functional Grammar[M]. London: Edward Arnold, 2004.

② 江韦珊，王同顺. 二语写作句法表现的动态发展[J]. 现代外语，2015(4): 503-514.

③ THOMPSON G. Introducing Functional Grammar[M]. Beijing: Foreign Language Teaching and Research Press, 2008.

评论附加语的相关研究框架。人际功能通过语气(Mood)和情态系统(Modality)实现。情态附加语同样具有人际功能,包括语气附加语(Mood Adjuncts)和评论附加语(Comment Adjuncts)。Halliday① 将语气附加语分为表示情态、时间和程度的附加语,Halliday 和 Matthiessen② 对评论附加语进行了详细分析,为我们分析被动动词词组的评价意义提供了重要的参考框架(见表5-6 和表5-7)。

表5-6 被动动词词组的人际附加语分析框架(语气附加语)

类型		例词
情态附加语	可能性	probably、possibly、certainly、perhaps、maybe
	经常性	usually、sometimes、always、never、ever、seldom、rarely
时间附加语	时间	yet、still、already、once、soon
	典型性	occasionally、generally、regularly、typically
程度附加语	强度	just、simply、merely、only、even、mainly
	程度	quite、almost、nearly、hardly、entirely、completely

表5-7 被动动词词组的人际附加语分析框架(评论附加语)

类型			例词
对整个命题的评论		自然程度	naturally、inevitably、of course
		明显程度	obviously、clearly、plainly、of course、broadly
		预测	evidently、supposedly、presumably
言语功能	非修饰型	事实	actually、really、in fact、as a matter of fact
	修饰型	有效性	appropriately、effectively
		精确度	truly、strictly、precisely

本节研究采取了以下分析步骤。首先,用 TreeTagger 对本书的四个学术写作语料库(BTC、MTC、DTC 和 JRA)进行词性赋码,然后使用 PatternBuilder 获取被动动词词组的正则表达式\S+_VB\w * \s(\S+_[RX]\w+\s) * \S+_V\wN\s,并将获得的正则表达式输入 AntConc3. 2. 1,通过复杂检索检索出被动动词词组,将不符合要求的索引行(如以被动形式表达属性的 be excited 和 be concerned about)手动剔除,并记录总体统计结果。其次,研究统计出频数排名前二十的高频词汇动词,

---

① HALLIDAY M A K. An Introduction to Functional Grammar[M].Beijing:FLTRP,2000.

② HALLIDAY M A K,MATTHIESSEN C M I M. An Introduction to Functional Grammar[M]. London:Edward Arnold,2004.

139

将它们分成不同的及物过程类型并进行搭配分析。搭配词的检索使用 AntConc 的搭配词检索功能(左_3,右_3 的跨距内),提取核心动词的副词搭配词,依据表 5-6 和表 5-7 将这些搭配词归入相应的语气附加语和评论附加语范畴中。最后,本书参考对数似然值对被动动词词组的总体分布、动词类型以及搭配情况进行显著性差异检验。研究汇报原始频数、标准频数(每百万词)、百分比与对数似然值(LL 值)。

三、被动动词词组的总体使用情况

语料库检索结果显示(见表 5-8),二语学术写作中整体上被动动词词组的使用少于期刊论文中的频数($LL=-11.62,p<0.001$),呈现显著差异。这一发现与江韦珊和王同顺[1]对被动结构动态发展的研究结果一致,即被动动词词组始终处于动态变化发展过程中,未在使用中稳定下来并形成固定的习惯,就连语言水平和研究水平都较高的博士阶段二语学生作者,语篇中被动动词词组的使用都与期刊论文中的使用存在显著的偏离。

表 5-8 被动动词词组的总体分布差异

项目	BTC	MTC	DTC	JRA
原始频数	12243	11669	37448	24950
LL 值	$LL_{本硕}=-690.58***$	$LL_{硕博}=0.54(p=0.463)$		$LL_{博期}=36.07***$

注:*** 表示 $p<0.001$,下同。

具体而言,BTC 中被动动词词组总频数为 12243,MTC 中被动动词词组总频数为 11669,DTC 中被动动词词组总频数为 37448,JRA 中被动动词词组总频数为 24950。当我们进行不同阶段的比较时,能够发现本科阶段比硕士阶段少用被动动词词组,差异性显著($LL=-690.58,p<0.001$),而硕士阶段和博士阶段对其使用不存在显著性差异($LL=0.54,p=0.463$),博士阶段和期刊论文相比,被动动词词组的使用过多($LL=36.07,p<0.001$)。也就是说,以期刊论文使用情况为参照,本科阶段的被动动词词组严重匮乏,而硕、博阶段使用均过多。

如上所述,与本科阶段相比,硕士和博士阶段被动动词词组使用频数显著增多了。这一发现与 Grant 和 Ginther[2] 的研究结果一致,即高水平学习者对被动动

① 江韦珊,王同顺. 二语写作句法表现的动态发展[J].现代外语,2015(4):503-514.

② GRANT L,GINTHER A. Using Computer-Tagged Linguistic Features to Describe L2 Writing Differences[J].Journal of Second Language Writing,2000,11:123-145.

词词组的使用比低水平学习者更频繁。究其原因,硕、博阶段的二语学术作者进入了专业学科研究领域,在学术写作客观性要求下,有意识地提升了文本的客观性立场建构①,而被动动词词组是实现这一目的的有效手段。同时,被动动词词组作为句法复杂度的重要观测指标,其使用频数的增多,也证实了硕博阶段二语学术语篇比本科阶段学术语篇的句法复杂度明显提升。但是,与期刊论文相比,硕博论文对被动动词词组使用过度。这一发现与王丽和王楠②的研究发现存在一定相似之处。他们指出,原因在于学生作者的语体意识薄弱。我们认为,也可能是因为在期刊论文中,作者可利用的表达客观性的语法词汇资源丰富,被动动词词组不再是唯一的客观化体现方式。另一个原因在于,硕博阶段的使用矫枉过正,因意识到被动动词词组增强客观性的作用,以至于过度使用。

据此,二语学术写作中被动动词词组的整体分布差异显著,其使用在硕士阶段达到质的飞跃,博士阶段持平,但要想达到期刊论文的使用水平,硕博学生作者还应该降低其使用的频率。下面我们将聚焦被动动词词组中词汇动词的使用特征。

四、被动动词词组中高频词汇动词及物性类型及其阶段性特征

（一）被动动词词组中高频词汇动词及物性类型

依据频数,我们提取了被动动词词组中频数排名前二十的高频动词。其中 9 个高频词(used、based、found、seen、made、considered、given、shown、presented)为四个语料库共用高频词,且动词 used 位居前列。这些高频词可以被看作二语学术写作被动动词词组中的核心动词。

我们将这些高频动词的原始频数进行统计,如表 5-9 所示。其中,物质过程占据主要地位,其次是关系过程,位居第三位的是心理过程,使用较少的及物过程是言语过程。

表 5-9　高频被动动词词组的及物性类型的频数

过程	高频动词	BTC	MTC	DTC	JRA
物质过程	used、divided、given、made、conducted、found	2735	2396	6898	4479
心理过程	regarded、considered、seen、known、taken	700	688	1999	1029

---

① MAURANEN A, BONDI M. Evaluative Language Use in Academic Discourse [J]. Journal of English for Academic Purposes, 2003, 2(4): 269-271.

② 王丽,王楠. 二语学习者学位论文中的口语化倾向[J]. 现代外语, 2017(2): 275-286.

过程	高频动词	BTC	MTC	DTC	JRA
关系过程	shown、presented、related	818	759	3201	2366
言语过程	called、asked、discussed、reported	592	411	771	639

物质过程表示做某事的过程，其最重要的特征就是表达客观性，这与被动动词词组在学术语篇中的功能相符，本、硕、博阶段通过大量使用物质过程的被动动词词组使文章更加客观。具体如下：

①The following instruments are used to gather the data for the study. (BTC)

该句出自研究方法部分，高频动词 divided、given、conducted 和 made 也在研究方法部分较常见。此部分主要描述研究语料、研究工具、研究过程等，作者旨在客观准确地介绍研究方法，以使其他研究者可以进行重复性研究来检验其研究结果的可靠性。另外，研究结果中的高频动词 found 也能凸显作者的研究发现，借助被动动词词组，由 it 充当逻辑主语，主观性被掩盖，研究结果的客观性得以凸显。因此，本、硕、博阶段二语学术写作中，学生作者能够通过频繁使用被动动词词组的物质过程表达客观性。

心理过程是表示感觉、反应和认知等心理活动的过程，包括研究动词 regarded、considered、seen 和 taken，在语篇中表达思想的投射。例如，在文献综述部分，学习者通过使用心理过程表明他们的研究具备理论基础与研究价值，如例②所示。因此，本、硕、博阶段均能通过心理过程评述前人研究从而显示自己研究成果的意义和重要性。同时，被动动词词组也将主位的位置交给了作者需要突出的研究主题或语篇立场，起到了强调的作用。

②…for writing ability is considered a natural and indispensable component of second language competence. (DTC)

关系过程表示两个实体之间的关系，能够有效建立概念之间的逻辑关联，是语篇中抽象概念或观点的语言载体。关系过程的高频动词在本、硕、博学位论文和期刊论文中均有使用，常用来表示内容与呈现方式的关系，如例③；也可以表明抽象概念之间的关系，如例④。

③ The results are shown in Figure 12.... As will be shown in the later analyses...
（JRA）

④ Word frequency has been shown to be related to both lexical acquisition and...
（JRA）

通过被动动词词组，作者设计的数据呈现方式或需要建构的概念联系被客观化处理，能让读者将其识解为事实或自然的情况。

言语过程的高频动词有 called、asked、reported、discussed 和 required。具体来看，本科阶段和硕士阶段使用了 called 来定义术语与概念，如例⑤；硕士阶段和博士阶段用 asked 来描述研究方法中研究任务对被试的要求，左侧高频搭配词为participants、students 和 they（左_3，右_0，按照 MI3 值从高到低排列），如例⑥。

⑤ The social group that is singled out for any special study is called the speech community.（BTC）

⑥ Each participant was also asked to plot their motivational trajectories...（JRA）

通过被动动词词组，以上两个例子中的术语定义者和研究实施者都没有明示。但是就客观程度来说，call（当用来下定义时）是一个非学术词汇，本科阶段标准使用频数达到 261/百万词，期刊论文中仅为 27/百万词。表达言语指令的 asked在本科阶段中的标准使用频数为 69/百万词，期刊论文中为 233/百万词，差异较大。此外，期刊论文还高频使用了正式程度较强的 reported，而在二语学术写作中则没有得到高频使用。

（二）被动动词词组中高频词汇动词及物性的阶段性特征

我们将这些高频动词在所有被动动词词组中的占比进行了统计。如表 5-10所示，物质过程比例逐渐降低，由本科阶段的 22.3%降至硕士阶段的 20.5%，博士阶段持续下降至 18.4%，越发接近期刊论文 18%的比例。使用较少的言语过程比例也逐渐降低，从 4.8%降至 2.1%，比较接近期刊论文使用情况。心理过程比例虽然也逐渐降低，占比由 5.7%降至 5.3%，但是与期刊论文的 4.1%相比还是略高。与前三个及物性类型不同，关系过程比例逐渐提升，二语学术写作中的使用占比分别为 6.7%、6.5%、8.5%，但仍然低于期刊论文 9.5%的使用比例。这个分布比例还需结合使用频数进行分析。

表 5-10　高频被动动词词组的及物性类型的占比　　　　　单位:%

过程	BTC	MTC	DTC	JRA
物质过程	22.3	20.5	18.4	18
心理过程	5.7	5.9	5.3	4.1
关系过程	6.7	6.5	8.5	9.5
言语过程	4.8	3.5	2.1	2.6

就使用频数而言,除了本、硕阶段在言语过程($LL=-0.14,p=0.704$)上不存在显著差异外,各阶段高频动词的不同及物性类别均存在显著差异。如图 5-6 所示。

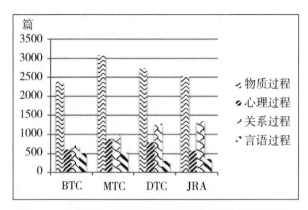

图 5-6　高频被动动词词组的及物性过程的阶段性特征

物质过程的使用上存在显著性差异。本科学位论文中物质过程使用频数比硕士学位论文少($LL=-83.62,p<0.001$),表明本科生作者不如硕士研究生作者注重通过物质过程增强语篇的客观性。硕士阶段是使用物质过程频数最高的时期,比博士阶段多用($LL=23.63,p<0.001$),而博士阶段又比期刊论文多用($LL=15.25,p<0.001$)。这说明随着研究水平的提升,博士阶段学生作者逐渐降低了物质过程使用频率,但与专家作者使用频率相比,仍使用过多。为什么专家作者降低了被动动词词组的物质过程呢?

为了体现客观性和去主观化,表达研究过程和研究发现的物质过程在被动动词词组中有较高频率的使用,研究者将自己的作者凸显程度降低。这也解释了为什么这一比例随着研究水平的提升,在硕士生阶段使用猛增,而在博士阶段大幅度下降,并在专家作者论文中使用比例持续降低。本科学位论文使用频率最低,但硕士学位论文对学术写作客观性要求的提升促使硕士阶段学生作者增多物质过程的使用,较大程度地掩饰作者声音,使用被动动词词组表达研究过程;博士学位论文作者逐渐降低及物过程动词的被动动词词组使用频数,可能在一定程度上提升主动结构的使用概率,凸显作者的研究者身份;期刊论文作者表达研究过程中的物质过程比例最低,也就是说,他们更可能凸显自己研究者身份的可视度。

心理过程在本科学位论文中的使用频数比硕士学位论文少($LL = -47.69$,$p < 0.001$),在硕士论文中的使用频数最高,比博士学位论文多($LL = 5.78$,$p < 0.05$)。与期刊论文相比,博士学位论文仍使用过度($LL = 65.93$,$p < 0.001$),与物质过程的使用趋势一致。心理过程是作者表达观点和立场的主要方式,其被动动词词组能够将观点和立场持有者的主观性降低。虽然在一定程度上提升了客观性立场,但是和物质过程的语篇功能一样,心理过程被动动词词组的过度使用将降低作者观点持有者身份的可视度。博士阶段学生作者和期刊论文作者对其使用的降低,也表明了高水平学术写作更加凸显观点与立场的可视程度,发出学术声音。

关系过程的使用比例随着研究水平的提升有相应提升,即本科阶段<硕士阶段<博士阶段,差异性显著(差异性检验结果分别是:$LL_{本硕} = -38.61$,$p < 0.001$,$LL_{硕博} = -45.59$,$p < 0.001$),博士阶段使用频数也少于期刊论文作者($LL = -4.08$,$p < 0.05$)。如前文所述,因为关系过程能够建构概念之间的关联,体现语篇中命题推断的数据依据(如 presented in Table 2.1)与逻辑论证(如 based on.../closely related to...),推进语篇论证的开展,其使用频数的增多在一定程度上表明本、硕、博阶段学生作者逐渐提升的逻辑推理能力以及其科学意识。

随着研究水平的提升,言语过程被动动词词组的使用情况在本科和硕士阶段保持不变($LL = -0.14$,$p = 0.704$),在硕士到博士阶段经历了突然下降的过程($LL = 74.55$,$p < 0.001$),但与专家作者使用情况相比,存在下降趋势过于猛烈的问题,以至于比专家作者更少使用言语过程被动动词词组($LL = -9.96$,$p < 0.001$)。

综合以上结果,被动动词词组的高频动词主要是物质过程动词,其次是关系过程动词和心理过程动词,言语过程动词使用频数相对较少。在二语学术写作中,物质过程与心理过程均在硕士阶段增多、博士阶段减少,体现出客观性要求与主体性存在的动态互动机制,研究初期和中期的二语学术写作(本、硕学位论文)中更重视客观性体现,高级研究水平的二语学术写作(博士学位论文)中更加凸显语篇中研究者以及观点持有人的主观凸显程度。关系过程使用随研究水平提升而逐渐增多,实现了学术语篇逻辑推理与科学性阐释的语篇功能。

五、被动动词词组与人际附加语的搭配及其阶段性特征

（一）语气附加语搭配及其阶段性特征

表5-11是被动动词词组中高频动词与语气附加语的搭配情况，呈现了语气附加语搭配词的标准频数。数据显示，总体来看，本、硕、博阶段对于修饰高频被动动词词组的语气附加语使用频数呈现逐渐增多的态势，分别为406/百万词、463/百万词和519/百万词，硕、博阶段学生作者的使用频数比较接近专家作者（488/百万词）。

表5-11　语气附加语搭配情况

语气附加语	例词	BTC	MTC	DTC	JRA
情态附加语	likely、frequently	163	232	210	137
时间附加语	immediately、typically	75	58	89	148
程度附加语	highly、mostly	168	173	220	203
总计		406	463	519	488

情态附加语使用频数较高，用来表示命题的可能性以及发生概率，表达认知情态意义。在语料中，共现的情态附加语有 frequently、often、usually，表达经常性情态意义，多是肯定的语义韵，展现出写作者对命题的确定性。如在博士语篇中（例⑦），作者通过客观地汇报研究结果与发现，使用 often 这一经常性的情态附加语证明自己研究发现的确凿性，属于高概率事件。

⑦…, grammatical incorrectness and pragmatic inappropriateness was often found with this group when they tried to use complex structures. (DTC)

时间附加语主要说明事件的时间概念以及典型性，高频的时间附加语有表达研究综述的 previously、表达典型性的 typically、表达普遍性和专门性的 generally 和 specifically/specially。在学术写作中，作者通过使用时间附加语表述命题的适用范围，从而使命题表述更加严谨，同时增加命题的可协商性。具体如下：

⑧ In SLA research, feedback is generally considered to be a necessary condition for language learning. (MTC)

⑨ These two factors have typically been examined separately as individual cognitive...（JRA）

例⑧中作者通过 generally 将命题的适用范围扩大,增强了对于反馈研究的重要意义,同时保留了命题协商的空间,因为语言学习的必要条件不只是反馈。因此,generally 的使用缓和了不同观点的反对声音。例⑨中 typically 和被动动词词组的使用,表示作者选择研究数据处理的方式是依据研究惯例,具有科学性和承接性。

程度附加语在三种语气附加语中的使用频数最高,通过对命题强度和程度的描述,表明写作者大多在程度上对命题负责。在学术写作中,作者通过使用语气附加语进一步强调所提供的学术信息,同时可以更加精确地将命题陈述给读者,从而使研究结果更具有说服力,高频词有 only、closely、mainly、mostly 和 especially。如例⑩中的 only 强调了"给定语境"对于语言交际的重要性,加强了强调语气。

⑩ In the process of language communication, the significance of language only can be made sense through the given context. (BTC)

在不同阶段的二语学术写作里,总体上语气附加语的标准频数逐渐增多,但是并未呈现显著差异（$LL_{本硕}=-3.30, p=0.069; LL_{硕博}=-3.68, p=0.055$）。就不同语气附加语的阶段性特征而言（见图5-7）,情态附加语在本科到硕士阶段有所提升（$LL=-11.3, p<0.001$）,与博士阶段虽有差距,但不显著（$LL=1.41, p=0.235$）,但与期刊论文相比,博士阶段使用过多（$LL=31.11, p<0.001$）。时间附加语在本科和硕士阶段使用情况没有明显差异（$LL=2.22, p=0.136$）,但在硕士到博士阶段逐渐增多（$LL=-7.65, p<0.01$）,但仍低于期刊论文的使用（$LL=-31.95, p<0.001$）。程度附加语在本、硕阶段差异微小（$LL=-0.06, p=0.812$）,博士比硕士阶段增多了使用频数,差异显著（$LL=6.55, p<0.05$）,接近期刊论文中的使用情况（$LL=1.35, p=0.245$）。

综上所述,通过对每类语气附加语的评价意义进行分析,我们发现情态附加语的先增后降表明二语学术写作中对确定性认知意义的表达减少;时间附加语的增多表明二语学术作者对命题表达更加严谨,命题的协商性也更强;程度附加语使用的增多表明强调语气的使用增多、语力增强以及作者对命题人际投入力度的提升。

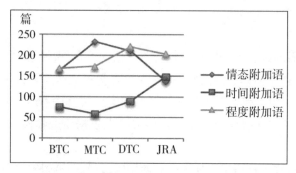

图 5-7　被动动词词组中高频动词搭配的语气附加语的阶段性特征

（二）评论附加语搭配及其阶段性特征

　　被动动词词组中高频动词语境中共现的评论附加语的使用情况见表 5-12，呈现了每百万词标准频数。学术写作的目的不仅在于客观地呈现学术信息，也在于表达作者的个人观点。学术写作者通过使用各种词汇语法手段客观地说服读者和学术社团接受其研究结论，评论附加语因具有此功能而频繁出现于学术文本中。由表 5-12 中数据可知，总体上二语学术写作和期刊论文作者在使用评论附加语表示个人判断时，首先关注的是命题的有效性和明显程度，存在一定相似性。这一发现与杨信彰①研究英语学术语篇中的评论附加语所得结果一致。

表 5-12　高频词与评论附加语搭配情况

评论附加语	例词	BTC	MTC	DTC	JRA
自然程度	naturally	6	6	23	22
明显程度	apparently	24	37	94	100
预测	randomly	0	0	5	20
事实	actually	0	0	4	3
有效性	sufficiently	146	100	113	111
精确度	precisely	6	12	13	19
总计		182	155	252	275

　　就使用趋势来看，本、硕、博阶段二语学术写作对大部分评论附加语的使用频

---

①　杨信彰.英语学术语篇中的评论附加语[J].外语与外语教学,2006(10):11-13.

数逐渐增多(有效性评论附加语除外),凸显对于命题的评价意义。

学术作者通过使用自然程度附加语呈现约定俗成的事实或初始的状态,从而展现命题的翔实确凿和有迹可循,高频词有 naturally 和 originally。自然程度附加语的使用频数随研究水平的提升而增多,博士阶段学生作者最接近专家作者使用水平。

明显程度附加语的运用可以用来说明所述命题的信息来源是可靠、明显的,高频词有 significantly、clearly 和 directly。明显程度附加语增幅显著,博士阶段是使用增多关键时期。

预测和事实附加语在本科和硕士阶段学术语篇中没有得到使用,在博士阶段和期刊论文中的使用频数也较少,不能观测阶段性特征,故此处不做讨论。

有效性附加语是本书中使用频率较高的评论附加语,用来表达修饰性的言语功能,可以增强命题的评价意义,高频使用的附加语有 widely、commonly、consistently。在本科阶段使用频数较高,不过多样性不高,主要是 widely 高频使用,用来修饰 used, applied, accepted。仅 widely used 在本科阶段的使用就远远高于硕士阶段($LL = 19.12, p < 0.001$)、博士阶段($LL = 62.98, p < 0.001$)和期刊论文($LL = 81.29, p < 0.001$)。有效性附加语在硕士阶段有一定幅度的减少,多样性更匮乏,博士阶段则使用了 23 个不同的附加语,频数上有些许提升,与期刊论文作者持平。可见,博士阶段的二语学术作者在使用显性评价手段表达评价意义方面与期刊论文作者最接近。

精确度附加语的使用频数随着研究水平的提升而增多,高频使用的附加语有 relatively、roughly 和 briefly,表达了模糊性。

评论附加语能够对整个命题的有效性、明显程度、自然程度以及精确度进行修饰。如图 5-8 所示,在二语学术话语中,与高频动词共现的评论附加语使用频数随研究水平的提升而逐渐增多。有效性附加语在本科阶段主要集中在个别词的过度使用,致使总体频数在本科阶段最高,在硕士阶段有效地降低($LL = 36.86, p < 0.001$)了使用频数,博士阶段没有再发生显著的变化($LL = -0.93, p = 0.334$),且与专家作者使用频数无显著差异($LL = 0.03, p = 0.852$)。明显程度附加语在博士阶段出现大幅度增多趋势($LL = -27.84, p < 0.001$),自然程度附加语在博士阶段也呈现明显增长($LL = -11.13, p < 0.001$),表现出被动词词组表达的命题更加倾向于翔实、清晰、确凿、可靠,而这种评价意义的表达也通过模糊语的使用(如 roughly、relatively 和 briefly)扩大了协商的空间,更容易被读者接受。精确度附加语的使用随着研究水平的提升而略微增多,但是变化不存在显著性($LL_{本硕} = -0.38, p = 0.069; LL_{硕博} = -0.11, p = 0.736$)。

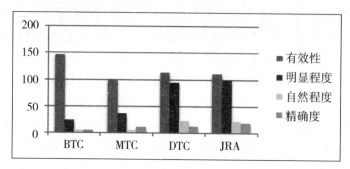

图5-8 被动动词词组中高频动词搭配的评论附加语的发展特征

根据语气附加语和评论附加语的使用情况,被动动词词组的语篇评价意义存在阶段性的特征。语气附加语初始使用情况并不理想,在硕士阶段逐渐增多,博士阶段持续增多,经历了振荡发展,表明硕士阶段应增加使用频率,博士阶段可适当降低使用频率。评论附加语在本、硕阶段使用匮乏,博士阶段是增长的关键阶段,几乎达到了和期刊论文相似的水平。

因此,本、硕、博阶段二语学术写作中被动动词词组的发展过程总体上是线性的,逐渐增多了使用的频数,但是从具体的动词词组及物性过程发展轨迹来看,则是非线性的,取决于被动动词词组表达客观性的语法特质和学术写作主观性凸显体裁要求的动态互动。被动动词词组的发展特征体现了二语学术作者学科认知和角色认知的提升,也体现了二语学术作者在追求客观性和凸显作者身份之间寻求平衡的努力。

六、小结

本节以被动动词词组为例,分析了二语学术话语中动词词组的阶段性使用特征及其语篇评价意义的发展特征。分析结果表明,①被动动词词组的数量并非随着学习阶段一直增长,而是呈现动态曲折的发展态势:本科到硕士阶段,被动动词词组的数量增长,硕士到博士阶段,被动动词词组的数量几乎持平。②不同阶段的二语学术写作中,被动动词词组的词汇动词使用存在一定相似性,但是高频词的及物过程存在差异:物质过程与心理过程在硕士阶段逐渐增多,在博士阶段减少,关系过程则逐渐增多。这些动词的附加语搭配也呈现振荡发展趋势,博士阶段是增长的关键阶段。③学习者二语学术写作中被动动词词组的使用具有非线性的复杂发展特征。这些发展特征可能受到客观性要求提升和语篇主体性增强的交互影响,即被动动词词组的使用特征体现了二语学术写作中客观性学科要求和主体性凸显的动态平衡,也体现了二语学术作者语篇评价能力中的学科认知和角色认知的提升。

　　被动动词词组作为动词词组,就二语习得阶段而言是学习者较早习得的语法结构,但在较高水平二语学术写作中的使用不再是单纯的语法上主动、被动语态的交替使用,而是通过动词词组的选择及其搭配,表达特定的语篇评价意义,体现出二语学术作者的评价资源选择能力(语篇评价能力中的语言使用维度)。

第六章

小句之上的二语学术语篇评价意义
发展特征

第一节　逻辑语义扩展：延展语与增强语的语篇
建构及评价意义表达①

一、延展语与增强语

Halliday② 指出，延展语（extension）"通过增添新的信息以扩展另一个小句的意义"。这种延展可以是添加、替代、对比与让步。添加（addition）通过表明新的命题用以补充前句的内容或是表明相似性。而替代、对比与让步则表达了部分或完全地否定前句命题，我们将他们都看作对于差异关系（variation）的表达。Biber 等③及 Hyland④ 分别使用添加与相似、对比与让步，以及对照、对比与否决来命名类似的语篇语义资源。这里我们统一使用 Halliday 的术语命名。增强语（enhancement）通过某种方式对另一句加以修饰，可以用来修饰时间、地点、因果和条件等。在本书中，由于建构语篇立场的增强语主要表达总结、结果与推论的语篇语义功能，时间与地点增强语不包括在本书范围内。总结指的是对于前面命题的综述与概括，常由逗号与后句隔开；因果与推论主要表达的是因果关系或命题与其前提的关系。根据 Halliday 的分类框架和 Biber 等及 Hyland 的词表，本书

---

① 部分内容发表于 *English for Specific Purposes*，2021 年第 64 期，第 37~48 页。

② HALLIDAY M A K. An Introduction to Functional Grammar[M].Beijing：FLTRP，2000.

③ BIBER D，JOHANSSON S，LEECH G，et al. The Longman Grammar of Spoken and Written English[M].London：Pearson Education Limited，1999.

④ HYLAND K. Metadiscourse：What Is It and Where Is It Going? [J].Journal of Pragmatics，2017，113：16-29.

将表达添加、差异、总结和结果与推论的连接附加语(共 56 个)加以分类,整理如表 6-1 所示。

表 6-1　延展语与增强语分类

范畴		词表
延展语	添加	additionally、again、also、as well、besides、furthermore、in addition(to)、likewise、moreover、similarly
	差异	after all、although、anyhow、anyway、apart from、by comparison、by contrast、conversely、despite、even though、except for、for one thing…for another、however、in any case、in contrast(to)、in spite of、instead(of)、nevertheless、nonetheless、on the contrary、on the other hand、on the other side、other than、though、whereas、while、without+doing、yet
增强语	总结	all in all、in a word、in conclusion、in sum、to conclude、to sum up、to summarize、overall
	因果与推论	accordingly、as a result、because、consequently、due to、hence、since、thereby、therefore、thus、if

注:词表仅根据先前研究整理出典型的详述语,并未穷尽所有的延展语和增强语。

　　延展语与增强语的研究主要是针对二语学习者对连接副词的使用情况展开的。其中,对于二语学习者(尤其是中国英语学习者)的研究结果一致指向学习者总体过度使用连接附加语,与本族语者存在显著差异,甚至出现误用和滥用的问题。就个别范畴的延展语与增强语研究来看,中国英语学习者多用添加、因果与推论的连接附加语,而对于差异连接附加语的使用存在困难。比如,张会平和刘永兵[①]指出,中国本科英语学习者对于 but 的使用与本族语者存在显著差异,过多使用对比功能,过少应用其替代功能;Lei[②] 也发现,中国应用语言学博士生在学位论文中高频使用本族语专家作者几乎不常使用的连接附加语,如 though、so、besides等。因此,对二语学术写作中延展语与增强语使用情况的研究对于减少同期刊论文作者的使用差距并克服使用困难具有一定帮助,对于二语写作教学也具有启示意义。

---

① 张会平,刘永兵.小句信息扩展功能视域下的连接词 But 及其搭配研究[J].外语教学,2015(6):58-62.

② LEI L. Linking Adverbials in Academic Writing on Applied Linguistics by Chinese Doctoral Students[J].Journal of English for Academic Purposes,2012,11:267-275.

此外,近些年的研究逐渐聚焦于延展语和增强语的人际功能。如 Cao 和 Hu①通过对不同研究范式下期刊研究论文的跨学科比较发现,恰当使用添加、对比与对照,以及推论的附加语将"减轻读者建立上下文命题信息关联性的负担",是有效引领读者,并体现语篇中作者—读者关系的语篇资源。同时,我国二语学术作者与期刊论文作者对于连接附加语使用的对比研究也更加关注学术话语中的身份建构、语篇互动和立场表达②。然而,现阶段对比不同研究水平的二语学术写作的研究尚无对延展语与增强语的语篇建构和语篇评价的研究,这将是本节研究的重点。

二、延展语与增强语的研究过程

我们将延展语与增强语的研究分为两个部分,第一部分研究延展语和绝大部分增强语,第二部分将增强语中表达条件意义的 if 小句研究独立出来。之所以做这样的安排,将 if 小句分开进行单独研究,是因为学界对于这一类增强语的研究非常匮乏,然而,if 小句对于语篇评价意义的表达和语篇组织与推进具有非常重要的意义。针对延展语与大部分增强语的研究,我们选取二语学术写作与期刊论文的结论部分作为语料;针对 if 小句的研究,我们将就整篇学术写作的所有语篇结构(引言、文献综述、研究方法、结果与讨论、结论与启示)展开研究,统计不同语篇结构中的 if 小句使用情况。

本节的第一部分我们针对结论部分开展研究。先前研究表明,结论部分的语篇目的是通过总结当前研究及结果并给予客观的评价,作者巩固在引言部分占据的研究空间,凸显研究的意义与贡献,表述研究局限性和未来研究展望。引言部分是占据研究空间,结论部分是巩固研究空间。结论部分的必要语步包括:介绍性重述、研究结果总结、研究现实意义及启示、研究局限性与展望③。我们选取了本书语料中的研究结论部分,本科阶段语料库 BTC 结论部分(以下简称 BTC_CO)类符 5938,形符 87057;硕士阶段语料库 MTC 结论部分(以下简称 MTC_CO)类符 4975,形符 58763;博士阶段语料库 DTC 结论部分(以下简称 DTC_CO)类符 9819,形符 170244;期刊论文语料库 JRA 结论部分(以下简称 JRA_CO)类符 12558,形符

①　CAO F,HU G. Interactive Metadiscourse in Research Articles:A Comparative Study of Paradigmatics and Disciplinary Influences[J].Journal of Pragmatics,2014,66:15-31.

②　孙莉.中国硕士学位论文英文摘要的语用身份建构研究[J].外语与外语教学,2015(5):15-21.

③　BUNTON D. The Structure of PhD Conclusions[J].Journal of English for Academic Purposes,2005,4(3):207-224.

196613。本节的第二部分研究语料选取本书硕、博阶段二语学术写作的语料和期刊论文语料。由于本科阶段的 if 小句使用偏误较多,在分类过程中影响准确性判断,同时文献中已有相关本科阶段二语学术写作中 if 小句使用情况的发现①,可供本书参考,仅选取硕、博阶段语料。

(一)研究过程:一

在结论部分语料中,我们依据表 6-1 中所列的延展语与增强语进行语料库简单检索,提取每一个延展语和增强语的使用频数。语料库检索借助 Antconc 检索软件。基于检索结果,我们人工查阅每一条索引行,通过上下文确认其语篇功能,排除不是本书关注的用法。具体如下:

①However, the teachers can design different kinds of tasks for the students to do. While listening to an input, write down the key words or important information, such as who, when…(BTC)

例句中第一个差异性延展语 however 将被统计进来,而第二小句中 while 则由于表达的是时间关系(而非差异性),不属于统计范围之内,应予以删除。

同时,在进行手动检索的时候,以下不符合条件的检索结果要进行手动排除。

① yet,排除"the multidimensional nature of Chinese idiom semantics is yet a tough nut to crack""to develop""new simple yet effective consensus models"。

② as well,排除"as well as"

③ though,排除"the detonation wave inside the WD can sweep though as well as the latent heat of the phase transition""though indirectly"。

然后,通过对语料库检索总频数、各范畴使用频数(每十万词标准频数)和每个附加语的频数统计进行 LL 值计算,同时汇报 p 值,表示数据是否存在显著性差异。

我们将在考察延展语与增强语的分布和使用情况的基础上,探究本、硕、博阶段延展语与增强语使用的规律性特点,并依据结论部分的语步结构,探究特定语步中这些连接附加语对于语步建构的作用及其表达的语篇评价意义。

---

① PARKINSON J. The Discussion Section as Argument:The Language Used to Prove Knowledge Claims[J].English for Specific Purposes,2011,30:164-175.

（二）研究过程：二

1. if 小句的定义与分类

if 小句是一个小句复合体，由条件句和结论句组成，表达致使关系、依存关系与命题推理，也被称作"条件句"，被认为是英语教学中较难处理的语法项目之一①。if 小句的分类有早期 Palmer② 和 Quirk 等③对真实条件句的早期语法分类描述，以及语义学、语用学等多视角下的描述与分类研究。如 Comrie④ 对高低假设程度的语义分类，Sweetser⑤ 的内容性、认知性和言语行为的分类，Athanasiadou 和 Dirven⑥ 的事实性、假设性与语用性的语用描写，Carter-Thomas 和 Rowley-Jolivet⑦的事实性、再次聚焦与语篇组织的分类等，多以二分法或三分法为主。

Warchał⑧ 基于 Sweetser 的分类模式，细化了语篇功能，凸显了人际功能与立场建构，包括 8 个功能范畴：内容性、认知性、让步性、修辞性、关联性、踌躇性、礼貌性和提示性。具体如下：

内容性：条件句是结论句命题真实性的充分必要条件，结论句以事实为依据，不涉及人际意义，属于事实性。如"If speakers are happy, interested, or angry, their voice production is typically high in key and register."可以被看作一种因果关系，即说话人情绪激动时必然会促使观点通过特定方式得以表述。

认知性：结论句的命题具备逻辑上的真实性，是条件句的必然结果，属于强调表达。如"If the complements of knowledge predicates are logophoric contexts, then those of thought and speech must be as well."通过 must 高值情态动词，强调前提之下的必然结果。

---

① 冯春灿. 试论英语 IF 条件句的类型及其使用[J].外国语（上海外国语大学学报），1999（4）:12-18.

② PALMER F. The English Verb[M].London:Longman,1978.

③ QUIRK R, GREENBAUM S, LEECH G, et al. A Comprehensive Grammar of the English Language[M].London:Longman,1985.

④ COMRIE B. On Conditionals[M].Cambridge:Cambridge University Press,1986.

⑤ SWEETSER E. From Etymology to Pragmatics:Metaphorical Aspects of Semantic Structure[M].Cambridge:Cambridge University Press,1990.

⑥ ATHANASIADOU A,DIRVEN R. Politeness:Some Universals in Language Usage[M].London:Longman,1997.

⑦ CARTER-THOMAS S,ROWLEY-JOLIVET E. If-Conditionals in Medical Discourse:From Theory to Disciplinary Practice[J].Journal of English for Academic Purposes,2008,7:191-205.

⑧ WARCHAŁ K. Moulding Interpersonal Relations through Conditional Clauses: Consensus-Building Strategies in Written Academic Discourse [J]. Journal of English for Academic Purposes,2010,9:140-150.

让步性:尽管条件句中的情况确凿,结论句中的状态依然要发生,表达了让步和转折,压缩语篇对话空间,属于强调表达。如"And where apologies are concerned, lexical choice will clearly be significant, if not essential."中的 if not essential 表达了让步,然而结论句中的情况仍然会发生,即语义上的转折。

修辞性:结论句的命题显然是荒谬的,条件句中的陈述就不为真;条件句中的陈述为真,结论句的命题就是真实的,属于较强断言。如"If knowledge had been more developed, the participants would have been able to accept variation..."就通过虚拟语气表明了与过去事实相反的前提和非事实的结果。

关联性:只有在条件句的命题为真的情况下,结论句的陈述才相关,作者表达一种不确定性程度,属于模糊表达。如"Should it be useful to bypass the speech recognizer, it is possible to call up lists of phrases according to..."借助 it is possible 让读者感受到结论存在于一个可能性的连续统之中,但是作者对此结论的必然性并不十分确定。同时,这一类的 if 小句也将读者的多样观点引入了语篇之中,因为存在多种可能的结论,建立起读者与语篇的联系。

踌躇性:条件句表达作者对命题所言的确信程度持保留态度,因此表示结论句的命题翔实度有限,属于模糊表达。如"If we are correct in suggesting that...""If I am correct..."这些 if 小句让读者感到作者正委婉地提出试探性的结论,将重心前置在条件句中,如果读者持有不同观点,那么其后的结论很可能就不为真。

礼貌性:作者在条件句中征得读者的同意,在此前提下提出结论句的命题。这种请求只是形式上的,属于言语行为。如"If you will recall...""If I may say so...""If you don't mind my saying so..."多数提及读者 you,赋予读者决定权,礼貌地提请读者注意结论句的命题。

提示性:作者预见读者对其陈述可能存在理解上的偏差,在条件句中进一步解释,属于言语行为。如"It is true if it means that negation can...""if you know what I mean..."在一定程度上限定了前提条件,也体现了读者的语篇主体地位(读者并非被动的阅读者,而是语篇评价的主体之一)。

这一分类方式既细致全面,又清晰地描写了 if 小句的人际互动潜势。本节第二部分的研究将以此为分类框架。

2. if 小句的研究梳理

if 小句具有学科特异性。Ferguson[①] 基于 Athanasiadou 和 Dirven 的分类,对医

① FERGUSON G. If You Pop Over there: A Corpus - Based Study of Conditionals in Medical Discourse[J]. English for Specific Purposes, 2001, 20:61−82.

学期刊论文和医患咨询语料进行对比研究,发现 if 小句在口语体裁中的使用频率高于笔语体裁,且主要出现在研究方法与讨论章节中。Carter-Thomas 和 Rowley-Jolivet 对比了医学研究论文与会议发言中 if 小句的使用,发现了与 Ferguson 类似的结果:if 小句存在体裁特异性,研究论文中以事实性 if 小句为主,且研究方法和结果在讨论章节中使用比例最高。Warchał 分析了语言学期刊论文中的 if 小句,发现内容性 if 小句主要用来表达概念意义,而其余的 7 类则主要表达人际意义。其中,认知性、让步性和修辞性 if 小句均在一定程度上表达了确定性,关联性和踌躇性 if 小句表达模糊性,而礼貌性和提示性 if 小句表达言语行为。经统计,内容性 if 小句使用比例较高(57%),凸显了学术论文崇尚事实性、揭示规律性和探究相关性的体裁特点。虽然相比之下,实现人际意义的 if 小句占比略少(43%),但也有效地表明学术语篇存在意义协商,表达确定性(30%)和模糊性(12%),关注作者—读者关系的建构。不过,实现言语行为的 if 小句比例很少(约 1%)。

就二语学习者语篇中 if 小句的研究而言,EFL 语法要求与语篇中 if 小句的使用情况存在不一致性的问题,二语学术作者在一定程度上不具备恰当使用 if 小句的能力。对二语学生学术报告的研究也发现,同期刊论文相比,二语学术作者显著过度使用 if 小句,呈现口语化趋向,但 if 小句实现的语篇功能缺乏多样性①。

可见相关研究表明,if 小句能够通过恰当的逻辑关系表达事实性的语篇语义功能。Castelo 和 Monaco② 对此予以补充,认为 if 小句不仅利于逻辑论证,也是一种缓和语气的模糊语,因为命题要基于一定条件才能成立,作者借此表达了寻求共识的意愿,建立起作者—读者间的对话空间,帮助作者实现特定语篇功能。同时,二语学术话语中 if 小句的使用情况我们仍知之甚少,有待深入探究。此外,Warchał 指出,if 小句在不同语篇结构和语步中的功能与关系有待进一步探究。因此,本节第二部分的研究将聚焦二语学术话语中 if 小句的使用情况,通过对比研究获得 if 小句的范畴分布和语篇结构分布的差异,并探究 if 小句的逻辑语义推进,揭示其意义表达与评价意义协商的功能。

3. 研究框架

if 小句表达的语篇功能大致可以归为命题意义和言语行为。命题意义指的是条件句和结论句的逻辑关系影响命题的可信度及认知意义,言语行为指的是条

---

① FLOWERDEW L. Using Corpus – Based Research and Online Academic Corpora to Inform Writing of the Discussion Section of a Thesis[J]. Journal of English for Academic Purposes, 2015,20:58-68.

② CASTELO L M P, MONACO L M. Conditionals and Their Functions in Women's Scientific Writing[J]. Procedia-Social and Behavioral Sciences,2013,95:160-169.

件句与结论句的依存关系建立在语言施为上的关联性。本书基于语篇对话性与多声性的观点,借用评价理论①介入子系统中的自言(monogloss)和借言(heterogloss)概念,依据 if 小句表达命题的协商程度将其分为单声命题和多声介入。单声命题不承认多样观点的存在,将命题表述为共享知识或不证自明;多声介入建构对话性,作者不同程度地与读者在观点、思想和立场上展开意义的协商。根据对话性的开放程度不同,多声介入分为对话性收缩和对话性扩展,前者压缩语篇与多样立场的对话空间,后者开启容纳不同立场的大门(见表6-2)。

表6-2　if 小句研究框架

表达意义	命题意义						言语行为	
协商程度	单声命题	多声介入						
		对话性收缩			对话性扩展			
if 小句范畴	内容性	认知性	让步性	踌躇性	关联性	修辞性	礼貌性	提示性

本书的分析框架整合了 if 小句的范畴分类,在语篇语义层面上将不同范畴进行了归类。内容性能够表达事实性,意义协商性最低,属于单声命题;认知性、让步性和踌躇性表达了确定性认知意义,属于对话性收缩的多声介入;关联性和修辞性表达模糊性的认知意义,属于对话性扩展的多声介入;礼貌性和提示性可以表达语用意义,属于言语行为。

4. 检索与分析

首先,根据 Carter-Tomas 和 Rowley-Jolivet 的分类,将 if 小句在形式上分为完整 if 小句[if P(then) Q]和简略 if 小句(如 if necessary、if possible)。其次,在不同的语类结构子库中检索 if 小句,并根据上下文(100 词内的语境)进行人工筛查,排除直接引用、充当主语和宾语从句以及 as if 的索引行。

研究统计 if 小句的总频数、不同范畴的使用情况及在各个语篇结构部分的分布情况。基于统计数据,展开对比分析。从硕、博阶段二语学术写作和期刊论文中的使用差异,以及不同语篇结构的分布差异,探究 if 小句在语篇结构建构与立场表达方面的规律性特点。

三、延展语和增强语总体及各范畴使用差异

经统计(见表6-3),硕士阶段延展语与增强语的使用总频数最大(1523/十万

---

① 　MARTIN J R,WHITE P R R. The Language of Evaluation:Appraisal in English[M].New York: Palgrave Macmillan,2005.

词），而本科阶段与博士阶段的使用总频数非常接近（约1300/十万词）。本硕博阶段延展语使用频数变化呈现波动态势，增强语的使用频数略微降低，但仍高于期刊论文中的增强语频数。

表6-3　延展语和增强语总体及各范畴使用情况

范畴	次范畴	BTC_CO 原始/标准	MTC_CO 原始/标准	DTC_CO 原始/标准	JRA_CO 原始/标准
延展语		713/819	617/1049	1425/837	1861/946
	添加	358/411	313/532	610/358	786/399
	差异	355/408	304/517	815/479	1075/547
增强语		409/470	278/473	757/445	785/393
	总结	47/54	19/32	38//22	63/32
	因果与推论	362/416	259/441	719/422	722/362
总计		1122/1289	895/1523	2182/1282	2646/1326

注：该表数据不包括if小句的数据。

延展语次范畴的分布情况是，本科阶段和硕士阶段对添加延展语与差异延展语的使用频数都很接近，而博士阶段的差异延展语使用频数是添加延展语频数的1.3倍，和期刊论文保持一致，即博士阶段逐渐加大了差异性表达。增强语的次范畴中，总结增强语的使用比例都较小，因果与推论增强语的使用比例较大。本科阶段用来总结研究发现的总结增强语使用频数位于各阶段之首（54/十万词），在硕博阶段和期刊论文中的使用频数约为本科阶段的一半（为22/十万词至32/十万词），因果与推论增强语则相应地在硕、博阶段和期刊论文中占比增大。

以上总体和各范畴的使用特点表明，学术语篇的结论部分并不仅仅是对信息的补充、结论之间相似性的阐释和研究发现的总结，而是更多地通过连接附加语表达差异性、建构因果关系和展开逻辑推理。与之相对应，随着二语学术作者研究水平的提升，差异性延展语和因果与推论增强语的使用比例逐渐提升。这也将在下文进行基于语步的分析（见表6-4）。

表6-4　延展语和增强语的阶段性使用差异

范畴	次范畴	LL 值		
延展语		$LL_1 = -20.24^{***}$	$LL_2 = 21.44^{***}$	$LL_3 = -12.26^{***}$
	添加	$LL_1 = -11.08^{***}$	$LL_2 = 31.00^{***}$	$LL_3 = -4.13^{*}$

续表

范畴	次范畴	LL 值		
	差异	$LL_1 = -9.20^{**}$	$LL_2 = 1.32(p = 0.251)$	$LL_3 = -8.23^{**}$
增强语		$LL_1 = -0.01(p = 0.929)$	$LL_2 = 0.77(p = 0.379)$	$LL_3 = 4.46^*$
	总结	$LL_1 = 3.79(p = 0.052)$	$LL_2 = 1.66(p = 0.197)$	$LL_3 = -3.18(p = 0.075)$
	因果与推论	$LL_1 = -0.51(p = 0.475)$	$LL_2 = 0.34(p = 0.557)$	$LL_3 = 7.04^{**}$

注：$^{***}p<0.001$，$^{**}p<0.01$，$^*p<0.05$；LL_1 为本硕间差异，LL_2 为硕博间差异，LL_3 为博士和期刊间差异。

表6-4呈现延展语与增强语及各范畴的阶段性使用差异检验结果。延展语总体上呈现先升后降的倒 V 形发展的趋势。本科阶段使用较少，与硕士生作者相比差异显著（$LL_1 = -20.24$，$p<0.001$），硕士阶段开始攀升，以至于比博士阶段过多使用延展语（$LL_2 = 21.44$，$p<0.001$），到了博士阶段则进入了一个低谷期，与期刊论文相比，过少使用延展语（$LL_3 = -12.26$，$p<0.001$），差异显著。具体发展趋势，请参见图6-1。

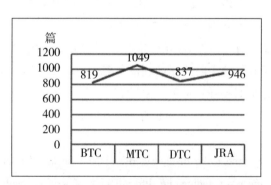

图6-1　延展语的发展曲线图(每十万词标准频数)

添加延展语和延展语总体使用趋势一致，振荡反复。本科阶段比硕士阶段使用过少（$LL_1 = -11.08$，$p<0.001$），硕士阶段有所上升，到了博士阶段则开始下降（$LL_2 = 31.00$，$p<0.001$），比期刊论文作者过少使用添加延展语（$LL_3 = -4.13$，$p<0.05$）。

差异延展语的使用呈现上升的发展态势，稳中有升，但还是与期刊论文存在差距。本科阶段使用频数最低，硕士阶段有比较显著的提升（$LL_1 = -9.20$，$p<0.01$），到了博士阶段频数稍微有点降低，但不具有统计学上的意义（$LL_2 = 1.32$，$p = 0.251$），硕、博阶段使用趋势持平。

增强语的使用趋势与延展语截然不同，没有在本、硕、博阶段呈现发展的态势（p 值均大于 0.05）。但是，二语学术写作和期刊论文使用情况相比，存在比较显著的过度使用（$LL=4.46, p<0.05$），而且主要是因为博士生作者对因果与推论的增强语使用过度（$LL_3=7.04, p<0.01$）。总结增强语在不同阶段的使用均没有显著差异（p 值均大于 0.05），因果与推论增强语使用的共性也是比较明显的（p 值均大于 0.05），不存在发展的趋势。

可见，二语学术写作中体现出延展语的振荡反复和增强语的停滞不前，二语学术写作与期刊论文存在共性的次范畴是总结增强语，而其他范畴均有不同程度的差异。下文将对存在显著差异的次范畴进行分析与讨论。

四、存在显著差异范畴的具体使用特征

（一）添加延展语

如前所示，添加延展语在本、硕、博阶段的使用都具有显著差异。一个高频使用的添加关系延展语是 also，其使用趋势与延展语的发展趋势趋同：本科阶段使用较少，硕士阶段有所增多，博士阶段出现振荡下降。

在所有的添加延展语中，受二语学术作者青睐而得以高频使用的有 besides，本硕博语料中标准频数分别为 55/十万词、63/十万词、20/十万词，但在期刊论文中标准频数仅为 2.5/十万词。差异性检验结果显示，硕士阶段比博士阶段多用（$LL=22.57, p<0.001$），博士阶段比期刊论文多用（$LL=28.57, p<0.001$）。

从正式程度来看，besides 属于口语用词[①]，应使用 moreover 或是 furthermore 取代[②]。而且，我国二语学术作者还是存在使用上的困难。请看以下例句：

① **Besides**, they tend to be discouraged and become lazy in paraphrasing in order to save labor and time when facing the difficult task of writing academic work and the deficiencies in their language ability as revealed in the linguistic context. **Moreover**, they are also likely to be worried about either the construction of their writer identity or the convincingness of the use of secondary citations. **In a word**, it is under the four broad contexts and in the operation of the various factors and variables that plagiarism

---

① LEI L. Linking Adverbials in Academic Writing on Applied Linguistics by Chinese Doctoral Students[J]. Journal of English for Academic Purposes, 2012, 11:267-275.

② LEEDHAM M, CAI G. Besides...on the Other Hand: Using a Corpus Approach to Explore the Influence of Teaching Materials on Chinese Students' Use of Linking Adverbials[J]. Journal of Second Language Writing, 2013, 22:374-389.

comes into being in Chinese EFL students' academic writing. (MTC)

　　硕士阶段二语学术作者在上例中使用了两个添加范畴的附加语 besides 和 moreover,阐释导致剽窃现象发生的多个因素。将口语化词汇 besides 与正式表达 moreover 一起使用,造成语体混杂。同时,从内容上看,moreover 表达的命题并非与前一句不同的另一个原因,而是表明"因为他们有时会偷懒或是语言能力不及,所以他们很可能面对到底是建构作者身份还是使用二手文献的选择",该处应该使用因果或推论的增强附加语。可见,二语学术作者不仅面临语体与用词正式程度不符的问题,而且存在典型的滥用现象,表面上看似富有逻辑,实则逻辑混乱,致使论证非常牵强,加大了读者理解的难度。

　　此外,博士阶段与期刊论文相比,少用的添加延展语有 additionally($LL=-6.92,p<0.01$),again($LL=-8.47,p<0.01$)和 similarly($LL=-6.90,p<0.01$),应引起博士阶段二语学术写作者的注意。

　　(二)差异延展语

　　差异延展语的整体使用趋势是逐渐增多,但是个别延展语的使用也存在不同发展趋势,见表6-5。

表6-5　呈现显著变化的差异延展语

本科—硕士	趋势	硕士—博士	趋势	博士—期刊	趋势
though**	↑	in contrast**	↑	thought***	↓
instead (of)**	↑	instead (of)*	↓	although**	↑
despite**	↑			despite***	↑
whereas**	↑			in spite of*	↓
				nevertheless**	↑
				nonetheless**	↑
				whereas*	↑
				yet**	↑

注:*** $p<0.001$,** $p<0.01$,* $p<0.05$;↑表示增多使用频数,↓表示减少使用频数。

　　先前研究中二语学习者高频使用的 though 在本书中也是二语学术作者青睐的高频词。它在硕士阶段使用频数逐渐增多,而在期刊论文中的使用频数显著下降,二语学术写作中 though 的使用过度。但是词形和词义相近的 although 的使用在二语学术语篇中没有得到重视。在 BNC 中检索，我们能够发现 though 在学术语言中的百万词标准频数为 445.94①，而口语中高达 505.34，而 although 在学术语言中的百万词标准频数高达 693.6，口语中的频数仅为 165.9，是典型的学术词汇。从中我们能够推测二语学术作者对这两个词使用的语体差异尚不清楚。despite 和 whereas 在硕士阶段开始增多，博士阶段保持不变，但与期刊论文相比，仍然使用过少。这说明二语学术作者重视该词在学术写作中的使用，但是使用意识仍然不足。instead 在硕士阶段开始增多了使用频数，到了博士阶段则有所下降，显示出先增后减的趋势，虽有波动，但二语学术作者最终与期刊论文作者在该词的使用上不存在显著差异。硕、博阶段另一个存在使用差异的延展语是表达对比的 in contrast，其使用频数在博士阶段显著增多。in contrast 是典型的学术词汇②，博士阶段比硕士阶段使用增多，达到期刊论文使用水平。

表 6-5 中最后一列的大多数延展语都是二语学术写作仍有待加强使用的，包括上文提到的 despite 和 whereas，还有 nevertheless、nonetheless 和 yet。与 in spite of 相比，这三词是比较正式的用法，而不够正式的 in spite of 在期刊论文中使用减少，呈现显著差异。

综观这些使用上具有显著差异的延展语，我们能够发现语体意识和正式程度是两个比较重要的影响因素。同时我们也看到，博士阶段二语学术作者在积极地调整使用频数，使 in contrast 和 instead 的使用情况不再与期刊论文作者存在区别，但是在另一些正式的差异延展语的使用上还需加大使用频数。

（三）因果与推论增强语

本硕阶段因果与推论增强语的使用整体频数没有显著差异，只有 since 在硕士阶段呈现了增多的使用趋势（$LL = -11.81, p < 0.001$）。这可能是因为硕士接受了更多的学术训练和教师指导，比本科阶段更加注重结论部分的因果推论。硕博阶段的整体分布也未体现显著差异，但是 since 使用频数减少（$LL = 6.66, p < 0.01$），hence 也开始频数下降（$LL = 3.88, p < 0.05$）。不过这些差异的显著性水平居中。主要差异体现在博士阶段和期刊论文的使用数据对比。博士阶段的因果与推论增强语整体上使用过度（$LL = 7.04, p < 0.01$），存在个别增强语过多或过少使用的现象（见表 6-6）。

---

① 这里按照 BNC 中数据呈现，未四舍五入。
② LIU D. Linking Adverbials：An Across-Register Corpus Study and Its Implications[J]. International Journal of Corpus Linguistics，2008，13（4）：491-518.

表 6-6　博士阶段和期刊论文中因果与推论增强语的使用差异

过少使用	DTC	JRA	*LL* 值	过多使用	DTC	JRA	*LL* 值
because	144	246	−14.32***	as a result	32	20	4.79*
thereby	10	31	−8.47**	due to	77	66	5.27*
				since	75	38	18.25***
				therefore	191	106	4.00*

注：*** *p*<0.001，** *p*<0.01，* *p*<0.05。

Because 在博士语篇中使用过少（*LL*=−14.32，*p*<0.001）；thereby 属于正式词汇，在博士阶段也使用过少（*LL*=−8.47，*p*<0.01），与之相对应的 therefore 在博士阶段则使用过度（*LL*=4.00，*p*<0.05）。同为非正式的 as a result 和 due to 也有同样的使用特点。但是由于他们属于介词短语，属于 EFL 语法教科书中最常见的介词类别之一，是二语学术作者比较熟悉的增强语[1]，可以推测，习得过程中的接触时长和接触量也是重要的影响因素。自硕士阶段增多了频数、博士阶段降低了频数以后，since 在博士语篇中还是显著的过度使用（$LL_{博士与期刊}$=18.25，*p*<0.001），呈现振荡发展态势。

综上所述，因果与推论增强语的发展趋势比较复杂，除了上文提到的振荡发展趋势以外，还受到诸如学术写作指导、教科书语法输入、习得过程中接触度的影响而出现过多使用趋势。但就期刊论文中多数因果与推论增强语使用减少的趋势来看，这一现象可以由"相反衔接效应"[2]（a reverse cohesion effect）来解释。水平更高的写作者会借用深层语义联系建构逻辑关系，不必通过增多诸如因果推论增强语的衔接手段来实现。同样，当作者预见到读者具备解码逻辑语义联系的能力时，即越高的读者预期，就不必借助使用更多的衔接手段来增强可读性。这一解释能够比较好地诠释趋势变化，也揭示出语篇评价能力中的读者角色认知（认知能力维度）是话语策略调用能力（知识能力维度）的基础。

总览以上关于延展语和增强语的讨论，我们能够注意到，特定的附加语，比如，beside（*LL*=82.80，*p*<0.001），though（*LL*=18.25，*p*<0.001），therefore（*LL*=

---

① YOUSEFPOORI-NAEIM M, ZHANG L, BALEGHIZADEH S. Resolving the Terminological Mishmash in Teaching Link Words in EFL Writing[J].Chinese Journal of Applied Linguistics, 2018,41(3):321-337.

② CROSSLEY S A, MCNAMARA D S. Predicting Second Language Writing Proficiency:The Roles of Cohesion and Linguistic Sophistication[J].Journal of Research in Reading,2012,35:115-136.

49.92,$p<0.001$),in spite of($LL=4.79$,$p<0.05$)和 since($LL=4.00$,$p<0.05$)在二语学术语篇中总体比期刊论文过度使用。这些附加语成了中国二语学术语篇中的"lexical teddy bear"①,即作者认为熟悉且具有安全感的表达方式,被作者过度使用。同时,我们发现二语学术作者几乎将大部分的延展语和增强语都置于句首。Charles② 对表达结果的连接附加语进行了研究,指出位于句首的因果附加语是非本族语作者语篇的明显特征,而句首的位置虽然能够带来表面上的逻辑性,但是由于其后接逗号,给阅读制造了停顿,难免令读者感觉思绪断断续续,写法略显拙劣。

这些过度使用和误用可以归因于写作指导材料及教师的反馈。Leedham 和 Cai 对比了 BAWE 语料库中中国学生和英国学生的作文语篇,发现中国学生写作中高频使用的连接附加语并未出现在本族语者语篇中,并指出这受到了中国二语学术作文指导的影响,其中包括连接附加语的中英文对译表和范文中推荐给二语学术作者熟记的连接附加语表达。同时,倘若学位论文指导教师并未指出这些使用属于误用,或是仅重视二语学术作者在论文内容上的阐释而无意识地忽略了表达的问题,那么这种使用方式将会被他们反复强化成为习惯。由此,我们可以推断,二语学术作者输入的内容及频次以及指导教师对其输出的反馈也可能是造成使用差异的另一个原因。

五、结论语步中的延展语与增强语

延展语和增强语能够通过明示内容间的逻辑关系而制造语篇的衔接,因此他们常被读者看作作者有意识的选择。而几乎所有的学术写作指导手册都会有较大篇幅用来说明表达添加、差异、总结和因果推论的延展语与增强语对语篇语步的建构发挥的作用。这一部分将结合学术语篇结构探究二语学术作者学术语篇组织的能力。我们将针对结论部分的语步结构,结合部分高频延展语与增强语的语境使用,探讨他们对于语篇结构的建构功能与评价意义表达。

1. 语步一:介绍性重述

介绍性重述这一语步常常是作者对于研究目的、问题与假设的重申。但是,经文本观察,我们发现二语学术语篇中这一语步中很少出现延展语和增强语。如

① HASSELGREN V. Lexical Teddy Bears and Advanced Learners:A Study into the Way Norwegian Students Cope with English Vocabulary[J].International Journal of Applied Linguistics,1994,4(2):237-258.

② CHARLES M. Adverbials of Result:Phraseology and Functions in the Problem-Solution Pattern [J].Journal of English for Academic Purposes,2011,10:47-60.

以下句简短地重述了研究框架和内容,在总结研究结果之前回顾了研究的目的与内容,并没有使用延展语和增强语。

③ The current study, based on the experiment of Chandler（2003）and Ferris Roberts（2001）, aims to investigate the effects of different teacher feedback types on the accuracy and complexity of Chinese English learners' writing.（MTC）

可见,延展语与增强语并非二语作者建构语步一的主要资源。经过文本细读,我们仅找到了为数不多的例句。

④ In a concluding chapter like this, a brief summary of all the major findings obtained will be a top priority. **Hence**, this chapter first deals with the most important results concerning the effects of peer roles on the writing behavior of college English learners involved in the study, including the influences on their writing performance, attitudes toward writing, and interpersonal relationships. **Besides**, some minor but related findings are also provided.（MTC）

这个例句是结论章节的导语。从中我们能够发现,二语学术作者对结论部分导语中延展语与增强语的使用存在一定问题。首先,第一句略显冗余,第二句hence 的使用并没有标示深层的因果关系,第三句句首的 besides 又增加了本不该有的否定含义。Kim 和 Yeats① 通过对本族语者在学术写作中 besides 的使用分析,归纳出占据使用频数的 93.5% 的主要用法,那就是语境中由语义或句法上能够推断出的否定意义,besides 为其提供支持。可见,这里应该替换为 in addition。

正相反,在专家语篇中,语步一的建构得益于延展语与增强语。请看下面的例句。

⑤ This study reported different functions of repetitions by teachers and different interactional trajectories that include and follow repetitions in two task contexts to show how repeats should be understood in their local contexts. **Although** previous studies have acknowledged that ubiquity of repeats in classrooms and have suggested their use-

---

① KIM S, YEATS R. On the Phraseology of the Linking Adverbial Besides[J]. Journal of English for Academic Purposes, 2019, 40: 44-52.

fulness in language learning (Duff 2000) , relatively little consideration has been given to the interactional context in which the repeats are produced. In this study , a close examination of data taken from a variety of L2 classroom settings reveals that repeats... (JRA)

这个例句简要重述了研究的目的与内容,没有过多的逻辑语义关系表述,仅通过使用although表达先前研究存在的不足,凸显了本书的重要性,使读者能够快速把握研究的意义所在,行文清晰流畅。这种借助差异延展语重述研究空间的语步建构模式在博士生语篇中也出现了一例。具体如下:

⑥ The dissertation aims to investigate non – English – major graduates' pragmatic competence which is demonstrated by their apologies in different situations... One's pragmatic competence plays an indispensable role in interaction with others. Many researches have focused on pragmatic failure...**However** , there have been no definite conclusions so far...**Although** a few researches have investigated pragmatic development of L2 learners , less is known about effective ways to improve L2 learners' pragmatic competence. (DTC)

例⑥中,博士阶段二语学术作者也借助差异延展语再次陈述研究的内容及其重要意义。

2. 语步二:总结研究结果

总结研究结果这个语步指的是参照已有的研究,抽象地概括本书主要研究结果、指出其中最重要的关键点并予以阐释,突出研究的理论贡献或实际应用价值。请先看摘自专家语篇的例句。

⑦ The main goal of this study was to identify the impact of student behavior on their academic performance. It was found, **however** , that behavior had no impact when considering vocabulary knowledge increases across different groups of students within the course of an academic program. **Further** , behavior held little impact when individual comparisons of academic outcomes were considered. The minimal significance of behavior related to academic performance is important to note ; this study addresses the potential lack of impact that behavior can have on academic outcomes , **in spite of** evidence indicating otherwise. **Therefore** , the findings from this study can be used to fuel future consideration of the impact of behavior on student outcomes. (JRA)

该例句中,期刊论文作者对照研究的问题,总结了研究的主要发现。通过使用 however,作者表明研究结果与研究问题的假设并不相符,引发读者对主要研究发现的兴趣,使其继续阅读下去;接下来通过 further,作者进一步巩固了研究发现的可信度,即研究结果之间具有添加的逻辑关系;然后通过 in spite of 参照已有研究,表明本次研究同其他研究发现的不同之处,强调了研究的创新性,并自然而然地过渡到语步三(therefore 引导的最后一句),即对研究重要意义的评价。在该例中,我们发现了延展语和增强语的语步建构功能。而且,简明扼要的总结也令读者对主要研究发现一目了然,富有逻辑的论说也使读者对研究的重要意义予以肯定。然而,二语学术作者偏好使用序号(1、2、3)或是顺序附加语(如 firstly、secondly、finally 等)来搭建语步二,不仅内容上较少建立同前人研究发现之间的互文关系,而且忽视了结果汇报与意义阐释之间的自然过渡,具体如下:

⑧ Another general pattern is that the students make more gender errors in the possessive and the nominative pronouns than in the accusative and the reflexive ones. Probably the students have neglected the first two pronoun types, **since** there is no new information provided by them. **Therefore**, more errors are made due to less attention to the gender information. **By comparison**, the last two pronoun types are not that easy to neglect, **since** they provide the new information and even show the emphasis in the sentence. **Thus**, fewer errors are made due to enough attention to the gender information. (MTC)

该例中作者使用了多个表示因果关系的附加语,试图细致阐释研究发现,但是言辞冗余,逻辑关系不清,可读性欠缺。不如将其重新整理为"This is probably because less attention is paid to the former two forms without new information, but more attention to the latter two forms with new information.",这样一来,逻辑清楚并且简洁明了,更易于读者理解。

3. 语步三:阐明研究意义

阐明研究意义这一语步指的是作者在总结研究结果的基础上,指出研究的意义、局限性或对教学/理论的启示,客观地评价研究结果。二语学术作者往往使用差异范畴的附加语,探讨研究的意义和局限性。请看以下例子。

⑨ **Despite** the limitations mentioned above, the study has certain implications for the development of theory, methods and teaching practice. (MTC)

将两个例句进行比较,我们可以发现二语学术作者对于如何客观评价自己的研究存在做法不一致且概念混乱的现象。例⑨凸显了研究的教学/理论启示,弱化了研究局限性,能够客观阐明研究的意义,也增强了论文的价值性。让我们来看 despite 和 although 在期刊论文作者语篇中的使用。

⑩ **Despite** the limitations presented above, the findings of this study give greater consequence to previous findings surrounding the more numerous occurrences of negotiations of meaning in NNS-NNS dyads than in NS-NNS dyads. (JRA)

这个例子表明尽管还存在局限性,但研究的意义及对现实的启示还是更加重要。

可见,在这一语步中,作者使用差异范畴的附加语是由于他们预见到读者可能存在不同观点,打开对话协商的空间,坦言研究存在局限性,更能够避免读者对研究结果的质疑,体现出作者的语篇评价意识。

4. 语步四:提出未来研究展望

作者常常在研究结论部分对未来研究提出设想或给予复制性研究一些建议。具体如下:

⑪ **Yet** another solution to the issues would be to teach learners how to read the novel script and other pertinent information about the script they are given in a study. (BTC)

提出未来研究展望这一语步中,作者有时通过添加延展语表示对于未来研究的多重建议,或是通过差异延展语表示另一个研究的设计思路也是可行的,表现出作者具备开展全新研究的学术能力。有时,作者也会使用增强语表示更加复杂的逻辑语义关系,凸显研究展望的科学性与合理性,具体如下:

⑫ Engagement between the qualitative and the quantitative as well as engagement between the experimental and the ethnographic needs to be further considered and freshly operationalized if we expect to understand the larger picture that each of these empirical styles can only partially reveal. **Thus**, future sociophonetic research could benefit from sociocultural work on variety stylization and uncover not only how "conscious" variation influences ideology, but also how sedimentation of those ideologies re-influences future acts of stylization. **For**, as Bucholtz and Hall suggest, **even** laboratory experiments are subject to interactional influence. **Although** people may produce language in an experimental vacuum, the perceptions and ideologies they bring with them and the linguistic performances they create are not immune to outside influences. (DTC)

二语学术写作中,研究展望的语步主要由添加延展语建构,表示不止一条建议。具体如下:

⑬ In the future research, students' character should be considered, and then the results would be more reliable. **What's more**, the questionnaire designed by Liuzheng is far from perfection, and I, as a young teacher, was lack of enough teaching experience. So in future studies the questionnaires should be better designed and the teachers' quality should also be improved. **In addition**, a variety of research instruments should be employed to ensure the reliability of the experiment, such as classroom observation, diary writing, think-aloud. (MTC)

以上例子中的 what's more 和 in addition 都表明了添加关系,但是 what's more 口语语体色彩明显,在期刊论文中没有得到使用。此外,二语学术作者倾向于将研究的局限性和研究展望结合起来,小节的标题常常是 Limitations and Future Studies,使用因果与推论范畴的增强语(如上例中的 so 及 therefore、thus 等),表明由局限性可以推导出未来研究的方向。由于二语学术作者所列的局限性多是研究存在的不足,据此推导出的研究展望也只是针对这些不足。但是期刊论文中研究展望的提出较少建立在本书的局限性上,而是站在学科研究的高度,提出更具学科前瞻性的建议,是对学科社团前沿性知识的准确把握,使读者更加肯定作者的研究水平与能力。

六、if 小句的总体分布差异

总体上,表6-7显示三组语料中 if 小句的具体频数分别为:硕、博阶段 if 小句的标准频数分别为727/百万词和758/百万词,使用差异不具有统计学上的意义

($LL_1 = -0.79, p > 0.05$);但期刊论文中的标准频数仅为 592/百万词,远低于学生语篇中的使用频率,即我国二语学术写作中过度使用 if 小句,与期刊论文相比存在显著的使用差异($LL_2 = 42.52, p < 0.001$)。

表 6-7 if 小句的总体使用差异

项目	MTC	DTC	JRA	LL_1	LL_2
原始频数	567	1913	1046	$-0.79(p=0.375)$	42.52^{***}
标准频数	727	758	592		

注:$^{***}p<0.001$;LL_1=硕博间 LL 值,LL_2=硕博与期刊间 LL 值。

本次总体数据分布与 Parkinson① 的研究结果一致。Parkinson 对比了物理学本科学生的实验报告和物理学期刊论文中的 if 小句使用频数,发现了显著差异($LL = 166.41, p < 0.001$)。两个研究结果间的一致性反映出二语学术写作对 if 小句使用过度。

Parkinson 的研究还表明,期刊作者主要使用连接词 when 和介词 at、for、with、under 引导的状语成分来表达条件意义,形式更加多样,而二语学术写作主要使用 if 小句。Parkinson 指出大学体裁中 if 小句多出现在口语中,并进一步指出学习者语篇存在一定的口语化倾向是 if 小句过度使用的原因。除此之外,本书认为,if 小句具有构式形义配对体的典型特点,而且汉语中具有相同的语言表征(如果/假如……就/那么……),更容易被我国二语作者感知、理解和使用。

表 6-7 显示,三组语料中 if 小句主要表达命题意义。硕、博阶段不存在显著的差异($LL_1 = -1.07, p > 0.05$),因此此处不再统计二者间的范畴差异。然而,二语学术写作比期刊论文更多表达命题意义($LL_2 = 42.88, p < 0.001$)。其中,2/3 的范畴分类存在显著差异:二语学术写作中过度使用认知性($LL = 4.05, p < 0.05$)、让步性($LL = 9.99, p < 0.01$)和关联性($LL = 86.17, p < 0.001$)if 小句,但过少使用踌躇性($LL = -11.33, p < 0.001$)if 小句,其余范畴不具有统计学意义上的差别。此外,表达语用意义的 if 小句使用频率都很低,二语学术写作与期刊论文中相应的 if 小句使用频数也不存在显著差异($LL = -0.19, p = 0.661$),为学术写作语篇中表达言语行为的 if 小句并不常见的发现提供了证明。礼貌性 if 小句主要表达客气委婉的语气和礼貌的请求,适用于口语语体。提示性 if 小句则直指读者对命题内容缺乏共享知识,实现话语提示功能,但在学术论文中,作者假定读者同属一个学术社

---

① PARKINSON J. The Discussion Section as Argument:The Language Used to Prove Knowledge Claims[J].English for Specific Purposes,2011,30:164-175.

团、具备一致的学术知识,因此使用的必要性较低(见表6-8)。

表6-8　if 小句意义表达的差异

项目	MTC	DTC	JRA	LL_1	LL_2
命题意义	563	1913	1043	$-1.07(p=0.301)$	42.88^{***}
内容性	154	814	491		$0.90(p=0.344)$
认知性	118	258	167		4.05^*
让步性	4	113	35		9.99^{**}
修辞性	1	74	43		$-0.13(p=0.715)$
关联性	284	605	254		86.17^{***}
踌躇性	2	49	53		-11.33^{***}
语用意义	4	0	3	/	$-0.19(p=0.661)$
礼貌性	2	0	2		$-0.39(p=0.534)$
提示性	2	0	1		$0(p=0.956)$

注: $^{***}p<0.001$, $^{**}p<0.01$, $^*p<0.05$; LL_1 = 硕博间 LL 值, LL_2 = 硕博与期刊间 LL 值。

　　语用意义表达的结果与先前研究中的体裁特异性结果一致,都表明学术写作语篇中语用意义占比很低。根本原因不仅在于口语、笔语的语体差异,也在于言语互动中的交际角色差异,体现语篇评价能力中的角色认知。学术写作的言语行为中信息交换的方式是对命题的陈述,涉及信息的给予和信息的接受,作者和读者间信息趋于对等,属于高背景交际,与 Ferguson 研究的医患咨询话语中医患之间的信息非对等不同。医患咨询的言语行为中,双方主要通过问答话语来实现信息交换,低背景交际也使话语的人际投入增多,医生通过礼貌性 if 小句表达对病患意愿的尊重和消极面子需求的关照,故而表达语用意义的 if 小句占比高达31%。学术写作中的作者与读者关系均为评价主体,不仅信息趋于对等,而且作者也必然向读者表达适度的礼貌与尊敬。下文将聚焦 if 小句的评价意义协商。

七、if 小句的评价意义协商差异

(一)单声命题

　　内容性 if 小句表达真实性命题,既是 if 条件构式的典型范畴,也是作者开展"逻辑论证"的语法资源之一。图6-2是三个语料库中内容性 if 小句和非内容性 if 小句(其他范畴)的标准使用频数及趋势图。数据显示,二语学术写作中内容性 if 小句的使用频数均明显少于非内容性 if 小句,而在期刊论文中两者的频数差距

较小。差异性检验表明,二语学术写作比期刊论文过少使用内容性 if 小句（$LL=-14.58, p<0.001$）,却过度使用非内容性 if 小句（$LL=60.49, p<0.001$）。

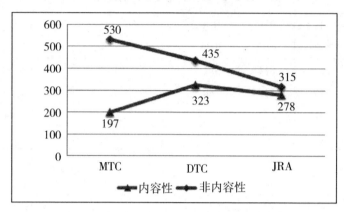

图 6-2　内容性与非内容性 if 小句的使用情况

　　事实上,内容性 if 小句体现了作者以自己的声音"单声"介入语篇的程度,采用纯粹、绝对的断言,不需要承认或引入他人观点,暗示命题中的观点不证自明或不需协商。如在三组语料的研究方法部分,期刊论文 if 小句的标准使用频数为163/百万词,高于二语学术写作（分别为 64/百万词和 142/百万词）,主要原因就是内容性 if 小句的使用频数较高,其相对频数也高达 73%,但二语学术写作中内容性 if 小句不足 50%。众所周知,研究方法部分是对于研究设计的客观阐释,为研究结果奠定了科学性的基础。这可以解释为什么期刊论文语篇中内容性 if 小句的使用占主要份额,那是因为他们主要用来描述研究具体步骤和数据处理方式,较少开展意义的协商。作者在研究方法部分通过内容性 if 小句为研究社团提供可复制研究的信息和比较研究的依据。也就是说,单声命题帮助期刊作者在研究方法章节表达事实性命题意义,不涉及人际意义,凸显学术论文崇尚事实性、揭示规律性的体裁特点,与二语学术写作相比增强了研究设计的可信度,在实现客观立场、提高研究科学性方面略胜一筹。这一点我们将在下文结合语篇结构深入分析。

　　（二）多声介入

　　整体来看（见图 6-3）,多声介入的 if 小句范畴中,关联性的使用最多,认知性使用频率位居第二。那么,表达语篇立场的 if 小句主要通过表达命题间的关联性和认知性实现。关联性表示结论句是条件句的可能结果,表达盖然性;认知性表示条件句是结论句的充分必要条件,表达确定性。他们都表达了或是模糊或是确信的认知意义,即实现人际功能和立场建构的 if 小句主要表达的是认知意义。

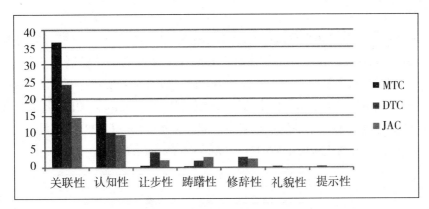

图 6-3　多声介入 if 小句的功能范畴分布

　　多声介入指的是作者将读者不同程度地介入语篇,与其展开对话与协商,包括对话性收缩和对话性扩展。认知性、让步性和修辞性 if 小句能够通过表达确定性、强调性和断言性将命题表述为不可协商,压缩语篇与多样声音对话的空间,属于对话性收缩。数据显示,总体上二语学术写作比期刊论文过多使用对话性收缩的 if 小句($LL = 8.08, p < 0.01$)。

　　其中,认知性 if 小句是表达闭合对话空间的主要资源。如前所示,总体上二语学术写作比期刊论文过度使用认知性 if 小句($LL = 4.05, p < 0.05$)。只有当说话人对所言不确定时,才会使用确定性表达。认知性 if 小句中的确定性情态表达,如 must、have to、should、only 等高值情态动词的使用,也体现出二语学术作者对表达的命题意义的真值存在一定程度上的不确定立场。

　　让步性 if 小句表达了条件句和陈述句间的不相匹配,通过让步体现作者对命题意义的强调和聚焦,二语学术作者对其使用过度($LL = 9.99, p < 0.01$),凸显了命题的强加性,降低了语篇的读者介入程度。

　　修辞性 if 小句属于表达可能情态的违实条件句,基于对逻辑真值的明确认知,通过条件句创设非事实语境,形成语义冲突①,表达较强断言。与前两类分布不同,硕士阶段过少使用该类 if 小句,差异显著($LL = -24.29, p < 0.001$)。一方面,可能是由于修辞性 if 小句主要由虚拟条件句实现,因其句法现象复杂,二语学术作者采取一定的回避策略;另一方面,可能源于硕士阶段二语学术作者仅限于对其违实意义的了解,却并不清楚这类 if 小句具备限制多样性立场并存的语篇功能。相比之下,博士阶段二语学术写作比较接近期刊论文使用情况($LL = 0.95, p =$

---

①　张智义.英汉语情态助词违实句的生成语法分析[J].外语教学与研究,2018(6):863-872.

0.329)。

关联性和踌躇性 if 小句通过表达命题的盖然性,拓展了对话性空间,将命题表述得留有余地。总体上二语学术作者使用了更多的对话性扩展 if 小句($LL=$ 86.17,$p<0.001$),但是两类 if 小句分布不平衡。如图 6-4 所示,关联性 if 小句使用比例较大,而且二语学术写作中的使用过度($LL=86.17$,$p<0.001$),但是踌躇性 if 小句在二语学术写作中的使用频率小于期刊论文($LL=-11.33$,$p<0.001$),硕士阶段中仅有 2 例,博士阶段也使用过少($LL=-4.82$,$p<0.05$)。

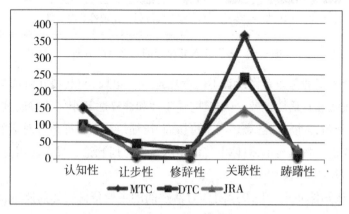

图 6-4 多声介入 if 小句的使用趋势图

比例失衡的主要原因在于二语学术写作中情态语不加以区分的高频使用,造成了关联性 if 小句的过度使用。统计表明,硕士阶段对情态动词的使用高于期刊论文($LL=60.55$,$p<0.001$),而且关联性 if 小句的陈述句出现大量情态动词(如 could、would、may、might 等)和少数情态形容词与副词(如 probably 和 likely 等),存在情态语言的泛化使用。

踌躇性 if 小句在一定程度上表达了对陈述句命题真值持保留态度,如 if any、if correct、if true、if this is the case 等,限制陈述句中命题的翔实性,避免潜在的反对意见,与不同观点建立起联盟关系。这类 if 小句是期刊论文在文献综述部分拓展语篇协商立场的主要方式(占比 7%),与二语学术写作中的使用匮乏形成鲜明的对比(占比 1%),如:If true, this would suggest a severe limitation in learners' ability to track adJRAent and nonadJRAent statistics concurrently(see also Pacton 和 Perruchet 2008)。例句中作者使用踌躇性 if 小句"if true"建构了对自己所言的试探性立场,有效地打开了语篇中的协商空间。但同时,作者借助引用的互文手段为自己所言提供了支持,平衡了语篇的对话性和命题的可信度。下面我们也将结合语篇结构进行分析。

八、if 小句的语篇结构分布

数据统计表明(见表6-9),硕、博阶段 if 小句在文献综述部分和研究结果与讨论部分的使用比例最高(均达到30%以上),引言部分使用比例最小(分别为5.3%和4%);在期刊论文中,引言部分 if 小句的使用比例也最小(5.4%),但在研究方法部分和研究结果与讨论部分的使用比例最高(分别是27.7%和34.2%)。究其原因,二语学术写作与期刊论文的文献综述部分存在篇幅上的差别,二语学术写作的文献综述篇幅较大,因此其中 if 小句使用频率相对较高,也在情理之中。表6-9 中提供了原始频数/每十万词标准频数/占比比例的数据。

表6-9　if 小句的语篇结构分布

项目	IN	LR	ME	RD	CO
MTC	30/3.8/5.3%	173/22.2/30.5%	50/6.4/9.0%	262/33.6/46.2%	52/6.7/9.0%
DTC	78/3.1/4.0%	689/27.3/36.0%	357/14.1/18.7%	618/24.5/32.3%	171/6.8/9.0%
JRA	56/3.2/5.4%	231/13.1/22%	289/16.4/27.7%	358/20.3/34.2%	112/6.3/10.7%

注:IN 为引言部分,LR 为文献综述部分,ME 为研究方法部分,RD 为研究结果与讨论部分,CO 为结论部分。

具体来看,在引言部分与结论部分,三个语料库中 if 小句的使用情况相似程度大,在标准频数上差值为0.1/十万词到0.7/十万词之间;在文献综述部分、研究方法部分、研究结果与讨论部分,最高差值达到了15.2/十万词,差异较大。也就是说,if 小句在硕、博阶段二语学术写作和期刊论文的不同语篇结构中的分布存在差异,且呈现显著分布差异的三个结构为文献综述部分、研究方法部分和研究结果与讨论部分。其中,在文献综述部分和研究结果与讨论部分,硕、博阶段二语学术写作中 if 小句使用多于期刊论文,而在研究方法部分,硕、博阶段二语学术写作中 if 小句使用少于期刊论文。下文将对这三部分语篇结构中的 if 小句进行具体分析与讨论。

1. 文献综述部分 if 小句的立场表达与语篇结构建构

首先,从文献综述部分的功能范畴分布来看,期刊论文对内容性、认知性、让步性和踌躇性 if 小句的总体使用比例(69%)明显高于硕、博阶段二语学术写作(分别为62%和48%),而关联性 if 小句在硕士阶段二语学术写作中使用比例最大(52%),而在博士阶段二语学术写作中逐渐降低(36%),期刊论文中比例最小(29%)。修辞性 if 小句在期刊论文和二语学术写作中基本持平(均为2%),硕士阶段并未使用一例。表6-10 显示了具体分布频数与每十万词标准频数。

表 6-10　文献综述部分 if 小句的功能范畴分布

项目	内容性	关联性	认知性	让步性	踌躇性	修辞性
MTC	45/5.8/26%	90/11.5/52%	35/4.5/20%	2/0.3/1%	1/0.1/1%	0/0
DTC	266/10.5/39%	250/9.9/36%	97/3.8/15%	58/2.3/8%	0/0	18/0.7/2%
JRA	83/4.7/36%	67/3.8/29%	54/3.1/23%	7/0.4/3%	16/0.9/7%	3/0.2/2%

注：表中未列入提示性与礼貌性功能范畴的分布。

其次，从这些 if 小句的语义功能来看，内容性 if 小句帮助作者凸显文献综述部分中的重要内容，表现了文献综述部分的客观性，揭示了论文研究的科学性基础；认知性和让步性 if 小句主要表达了作者对于结论句中命题的确定程度与强加程度。这三个范畴的 if 小句使用在期刊论文作者语篇中占据较大比例（62%），在博士生语篇中也为62%，可以帮助我们在一定程度上推断，if 小句看似是缓和语气的模糊语，但是在文献综述部分 if 小句主要表达了条件句与结论句之间的事实性逻辑以及必要性联系。

与内容性和认知性 if 小句不同，关联性 if 小句表达了模糊性语义功能，在硕士阶段二语学术写作中占据主要份额，凸显了结论句中命题的不确定性。这一方面建构了语篇中多样性立场，但另一方面在一定程度上弱化了作者通过结论句表达的命题发生的可能性，未能有效体现二语学术作者的研究信心。

踌躇性和修辞性 if 小句也在一定程度上分别表达了对结论句命题真值的不确信与假设命题，打开了语篇的协商空间，凸显了文献综述中对于命题提出的试探性立场。这两个范畴在期刊论文中的使用比例（9%）显著高于硕、博阶段二语学术写作中的比例（分别为2%和1%），是期刊论文在文献综述部分借助 if 小句拓展语篇协商立场的主要方式。

2. 研究方法部分 if 小句的立场表达与语篇结构建构

首先，从研究方法部分的 if 小句功能范畴分布来看（见表6-11），期刊论文中内容性 if 小句占据非常大的份额（73%），其次是关联性（12%）、认知性（8%）、踌躇性（3%）、让步性（2%）和修辞性（2%）if 小句。博士阶段二语学术写作对 if 小句的使用比例排序与期刊论文相同。但硕士阶段二语学术写作对关联性 if 小句的使用比例最大（46%），其次是内容性（32%）和认知性（22%）if 小句，但对其他功能范畴的 if 小句使用匮乏。表6-11汇报了原始频数与每十万词标准频数。

表 6-11　研究方法部分 if 小句的功能范畴分布

项目	内容性	关联性	认知性	让步性	踌躇性	修辞性
MTC	16/2.1/32%	23/2.9/46%	11/1.4/22%	0/0	0/0	0/0
DTC	174/6.9/49%	106/4.2/30%	36/1.4/10%	22/0.9/6%	0/0	19/0.8/5%
JRA	210/11.9/73%	34/1.9/12%	22/1.2/8%	5/0.3/2%	13/0.7/3%	5/0.3/2%

注:表中未列入提示性与礼貌性功能范畴的分布。

其次,从整体语篇结构来看,研究方法部分是对于研究设计的客观阐释。这可以解释期刊论文与博士阶段二语学术写作对内容性 if 小句的使用占主要比例的原因。期刊论文中,研究方法部分的内容性 if 小句主要用来描述研究的具体步骤和数据处理的方式,较少开展意义的协商,表示作者为研究社团提供可复制研究的信息和比较研究的依据。博士阶段内容性 if 小句和非内容性 if 小句的使用比例各占一半,硕士阶段中这一比例为 3∶7,即二语学术写作中研究方法部分的 if 小句是以人际意义表达为主导,而期刊论文则以事实性建构为主。也就是说,期刊论文作者通过条件句建立前提与结论之间的概念意义,较少涉及人际意义的表达,凸显客观性,加强研究的可信度。

3. 研究结果与讨论部分 if 小句的立场表达与语篇结构建构

首先,从研究结果与讨论部分的 if 小句功能范畴分布来看(见表 6-12),硕士阶段对关联性 if 小句使用比例最高(46%),博士阶段二语学术写作与期刊论文对内容性 if 小句使用比例最高(分别为 51% 和 41%)。硕士阶段二语学术写作中的 if 小句的种类不如博士阶段和期刊论文多样,对让步性和修辞性 if 小句没有使用,踌躇性 if 小句使用比例仅为博士阶段和期刊论文使用比例的 1/15。

表 6-12　研究结果与讨论部分 if 小句功能范畴分布

项目	内容性	关联性	认知性	让步性	踌躇性	修辞性
MTC	84/10.8/32%	121/15.5/46%	53/6.8/20%	0/0	1/0.1/0.4%	0/0
DTC	312/12.4/51%	150/5.9/24%	70/2.8/11%	22/0.9/4%	39/1.5/6%	25/1.0/4%
JRA	146/8.3/41%	100/5.7/28%	56/3.2/16%	12/0.7/3%	20/1.1/6%	22/1.2/6%

注:表中未列入提示性与礼貌性功能范畴的分布。

其次,从对话空间的拓展抑或压缩的语篇协商效果来看,研究结果与讨论部分应是两者的有机结合,一方面客观汇报研究结果,凸显研究结果的事实性和可信度;另一方面将对于研究发现的讨论置于更广阔的学科社团视野之下,通过论证和推论,展开与社团其他成员的对话。但这种结合并非各占一半,而是以研究发现的客观性为主,并在此基础上展开的一定程度上的意义协商。当我们以期刊论文的使用情况做参照时发现,硕士阶段二语学术写作中对话空间的拓展与压缩比例相当,未能明显凸显客观性立场,而博士阶段客观性立场的建构远超对于协商性对话空间的拓展,比例失当。

九、小结

通过对比我国二语学术作者和期刊论文作者在学术论文结论部分的延展语与增强语使用情况,我们发现,二语学术作者对延展语的使用出现振荡波动,尤其是在硕士阶段出现上升趋势,到博士阶段的使用频数却减少。增强语的使用在本、硕、博阶段并未呈现出显著的差异,但是二语学术作者对因果与推论增强语的使用比期刊论文作者使用过多,尤其是博士阶段使用过度。个别的延展语和增强语也存在过多使用与过少使用的问题。

另一个突出问题是凭空制造小句间的逻辑语义关系,加大了读者理解加工的难度,令语篇缺乏读者友好度。除此之外,二语学术写作中也存在误用的现象,如忽视语体风格,在学术语篇中过度使用口语体特征的延展语和增强语,反映语言资源选择能力仍需加强。这些问题可能源于二语学术写作中片面强调复杂逻辑关系、语体意识不清、错误地强化个别延展语与增强语的使用。这些问题在结论部分的语步建构中也得以凸显,在建构具有读者意识、符合学术写作基本规范并体现学术研究水平的语篇印象方面,存在不足。

if 小句作为增强语中表达条件逻辑语义关系的资源,总体上在二语学术写作中使用频数多于期刊论文语篇。具体而言,if 小句在二语学术写作和期刊论文中的意义表达存在一致性,主要表达命题意义,语用意义表达很少。但是在意义协商方面,二语学术写作中表达单声命题的内容性 if 小句以及拓展对话性空间的踌躇性 if 小句使用匮乏,在一定程度上影响了语篇的客观性表达、共享知识的支架搭建和研究科学性的体现。但表达对话性收缩的认知性和让步性 if 小句以及表达对话性扩展的关联性 if 小句使用过多。对话性收缩的 if 小句范畴使用过度,闭合了作者与不同立场之间的对话空间,建构了比较武断的确定性立场,表达了将观点强加给读者的态势,作者与读者的关系较紧张;同时,二语学术写作对于对话性扩展的踌躇性 if 小句使用不足,却由于泛化情态语言而过度使用关联性 if 小句,难以通过正确的方式寻求共识,建立语篇中立场的多样性。

从复杂的变化形势中,我们能够发现的规律是,这些发展趋势同学术写作的语篇结构存在联系。比如,在表达添加信息和总结研究内容的同时,博士阶段相比于硕士阶段更加注重通过连接附加语表达差异性、让步性、建构因果关系和展开逻辑推理;在开展文献综述和对于结果的讨论时,博士阶段作为中间阶段,呈现出发展的特性,对 if 小句的使用介于硕士阶段和期刊论文之间,呈现线性的发展轨迹。随着使用者研究水平的提升,差异延展语和因果与推论增强语的使用比例逐渐提升,在研究方法部分对内容性 if 小句的使用也逐渐增多。

第二节　逻辑语义投射结构的语篇评价意义

一、投射小句复合体

投射(projection)的概念由 Halliday[①] 首先提出,用来阐释小句复合体之间的逻辑语义关系及功能结构,与扩展(expansion)相并列。投射的定义是二级小句由一级小句投射而来,被表征为话语或思想,也就是投射由投射小句和被投射小句组成,表明对话语(locution)和思想(idea)的投射,将话语和思想的事件发生与其内容纵向联系起来,是体验的高阶表征。

系统功能语言学对投射小句复合体的表述具有系统功能和语义促动的特点。从投射小句复合体的相互关系类型上看,并列投射关系(直接引语)中,被投射的是措辞,位于词汇语法层面;主从投射关系(间接引语)中,被投射的是意义或要点,位于语义层面。就投射的模式而言,可以分为对于话语的引用与报道,以及对于思想的引用与报道,涉及传统语法对于直接引语和间接引语的区别。

据此,系统功能语言学将投射现象看作一种元现象,只涉及特定的过程类型:言语过程与心理过程。但是,他们也指出,当表征元现象的名词被使用时,如 belief,问题会变得复杂起来,因为这可能使投射小句被置于其他过程小句之中。在嵌入投射结构中,被投射小句通过级转移被置于名词词组中,充当限定成分;投射小句以名词充当,起到事物的功能。这三种情况均被系统功能语言学家看作投射的典型结构。系统功能语言学认为,投射结构不仅包括对于命题的投射,而且包括对于言语功能的投射,甚至一些表达问候、惊叹的言语功能也可以被投射。

话语的引用是最显而易见的投射。投射小句与被投射小句拥有几乎平等的重要性,使用双引号。投射小句体现出作为交换的小句的所有互动特征,包括语气、呼语、感叹语、语调和语篇连接。这是话语发出者(sayer)的视角,投射结构的指代对象也是话语发出者,因此保留了所有的话语特征以及语法特征。实现话语

① HALLIDAY M A K. An Introduction to Functional Grammar[M].Beijing:FLTRP,2000.

引用的投射动词(表达命题投射)包括:①通用投射动词,如 say,go;②表达语言功能的投射动词,如 remark、observe、point out;③表达附加特征的投射动词,如 reply、explain、insist、complain。

思想的报道依据语义分为认知投射、意愿投射和结果投射。认知投射动词如 believe,guess,occur to,意愿投射动词如 want,would like,结果投射是对学术语篇的研究发现进行的表征。本节将结果投射动词也置于思想投射动词的范畴之中。一方面,是因为研究语料选取的是学术研究类文体,有必要对表达结果的投射动词展开研究;另一方面,研究结果的呈现多是研究者在研究探究之后以思想的形式在语篇中呈现,如 show、demonstrate、prove 等事实投射词。不论什么类型,思想投射都需要包括的要素有说者对话的思维表征、听者对话的思维表征(常常表现为对信息的询问)、人物角色在叙事中的意识表征、新闻报道或科学语篇中机构或专家的观点表征、科学语篇中说者视角的表征。投射小句被称作"现象",被投射小句则为元现象。本节将在系统功能语言学的视域下开展学术语篇中投射小句复合体的阶段性特征的分析。

二、投射结构的研究

国内的研究中,呈现以下几个特点。

首先,对投射结构的理论考量呈现多元化趋势,并非局限于一个理论基础和框架,并呈现逐渐拓展并丰富的发展态势。相关的一些主要理论有系统功能语言学、语用学的言语行为理论,认知语言学的例示理论、心理空间理论、理想化认知模型理论、修辞学理论、批评话语分析理论、语类理论和巴赫金的对话理论。

其次,研究方法呈现了内省法和基于使用的实证研究方法有机结合的趋势。在内省法的研究中,研究者对例句进行分析或对比,探究投射结构的定义、分类、特征与意义。相比之下,基于使用的实证研究方法均以语料库为数据观察方式,或是数据统计方式,考察学术语篇或新闻语篇中的投射结构分布、语义选择、使用偏好、意义表达等问题。本文将采取语料库的研究方法,观察学术语篇中的投射结构。

最后,国内研究结果相对一致,都丰富了投射源与投射内容的讨论,趋向于将投射结构看作一种意义创造和选择潜势,有独特的结构选择,表达特定的评价意义,具有对话性、开放性、社会性、学科性与语境特异性等特征,研究的重心也转向了话语功能与语用特征。

国外相关研究可以分为以下几类。第一类研究是投射结构的学科特异性。

投射结构被发现在不同学科中的使用是异同并存的。如 Harwood① 发现计算机科学和社会学学术论文中，投射结构的功能既有相似点也有不同处。计算机科学学术论文中，投射结构常常用来引导读者继续阅读，而社会学学术论文更加注重使用更具有批判性引用的投射结构。差异可能来源于学术论文的研究范式、读者意识与定位以及出版的方式。Charles② 对比了材料科学和政治学的学位论文中投射 that 小句的使用，通过关注自我投射的使用开拓了投射结构的立场研究视角。研究发现，材料科学的学位论文有着更多的表面客观性和非个人化特点，但政治学的学位论文中作者凸显度更强。Hu 和 Wang③ 也考察了投射结构的跨学科差异。

第二类研究是基于同一学科语篇中不同研究水平或写作水平的作者在投射结构使用上的异同。Mansourizadeh 和 Ahmad④ 对比非英语本族语期刊论文与学术写作新手语篇中投射结构的使用，发现二者使用的多样性与功能均存在不同。学术新手更多地引述语篇外的声音，而期刊论文作者则采用更加直接的引用方式，用来支持自己的观点。Samraj⑤ 对于学位论文和发表论文的对比研究有着类似发现。Li⑥ 描绘出一个成熟作者如何为新手作者修改投射结构，使其语言更加适合发表。研究中揭示出学术写作实践与教学中存在的固有问题，如学生的写作训练不足，教师存在的一些误区等。这类研究在表明不同写作水平的作者对投射结构的认识差异的同时，也显示了学术英语写作教学中有待进一步思考和实践的内容。

第三类研究是二语使用中的投射结构。Pecorari⑦ 将二语研究生的学术写作

---

① HARWOOD N. An Interview-Based Study of the Functions of Citations in Academic Writing across Two Disciplines[J].Journal of Pragmatics,2009,41(3):497-518.

② CHARLES M. The Construction of Stance in Reporting Clauses:A Cross-Disciplinary Study of Theses[J].Applied linguistics,2006,27(3):492-518.

③ HU G,WANG G. Disciplinary and Ethnolinguistic Influences on Citation in Research Articles [J].Journal of English for Academic Purposes,2014,14:14-28.

④ MANSOURIZADEH K,AHMAD U K. Citation Practices among Non-Native Expert and Novice Scientific Writers[J].Journal of English for Academic Purposes,2011,10(3):152-161.

⑤ SAMRAJ B. Form and Function of Citations in Discussion Sections of Master's Theses and Research Articles[J].Journal of English for Academic Purposes,2013,12(4):299-310.

⑥ LI Y. "I Have No Time to Find out Where the Sentences Came From:I Just Rebuild Them":A Biochemistry Professor Eliminating Novices' Textual Borrowing[J].Journal of Second Language Writing,2012,21(1):59-70.

⑦ PECORARI D. Visible and Occluded Citation Features in Postgraduate Second-Language Writing[J].English for Specific Purposes,2006,25(1):4-29.

作为研究语篇,将投射源作为研究内容,发现二语学术写作中,明示投射源的语言引用符合学科规范,但是夹杂式投射源的语言引用则呈现出与学术惯例不一致的地方。Petrić①指出,二语学术作者对直接引用的使用与写作水平存在正相关关系,高水平二语写作中直接引用的频次是低水平二语写作的3倍。在引用方式上,高水平二语作者多将直接引用融入自己的写作中,而低水平的二语写作,常常出现整个小句的直接引用,作者介入程度较少。Gebril和Plakans②也发现,投射结构对语篇中的词汇多样性有着重要影响,而词汇的多样性也能影响写作测试的成绩。至于影响因素,学者也通过多种研究方法希望比较全面地对其进行探究。Petrić通过访谈,发现产生这种使用特征的原因比较复杂,可能受到引文原文复杂性、写作的文体多样性要求、外部因素(如时间是否充裕)以及二语学术作者对于抄袭的认知等多种因素的影响。Petrić和Harwood③进一步通过个案研究,考察成功的二语学术写作中投射结构使用过程的影响因素和特征,比如,写作任务要求、教师指导等。除了这些因素以外,研究发现,教科书的要求对于投射结构的使用也存在比较重要的影响④。

学术语篇研究中常见投射结构的探究,但是有一些特定语篇对投射结构的探索也比较深入,比如,法律语篇⑤、家庭话语⑥、商务话语⑦、文学与历史语篇⑧。

还有的研究具体探究特定语篇的语步中或互动的序列中的投射结构使用。

---

① PETRIĆ B. Legitimate Textual Borrowing:Direct Quotation in L2 Student Writing[J].Journal of Second Language Writing,2012,21(2):102-117.

② GEBRIL A,PLAKANS L. Source-Based Tasks in Academic Writing Assessment:Lexical Diversity,Textual Borrowing and Proficiency[J].Journal of English for academic purposes,2016,24:78-88.

③ PETRIĆ B,HARWOOD N. Task Requirements,Task Representation,and Self-Reported Citation Functions:An Exploratory Study of a Successful L2 Student's Writing[J].Journal of English for Academic Purposes,2013,12(2):110-124.

④ BARBIERI F,ECKHARDT S E. Applying Corpus-Based Findings to Form-Focused Instruction:The Case of Reported Speech[J].Language Teaching Research,2007,11(3):319-346.

⑤ INGRIDS H,ARONSSON K. Reported Speech and Reported Affect in Child Custody Disputes[J].Research on Language and Social Interaction,2014,47(1):69-88.

⑥ JOHANSEN M. Agency and Responsibility in Reported Speech[J].Journal of Pragmatics,2011,43(11):2845-2860.

⑦ KOESTER A. "We'd Be Prepared to Do Something,Like If You Say…":Hypothetical Reported Speech in Business Negotiations[J].English for Specific Purposes,2014,36:35-46.

⑧ RUANO SAN SEGUNDO P. A Corpus-Stylistic approach to Dickens' Use of Speech Verbs:Beyond Mere Reporting[J].Language and Literature,2016,25(2):113-129.

如 Kwan 和 Chan① 对期刊论文的研究结果与结论部分的投射结构展开研究，Clift② 对投射结构互动中的笑声的语篇互动功能进行了探究，可谓独树一帜。

第四类研究是投射结构的电化与教学。在这个领域中，研究主要围绕着投射结构的识别、提取、分类与教学，通过使用语料库、文献计量学等计算机科学的研究方法，对投射结构展开研究。这一领域中高频引用的相关文献有 Bloch③、Ganascia等④、Sula 和 Miller⑤。研究者自己研发了相应的计算机工具或程序，能够用一种数据提取技术，有效提取出投射结构及其内容，甚至进行互文分析。

基于以往的研究，本节将考察不同阶段的二语学术作者在投射结构的使用上的差异以及阶段性特点。这里将投射结构的使用看作评价意义创造和选择的潜势之一，能够表达特定的评价意义，在学术语篇中具有对话性、开放性、社会性和学科性。

三、投射结构的研究框架

本节按照系统功能语言学对投射结构的分类以及 Thompson 和 Ye⑥ 的投射动词词表（共 114 词），将投射结构分为话语投射与思想投射。话语投射还分为命题的话语投射和提议的话语投射，命题话语投射还可以分为通用话语投射、语言功能投射与附加特征投射。思想投射分为认知投射、意愿投射和结果投射。本节研究的分类框架如表 6-13 所示。

---

① KWAN B S C，CHAN H. An Investigation of Source Use in the Results and the Closing Sections of Empirical Articles in Information Systems：In Search of a Functional-Semantic Citation Typology for Pedagogical Purposes［J］.Journal of English for Academic Purposes，2014，14：29-47.

② CLIFT R. Identifying Action：Laughter in Non-Humorous Reported Speech［J］.Journal of Pragmatics，2012，44(10)：1303-1312.

③ BLOCH J. A Concordance-Based Study of the Use of Reporting Verbs as Rhetorical Devices in Academic Papers［J］.Journal of Writing Research，2010，2(2)：219-244.

④ GANASCIA J G，GLAUDES P，DEL LUNGO A. Automatic Detection of Reuses and Citations in Literary Texts［J］.Literary and linguistic computing，2014，29(3)：412-421.

⑤ SULA C A，MILLER M. Citations，Contexts，and Humanistic Discourse：Toward Automatic Extraction and Classification［J］.Literary and Linguistic Computing，2014，29(3)：452-464.

⑥ THOMPSON G，YE Y. Evaluation in the Reporting Verbs Used in Academic Papers［J］.Applied Linguistics，1991(12)：365-381.

表 6-13　系统功能语言学视角下的投射结构分类框架

范畴			投射动词
话语投射	命题的话语投射	通用话语投射	say、go
		语言功能投射	tell、remark、describe、sketch、observe、point out、report、quote、name、term、announce、state、declare、advocate、remind、note、ask、question、pose、inquire、query
		附加特征投射	reply、explain、reason、account for、recount、repeat、reiterate、detail、argue、dispute、oppose、continue、conclude、mention、comment、add、interrupt、emphasize、warn、hypothesize、posit、insist、complain、imply、hint、deny、admit、confirm、claim、maintain
	提议的话语投射		suggest、offer、threaten、promise、agree、persuade、encourage、discourage、order、request、propose、urge、command、forbid、recommend、demand
思想投射	认知投射		believe、hold、generalize、evaluate、assess、focus on、see、guess、think、invoke、contend、acknowledge、recognize、notice、discover、know、imagine、doubt、ignore、disregard、confuse、predict、wonder、consider、find out、ascertain、accept、determine、judge、strike、occur to
	意愿投射		would like、favor、prefer、wish、dream、intend、plan for、hope for
	结果投射		show、substantiate、demonstrate、prove、identify、establish

在这一框架中，投射结构主要出现在三种结构之中：并列投射结构、主从投射结构和嵌入投射结构。并列投射结构的标识性特征是投射动词与双引号同时出现。主从投射结构的标识性特征是投射动词后接 that/if 小句等。还有的投射动词后接嵌入结构（embedded），由短语实现，详见表 6-14。

表 6-14　投射结构的逻辑语义关系及其例句

逻辑语义关系	投射例句
并列投射结构	As the saying goes，"Practice makes perfect"，the learners took many…
主从投射结构	MacIntyre and Gardener（1994b）suggest that the correlation can be explained from…
嵌入投射结构	…，he never denied its working in other verbal activities.

研究使用的检索工具是 AntConc,汇报原始频数和每百万词标准频数,显著性检验汇报卡方值,搭配强度依据 Log-Likelihood 值排列。

四、投射结构总体分布差异

语料库检索结果显示(见表 6-15),投射结构在二语学术写作中的使用频数显著少于期刊论文中的使用频数($x^2 = -527.87, p < 0.001$),话语投射动词与思想投射动词都呈现使用过少的趋势,差异具有统计学意义($x^2 = -581.10, p < 0.001$;$x^2 = -77.21, p < 0.001$)。

表 6-15　二语学术写作与期刊论文中投射结构使用差异

投射结构类型			二语学术写作	JRA	x^2值
话语投射分布			20893	10948	-581.10^{***}
	命题的话语投射		17101	7973	-150.66^{***}
		通用话语投射	2101	201	435.03^{***}
		语言功能投射	6614	4007	-464.59^{***}
		附加特征投射	8386	3765	-42.84^{***}
	提议的话语投射		3792	2975	-817.54^{***}
思想投射分布			25103	10960	-77.21^{***}
	认知投射		19277	7813	$3.7400 (p = 0.053)$
	意愿投射		1396	457	12.17^{***}
	结果投射		4430	2690	-314.84^{***}
总计			45996	21908	-527.87^{***}

注:$^{***} p < 0.001$。

话语投射动词中,我国二语学术作者对命题的话语投射($x^2 = -150.66, p < 0.001$)和提议的话语投射($x^2 = -817.54, p < 0.001$)使用过少,差异异常显著。就命题的话语投射范畴而言,二语学术作者对通用话语投射动词的使用过多($x^2 = 435.03, p < 0.001$),对语言功能投射动词($x^2 = -464.59, p < 0.001$)和附加特征投射动词($x^2 = -42.84, p < 0.001$)使用过少。

思想投射动词的使用情况与话语投射动词的使用类似,也存在过多使用和过少使用的趋势。比如,二语学术作者对意愿投射动词使用偏多($x^2 = 12.17, p < 0.001$),而对结果投射动词使用过少($x^2 = -314.84, p < 0.001$),认知投射动词的使用不存在显著差异($x^2 = 3.74, p = 0.053$)。

这一研究发现与徐昉和龚晶①的研究结果存在一定程度上的一致性。她们发现，与期刊的作者使用情况相比，本、硕、博阶段二语学术作者过少使用心理动词结构，但是显著多用汇报据素(汇报动词)。这可能是语料容量不同导致的部分结果差异。该研究的语料容量较大，尤其是期刊论文语料库的篇数是该研究的 10 倍，很可能影响数据的分布。

五、投射结构的阶段性使用差异

二语学术作者在不同学术写作阶段中，投射动词使用的共性特征和发展特征并存。下面将按照范畴汇报不同阶段中二语学术作者对投射动词的使用特征。

(一)话语投射动词

话语的引用是最显而易见的投射。话语投射动词在 BTC 中的标准频数为 4577/百万词，MTC 中标准频数为 4311/百万词，呈现下降趋势($x^2 = 7.42, p < 0.01$)，DTC 中增加至 4829/百万词，增幅明显($x^2 = -34.12, p < 0.001$)，JRA 中为 6200/百万词，显著高于 DTC 中的使用频率($x^2 = -363.90, p < 0.001$)。可见，话语投射动词的使用频数在硕士阶段有所降低，博士阶段逐渐增多，但仍然比期刊论文中的使用过少。

1. 命题的话语投射

命题的话语投射主要关涉信息的传递与交换。信息交流是学术英语写作的主要目的之一，因此话语投射过程中命题投射占据主要份额。表 6-16 显示，命题的话语投射的使用频数总体上远多于提议的话语投射的使用频数。就不同阶段的使用情况而言，BTC 中命题的话语投射动词的标准频数为 3645/百万词，MTC 中为 3438/百万词，即与本科阶段使用情况相比，硕士阶段对命题的话语投射动词的使用频数减少($x^2 = 5.66, p < 0.05$)。DTC 中命题的话语投射动词的标准频数为 4027/百万词，比 MTC 中的使用频数增多($x^2 = -53.32, p < 0.001$)，但同 JRA 的使用相比，仍然存在使用不足的问题($x^2 = -58.77, p < 0.001$)。命题的话语投射动词的阶段性使用差异详见表 6-16。

① 徐昉,龚晶. 二语学术写作言据性资源使用的实证研究[J].解放军外国语学院学报, 2014,37(4):12-22.

表 6-16　命题的话语投射动词使用的阶段差异

投射动词范畴		BTC	MTC	DTC	JRA
通用话语投射	原始频数	1018	387	696	201
	x^2 值	$x^2_{本硕}=91.82^{***}$		$x^2_{硕博}=88.18^{***}$	$x^2_{博士与期刊}=130.35^{***}$
语言功能投射	原始频数	1425	919	4270	4007
	x^2 值	$x^2_{本硕}=0.72(p=0.395)$		$x^2_{硕博}=-100.50^{***}$	$x^2_{博士与期刊}=-179.71^{***}$
附加特征投射	原始频数	1812	1377	5197	3765
	x^2 值	$x^2_{本硕}=-12.89^{***}$		$x^2_{硕博}=-26.04^{***}$	$x^2_{博士与期刊}=-2.64(p=0.104)$
总体分布	原始频数	4255	2683	10163	7973
	x^2 值	$x^2_{本硕}=5.65^{*}$		$x^2_{硕博}=-53.31^{***}$	$x^2_{博士与期刊}=-58.77^{***}$

注：$^{***}p<0.001$，$^{*}p<0.05$。

通用话语投射：包括 say 和 go 两个动词，它们的使用语境是常见的日常话语投射语境，口语中较多使用。通用话语投射动词的使用在不同阶段二语学术写作中呈现大幅度下降的趋势：BTC 中标准频数为 872/百万词，MTC 中为 496/百万词，DTC 中为 276/百万词，JRA 中为 114/百万词。本、硕、博阶段的通用话语投射动词使用随着研究水平的提升而逐渐减少，变化显著。

语言功能投射：此类投射范畴中的话语投射动词比较多样，常用来表达对于信息的陈述和询问，如陈述信息的投射动词 tell、remark、observe、point out、report、announce 等，以及询问信息的投射动词 ask、demand、inquire、pose、query 等。本科阶段与硕士阶段相比，二语学术作者对语言功能投射动词的使用差异不明显（$x^2=0.72,p=0.395$）；硕士阶段到博士阶段，二语学术作者对语言功能投射词的使用陡然增多，呈现显著差异（$x^2=-100.50,p<0.001$）；但是，同期刊论文的使用相比，博士阶段仍然存在使用不足的问题（$x^2=-179.71,p<0.001$）。

附加特征投射：用来表达语境特征（如 reply、explain、continue、add、interrupt、warn 等），也可以表达具有言外之意的方式特征（如 insist、complain、hint、deny、claim、maintain 等）。这类投射动词附加了语境特征和言外之意，因此表达了较多的评价意义。本科阶段附加特征投射动词的标准频数为 1552/百万词；硕士阶段显著增多（标准频数 1764/百万词），差异显著（$x^2=-12.89,p<0.001$）；博士阶段对附加特征投射动词的使用达到较高频率（标准频数 2060/百万词），与硕士阶段相比呈现显著差异（$x^2=-26.04,p<0.001$），与期刊论文的使用情况趋于一致，差异不明显（$x^2=-2.64,p=0.104$）。

2. 提议的话语投射

提议的话语投射动词用来表达要求服务或建议(如 order、request、propose、urge、demand 等)和提供服务或建议(如 suggest、offer、promise、agree、recommend 等)。由于学术文体的特点,提议的话语投射动词不如命题的话语投射动词使用频繁,在 BTC 中标准频数为 931/百万词,MTC 中为 872/百万词,DTC 中为 802/百万词。这类投射动词在二语学术写作不同阶段中的使用情况不存在显著差异(x^2本硕=1.77,p=0.184,x^2硕博=3.65,p=0.056)。但同期刊论文中的使用(标准频数 1685/百万词)相比,呈现过少的趋势($x^2=-817.54$,p<0.001)。

(二)思想投射动词

思想投射动词包括认知投射动词、意愿投射动词和结果投射动词。前两个范畴分别是对于命题和提议的思想投射,第三个范畴是对于研究结果的投射。二语学术写作不同阶段中,思想投射动词在 BTC 中的标准频数为 6052/百万词,MTC 中为 6344/百万词,DTC 中为 5185/百万词,呈现波动变化。下面汇报思想投射动词 3 个范畴在不同阶段的使用情况(见表 6-17)。

表 6-17　二语学术写作中思想投射动词各范畴的
阶段性使用频数(每百万词标准频数)

项目	BTC	MTC	DTC
认知投射动词	5319	4975	3639
意愿投射动词	256	389	314
结果投射动词	477	980	1231

认知投射动词是作者对命题思考的过程与结果的投射,在二语学术写作中呈现逐渐减少的趋势,各阶段差异显著($x^2_{本硕} = 10.78$,p<0.01;$x^2_{硕博} = 269.69$,p<0.001)。意愿投射动词属于主体性较强的投射动词,表明意愿发出者的主观愿望投射。由于属于主体性的展现,此类投射动词的使用占据较小比例。BTC 中的标准频数与 JRA 中的频数相当(258/百万词);MTC 与 BTC 相比使用增多,呈现显著性($x^2=-26.80$,p<0.001);DTC 中存在显著的减少趋势($x^2=10.20$,p<0.01),但是与 JRA 中使用相比,仍然使用过度($x^2=10.96$,p<0.001)。结果投射动词是客观性和事实性的体现。与 BTC 相比,MTC 中增加趋势显著($x^2=-174.54$,p<0.001),DTC 中的使用持续增多($x^2=-32.10$,p<0.001),但是同 JRA 中的使用相比,仍然使用过少($x^2=-65.53$,p<0.001)。

六、话语投射动词使用的发展特征

（一）通用话语投射动词的减少趋势

通用话语投射使用频数的大幅度下降反映了本、硕、博不同阶段学科语篇专业性的增强，体现了学科认知的提升。投射来源由本科阶段"the old Chinese saying"等宽泛信息源（如例①）转变为更加科学的信息来源，如某个研究组织、某位或某些研究者、特定研究项目等（如例②）。如果是引经据典，本、硕阶段二语学术作者常常在投射出处中缺少一些重要信息（如例③），比如缺少年份、页码信息等，而较高水平二语学术作者会给出详尽的出处（如例④）。

①…the new English lesson. As the old say <u>goes</u>, interest is the best teacher.（BTC）

② Just as Milton <u>said</u>, it is extremely difficult to list all the…（DTC）

③ Edison <u>said</u> a genius is one percent of inspiration and ninety-nine percent of perspirations.（BTC）

④ Lu Xun, the famous Chinese writer, <u>said</u> of it："It is all very well if you do not stop to think, but the more you think, the more confused you grow, there seems to be many kinds；each class in society has a different face."（DTC）

在期刊论文中，saying 不再作为投射源，而主要是研究的参与者，比如，参加访谈的被试学生或老师，如"student 1 <u>said</u>, when the instructor <u>says</u> that, the same participants<u>said</u>"等。JRA 中通用投射的数量减少，事实上是由于投射动词的选择更加多样化，而不是仅依靠通用投射动词 say 和 go 进行话语投射。

（二）话语投射动词的评价意义的凸显

语言功能话语投射和附加特征话语投射呈现逐渐增多的使用趋势，表明二语学术作者逐渐增强了对话语投射动词重要性的认识，即语篇评价意识的增强，能够更有效地开展命题的信息询问与陈述，更加注重对于语境特征和言外之意的表达，对态度意义、评价意义、语用功能等人际间表达（interpersonal expression）的回避现象逐渐减少。

下面就语言功能投射范畴中的高频词 describe、report 和 note 展开分析。高频词 describe 在 BTC 语篇中共现频率最高的意义搭配词为 different, difference,

English、Chinese，主要表达的意思是"描写中英差异"。Bloch① 发现，describe 主要动作发出者是语篇作者（author/writer），实现了提供信息的功能。这反映了本科阶段的选题特点，青睐英汉语言文化对比的研究题目，内容多是描述并对比两种语言或文化的差异。到了硕士阶段，差异表象的描写相对于本科阶段而言开始减少（$x^2 = 17.98, p < 0.001$），而针对现象的研究分析报告与讨论多了起来，report 的使用增多（$x^2 = -5.91, p < 0.05$）。硕、博阶段 describe 和 report 的使用持续增多（$x^2_{\text{describe}} = -69.03, p < 0.001, x^2_{\text{report}} = -192.97, p < 0.001$），表明随着研究水平的深入，学术写作中对问题的描写和研究的汇报变得越发重要。研究还发现，report 和 note 的类连接主要是 it 引导的被动小句，如"it may/should/must/has been/was+reported/noted"。note 还频繁出现在 it 引导的形容词小句中，如"it is interesting/important to note that"这些带有评价功能的非个人化表达中。这一发现与 Charles② 的发现相吻合，使投射小句呈现出了客观性与主观性的有机结合，既通过隐去投射源（动作发出者）实现去主观化，又借助评价性形容词表明作者的态度意义。随着不同阶段中这些投射动词使用的频数增多，客观性与立场鲜明性同时被有机地结合起来，语篇的科学性和评价性增强。然而，博士阶段中对这 3 个投射动词的使用同期刊论文相比，还是使用不足的（$x^2_{\text{describe}} = -20.75, p < 0.001, x^2_{\text{report}} = -32.69, p < 0.001, x^2_{\text{note}} = -113.31, p < 0.001$）。

　　附加特征投射动词的高频动词有 explain、account for、argue、mention、confirm 和 claim。下面将对这些高频附加特征投射动词的使用差异展开讨论。explain 在本、硕、博阶段的使用差异并不明显，与期刊论文的使用相比较，呈现过少使用的特点（$x^2 = -38.68, p < 0.001$）。Oxford Dictionary 中 explain 的释义为"make（an idea or situation）clear to someone by describing it in more detail or revealing relevant facts"③，表明以一种更加清晰和详细的方式揭示事实。在期刊论文中该词使用较多，表明期刊论文作者的投射方式趋向清晰和详细地汇报事实，但二语学术写作中该词的语境信息体现不充分。同时，explain 主要用来投射原因（why）和过程（how），就搭配强度而言，本科阶段中"explain how"的搭配强度高于"explain why"，注重通过 explain 投射过程内容；然而硕士阶段以后，"explain why"的搭配强度均高于"explain how"，更加关注对因果逻辑的投射。这也反映出硕士和博士阶

---

①　BLOCH J. A Concordance-Based Study of the Use of Reporting Verbs as Rhetorical Devices in Academic Papers[J].Journal of Writing Research,2010,2(2):219-244.

②　CHARLES M. The Construction of Stance in Reporting Clauses:A Cross-Disciplinary Study of Theses[J].Applied linguistics,2006,27(3):492-518.

③　参见网址 https://en. oxforddictionaries. com/definition/explain。

段通过越来越专业的学术训练,其学术语篇中科学性与复杂性程度逐渐被置于优先考虑的位置,而不再聚焦于描述性和程序性知识。

account for 在不同阶段的使用频数逐渐增多,呈现显著差异($x^2_{本硕}=-17.41$,$p<0.001$;$x^2_{硕博}=-45.08$,$p<0.001$),但与期刊论文中的使用相比,反而使用过多($x^2_{二语总与期刊}=26.47$,$p<0.001$)。Account for 的释义为"provide or serve as a satisfactory explanation for"[1],表达了一种"解释得令人满意"(高合意度)的言外之意。根据 Van linden 和 Verstraete[2] 的观点,高合意度常常表达语篇清晰的责任立场,而低合意度往往用来提出建议,建构试探性立场。Account for 在学术语篇中凸显了较高合意度,二语学术作者对其使用较多,用来建构清晰的责任立场,但是使用过度可能影响低合意度的表达,在一定程度上致使试探性立场的建构不足。期刊论文的使用频数下降则表明学术成手与新手相比,对同时建构责任立场和试探性立场的操控更加游刃有余。

argue 的使用在本、硕、博阶段呈现增多趋势($x^2_{本硕}=-8.31$,$p<0.01$,$x^2_{硕博}=-79.40$,$p<0.001$),博士阶段增势明显,以至于与期刊论文相比使用略多($x^2_{博士与期刊}=4.48$,$p<0.05$)。Argue 属于强调性断言,用来公开表明投射者的立场观点,展现对于研究的投入程度,建构了专业的研究者立场。二语学术写作对其使用频数增多,表明语篇评价意识的发展和人际投入度的增强。但是,由于 argue 属于信息性投射动词(informative reporting verbs),我们需要依据语境判断建构立场的倾向,即语篇作者对投射者观点的立场,举例如下:

⑤ As we all know, listening is traditionally regarded as one of the four skills, listening, reading, speaking and writing. However, Bachman and Palmer (1996) argue that this way of describing the fours skills is in terms of channel and mode and has obvious inadequacies...(DTC)

⑥...there tend to be other forms of second person expression in the clause and a vocative address form is but an extension of participant in the discourse instead of being... and thus "outside the scope of Mood and Residue" (though Gouveia (2007) argues otherwise)...(DTC)

---

① 参见网址 https://en. oxforddictionaries. com/definition/account_for。

② VAN LINDEN A, VERSTRAETE J C. Revisiting Deontic Modality and Related Categories: A Conceptual Map Based on the Study of English Modal Adjectives[J]. Journal of Pragmatics, 2011,43(1):150-163.

例⑤中,作者通过"However,Bachman and Palmer(1996)<u>argue</u> that..."凸显通常的英语技能分类存在不足之处,并提出本次研究对于语言技能的定义。该例中,作者对投射者立场持赞同立场,反对"As we all know"引导的通常认识。例⑥中,"Gouveia(2007)<u>argues</u> otherwise"提出了不同于系统功能语言学主流思想的看法,但是作者对其并不赞同,并使用了括号将其弱化处理。这两个例子虽然都关涉 argue 的使用,但表达了不同的立场,需要借助语境来理解。可见 argue 的使用存在复杂性。Bloch 也指出,二语学术作者对投射结构使用的复杂性掌控不足,出现使用过多或过少的问题。若要提高使用水平,需要充分调动语境资源。这些语境资源常常由一些转折词和特定的投射源充当。如 BTC 中使用了"in contrast,however,yet"这三个转折表达和"some 名词短语+argue that"表述不同立场的建构;DTC 中的型式更加多样,还使用了"rather,instead,responding to,on the other hand,quite on the contrary"以及"one+might/would argue that,goes so far as to argue that,different from what...argues that,another/other 名词短语+argue"等表达相同的语篇意义,表明随着研究水平的提升,二语学术作者对语篇评价话语策略的调用能力逐渐提升。

mention 的使用在本科到硕士阶段呈现增多的趋势($x^2 = -20.99,p<0.001$),博士阶段以后呈现下降的态势($x^2 = 18.31,p<0.001$)。当 mention 用在否定语境中时,具有批评意味,在期刊论文中较二语学术写作中更常见。

confirm 在本科阶段并非高频用词(原始频数仅为 26),到了硕士阶段大幅度增多($x^2 = -41.96,p<0.001$),博士阶段没有出现统计学上的显著变化($x^2 = -2.16,p=0.141$),但是同期刊论文使用情况相比,仍然使用不足($x^2 = -60.52,p<0.001$)。confirm 做投射动词时的意义为"state with assurance that a report or fact is true"①,属于表达确定性(certainty)的事实投射动词,能够增强语篇的说服力,限制不同观点存在的空间。随着 confirm 的使用增多,投射命题的事实性得以增强。

claim 在本、硕、博阶段使用频数呈现增多的发展趋势($x^2_{本硕} = -12.80,p<0.001;x^2_{硕博} = -21.53,p<0.001$),表明二语学术写作中评价意义的逐渐鲜明和二语学术作者评价意识的增强。一个有趣的现象是,博士阶段的使用频数显著多于期刊论文($x^2 = 121.55,p<0.001$)。当 claim 作为投射动词时,表达疏远的语用内涵,即作者有意疏远自己与被投射观点的距离,打开话语空间,邀请持有不同观点的读者进入命题的讨论,与 confirm 的语用意义正好相反。在二语学术写作不同阶段中,claim 的使用增多表明二语学术写作的协商性和对话性在发展,而期刊论文

---

① 参见网址 https://en.oxforddictionaries.com/definition/confirm。

相对而言使用频数较低,可能是因为期刊论文作者作为学术研究社团的成员,不宜在语篇中过多表现疏远的人际意义,避免造成潜在的负面影响,而二语学生作者作为学术社团的边缘成员,可能不会过多考虑同行之间的面子维系问题。

(三)提议话语投射的主体间性建构不足

提议的话语投射动词在本、硕、博阶段的使用不存在差异,但与期刊论文相比,表现出严重的使用匮乏,尤其是高频词"suggest"和"propose"的使用不足在一定程度上影响语篇对话性的扩展和主体间协商性的建构。

期刊论文中 suggest 是使用频数最多的提议话语投射动词,表达了一种介于confirm 和 claim 之间的投射意义,体现出一种试探性立场,既不传递确定性,也不表达疏远,而是投射了一种可能性,打开了语篇中的对话空间,缓和作者对命题真值确信程度的责任,避免表述过于绝对。propose 与 suggest 的意义类似,offer 表示说话人主动提出给予帮助。在二语学术写作中,这三个词的总体使用频数为2434,期刊论文中频数为2455,二语学术写作中严重使用不足($x^2 = -1156.40, p < 0.001$)。这表明二语学术作者语篇的对话空间比较闭合,不如期刊作者语篇的开放性强。表达"提议"的高频词①随着作者研究水平的提升,使用频数逐渐增多。本硕阶段差异不显著($x^2 = -1.43, p = 0.231$),博士阶段是一个增长期,但是仍然与期刊论文存在显著的差距($x^2 = -701.12, p < 0.001$)。

七、思想投射动词的发展特征

(一)认知投射动词的语篇评价意义

我们将认知投射动词划分为四个范畴:积极、消极、暂定和中性。积极性评价表明作者认同该观点,如 hold、acknowledge、accept、ascertain、know、focus on 等;消极性评价表明作者质疑该观点,包括以下三个投射动词 ignore、disregard 和confuse;试探性评价表明作者对该观点的态度尚不明确,需依靠语境判断,如believe、see、contend、consider 等;中性评价表明作者对命题持中立态度,如 guess、evaluate、assess、imagine、notice、occur to 等。

数据统计显示,积极性评价在二语学术写作中的使用随着研究水平的提升逐渐减少。卡方检验显示,本科阶段比硕士阶段多用($x^2 = 144.79, p < 0.001$),硕士阶段比博士阶段多用($x^2 = 314.95, p < 0.001$),即当二语学术作者通过认知投射动

---

① 这里指的是投射的话语投射范畴中的高频投射动词,还有一些投射动词由于使用频率较低,此处不进行讨论。

词对语篇中的思想与观点进行评价时,积极评价是逐渐减少的。同样,消极性评价的使用趋势也随着研究水平的提升而降低,本科阶段使用最多,显著多于硕士阶段中的使用频数($x^2 = 61.93, p < 0.001$),硕士阶段和博士阶段中的使用不存在显著性差异($x^2 = -1.56, p = 0.212$)。据此可以推测,研究水平较高的二语学术作者对于态度意义的明示表达使用变得较为谨慎,这可能是追求客观性所致。试探性评价在本科阶段最少($x^2 = -40.47, p < 0.001$),硕士阶段开始提升,甚至高于博士阶段的使用频数($x^2 = 94.23, p < 0.001$)。这表明自硕士阶段开始,由于二语学术作者接受了不同于通用学术英语写作的学科英语写作训练,更加关注语篇中模糊性的重要意义,能够借助语境实现投射动词的语篇意义,态度意义表达能力提升。同时,试探性评价也可以介入不同声音进入语篇展开讨论,创设语篇中学术对话的氛围。中性评价体现客观立场,本科二语学术作者使用过少($x^2 = -58.24$, $p < 0.001$),硕、博阶段开始增多,但两者相比并无差异($x^2 = 3.79, p = 0.052$),表明硕、博阶段对客观性的要求趋于一致,均高于本科阶段。

当我们观察期刊作者论文中的积极性评价和消极性评价时,可以发现期刊论文作者比二语学术作者对积极性评价立场的建构更多($x^2 = -131.16, p < 0.001$)、消极性评价立场的建构更少($x^2 = 23.31, p < 0.001$)。这个使用特征可以被看作学术社团中维系人际关系的策略,有助于和谐学术环境的建构。与此同时,期刊论文作者凭借试探性评价立场的良好建构(比博士阶段使用更多,$x^2 = -7.88, p < 0.01$)和中性评价占主导地位的使用特点(比博士阶段使用更多,$x^2 = -67.80, p < 0.001$),表明语篇中学术讨论的自由度和学术观点投射的客观性均高于较高研究水平的二语学术作者。

（二）意愿投射动词的主观性体现

前文提到,意愿投射动词表达了投射者的主观性,下面以 would like 为例,分析意愿投射动词在语篇中体现的主观性(见表6-18)。

表 6-18　意愿投射动词 would like 的投射形式

语料库	高频投射源的投射型式	共现频次/搭配强度
BTC	They/people+would like+to 投射动词/行为动词	18/63.20
	I+would like+to 投射动词(如 introduce,say,emphasize)	8/56.40
	We+would like+to 投射动词/行为动词	4/17.06

续表

语料库	高频投射源的投射型式	共现频次/搭配强度
MTC	We+would like+to 研究动词(explore,provide)	5/37.21
	I+would like+to 投射动词(draw attention to,express)	3/22.63
	They+would like+to 行为动词	3/15.12
DTC	I+would like+to 投射动词(mention,see…as)/研究过程动词(take,make)	15/130.73
	We+would like+to 投射动词(say,introduce,ask)/研究过程动词(include/classify)	11/89.10
	They+would like+to 行为动词	9/44.25
JRA	We+would like+to 投射动词(add,propose,establish,reiterate)	11/95.03
	I+would like+to 投射动词(ask,continue)/研究过程动词(take)	5/45.09
	They+would like+to 行为动词	3/14.95

would like 是一个偏向口语的用语,除了 I、we 这两个高频投射源(左_2,右_0,参考 Log-likelihood 值),在 BTC 中的高频投射源还包括泛指全体 they/people,后接投射动词(如 accept、know、say、talk、introduce 和 emphasize)和个别行为动词;MTC 中的高频投射源 we 后接研究动词,如 explore、provide,投射源也包括 they,但是与 BTC 中的泛指不同,这里指称的是"研究参与者(被试)",并非泛指,后接行为动词,即研究被试在研究中的行为;定指人称 they 在 DTC 中也有使用,体现了硕、博阶段的承接,同时,"I,we+would like"还后接研究过程动词,如 include、classify,与 JRA 中 would like 的使用情况相似。有趣的是,MTC 和 DTC 中的 we 多是加以掩饰的自我指称,因为学位论文的作者只是二语学术作者。但是 JRA 的we 很大程度上是真正的自我指称,因为期刊论文的作者大都是两者或两者以上。这和人称代词研究的发现一致,二语学术作者将自己的声音隐藏在集体人称代词we 中,不愿凸显主观性。

Shaw① 曾提出,期刊论文、教科书等文体与学位论文的语篇功能不同:教科书是居高临下的专家权威姿态(读者居于低地位),期刊论文是写给同行看的(作者

---

① SHAW P. Reasons for the Correlation of Voice,Tense,and Sentence Function in Reporting Verbs [J].Applied linguistics,1992,13(3):302-319.

与读者地位是平级），而学位论文需要向评阅老师或专家展现二语学术作者的知识和对目标文化的掌握（读者居于高地位）。因此，Shaw 在文中指出，期刊论文中 we 的使用和学位论文中的用法必然不同。以上的发现证实了 Shaw 的观点。在体现主体性时，二语学术作者与期刊论文作者的凸显程度和方式均不同。

（三）结果投射动词的事实性建构

基于 Swales① 对引用方式的分类，我们可以将投射分为融合投射与非融合投射，融合投射指的是投射源以名字的形式出现在投射小句中，非融合投射指的是投射源置于括号中，或是以脚注或尾注的形式出现在别处。此外，我们采纳 Charles② 提出的泛指投射（general reference）概念，将集合指称（如 many studies）、理论学派（如 functional linguists）、it 指代的学科团体（如 it is well proved that…/it has been established that…）归于此范畴。

同时，我们依据语法主语判定投射句子类型，将其分为人类指称句式（human reference，以下简称"人称"）、非人类指称句式（non-human reference，以下简称"非人称"）和 it 引导被动句式（introductory it followed passive voice，以下简称"it 句式"）。

表 6-19 中数据显示，不同阶段二语学术写作中的结果投射动词使用频数呈现逐渐增多的趋势，从本科阶段的 477/百万词增加到硕士阶段的 980/百万词，增长了 1 倍多，博士阶段再增长到 1231/百万词，大约是本科阶段的 2.5 倍。

表 6-19　结果投射动词的短语形式（百万词标准频数）

短语形式	BTC	MTC	DTC	JRA
融合投射—人称	135	258	576	294
融合投射—非人称	92	154	228	117
融合投射—it 句式	0	14	50	93
非融合投射—人称	11	15	37	118
非融合投射—非人称	17	20	126	383
非融合投射—it 句式	5	6	50	173

---

① SWALES J. Genre Analysis：English in Academic and Research Settings［M］. Cambridge：Cambridge University Press，1990.

② CHARLES M. The Construction of Stance in Reporting Clauses：A Cross-Disciplinary Study of Theses［J］. Applied linguistics，2006，27（3）：492-518.

短语形式	BTC	MTC	DTC	JRA
泛指投射—人称	35	59	38	135
泛指投射—非人称	206	317	75	43
泛指投射—it 句式	47	137	51	167
总计	548	980	1231	1523

但是,当我们将期刊论文中的使用频数作为参考时,能够发现 JRA 中的频数高于每个阶段的二语学术写作中的使用频数,比 DTC 中的使用频数还要高出24%。这个发现表明二语学术写作中逐渐增高的语篇事实性建构,强调客观性要求的提升,但还需增多结果投射动词的使用以接近期刊论文的使用水平。这一发现验证了娄宝翠①的研究结果。她发现本科阶段的二语学术作者,在毕业论文中没有使用研究类的转述动词,更不用说结果投射动词了。可见,结果投射动词的使用是区分成熟学术作者和不成熟学术作者的区别性特征,因为它们随着研究经验、学术写作水平和研究能力的提升而增多使用频率。

另外,我们能够发现,二语学术写作中结果投射动词出现在融合投射结构中的比例高于非融合投射结构中的比例;相反的是,期刊论文中结果投射动词出现在非融合投射结构中的比例高于融合投射结构中的比例。学位论文中投射动词以融合性投射为主要结构,而期刊论文中投射动词则以非融合性投射为主要结构。究其原因,一方面可能是因为二语学术作者在学位论文中,由于篇幅较长不存在字数限制,可以通过融合性投射的方式比较充分地对某个文献的研究予以单独介绍,而期刊论文由于受到编辑字数所限,只好将多个文献归于一个文献述评之下,采取非融合性投射的方式,予以介绍、概括或评价。另一方面是因为二语学术作者对文献的综合梳理能力相对于期刊论文作者较弱,偏好于逐条罗列文献,单独进行评述,尚未熟练掌握对文献进行科学分类和梳理的能力,因此融合性投射,尤其是融合投射—非人称以"the study of+作者名+(出版年份)+结果投射词+that"相对来说比较简单的形式,是二语学术作者在逐条列举文献时的首选方式。

---

① 娄宝翠. 中国大学生学术论文中转述动词及立场表达对比分析[J].山东外语教学,2014
(2):50-55.

可见，非融合投射能够比较全面地、意义连贯地进行文献综合述评，而融合投射在处理较多文献时，占据较多篇幅，且由于分散叙述不便于进行文献的整合。

Charles 认为，对单独文献的详述能使学位论文作者更好地展现自己作为学位申请人对文献的完全掌握。但是，本书认为，对于文献的全面系统和科学的梳理更能够体现研究者的文献研究能力，即引证能力的体现。当然，这种能力也正是始于对单篇文献的细致述评，二语学术作者在本、硕、博阶段的积累是必经阶段。

泛指投射不需要注明投射出处，比如，不出现投射源的具体名字和年份，而是采用一种集体呈现的方式（如 many researchers，The Functional Grammar）或 it 表语小句（如 it has been shown that、it is established that）。这种事实呈现方式，在 BTC 中比例最高（占 60.3%），MTC 中比例下降（占 52.3%），DTC 中比例最低（占 13.3%）。比例下降的原因可能是二语学术作者将事实性呈现的方式越来越多地转变为确切信息源，以提升命题确凿程度。JRA 中的比例稍高于 DTC，为 22.7%，主要是因为期刊论文较大程度上对人称和 it 表语小句的使用比例较高，对非人称的使用比例较低。泛指投射——人称可以有效凸显研究团体，建立社团内部成员间的联系；it 表语小句表述了通识知识，是建构共识的手段。

八、小结

投射结构在二语学术写作中的使用频数显著少于期刊论文中的使用频数，话语投射动词与思想投射动词都使用过少，具体范畴中的通用话语投射和意愿投射使用过度，认知投射不存在差异，其余范畴的投射结构都使用过少。就发展趋势而言，在不同阶段的二语学术写作中，话语投射动词呈现"U"形发展曲线，随着研究水平的提升，话语投射中体现口语特征的通用话语投射越发减少、信息陈述的语言功能投射在博士阶段出现使用激增、表达言外之意的附加特征投射稳步提升，在博士阶段达到了同期刊论文一致的使用水平；提议投射在不同阶段的二语学术写作中未呈现显著发展趋势；思想投射呈现倒"U"形发展曲线，其中，表达思考过程与结果的认知投射在本、硕、博阶段呈现使用递减的趋势，使总体频数与期刊论文持平，主观性的意愿投射在硕士阶段增多、博士阶段降低，凸显研究学科认知的结果投射在本、硕、博阶段使用逐渐增多。这些结果表明，我国二语学术写作中表达逻辑语义投射的小句复合体呈现发展的阶段性特点，频数体现了恰当引证意识的提升、态度意义表达能力和话语资源调用能力的发展。必须承认的是，即使是博士阶段的二语学术写作中投射结构仍与期刊论文存在差异。比如，意愿投射体现出的主观性较强、提议投射表现出的主体间性不足、结果投射反映出二语学术写作的事实性稍弱、引证能力还需积累。但是这些发展阶段上的差异与不足,是二语学术写作新手在二语学术写作中的正常发展规律,在纷繁复杂的使用中,二语学术作者在本、硕、博阶段获得了进步,逐步掌握了恰当的使用方法,可见他们的引证意识和评价意识正逐步提升。

第七章

超越小句的二语学术语篇评价意义发展特征

第一节　二语学术语篇语法隐喻的语篇评价意义

一、语法隐喻

语篇是由小句实现的。作为核心层级的小句是我们串联整本书的关键单位。这一章将我们的视线超越小句层面,离开语言的措辞层,来到语言的语篇语义层。语义层由词汇语法层体现,比如,我们在第五章谈及的及物性过程、情态系统、主位结构,分别能够体现语篇语义层的事件意义、互动意义和信息转换。在这种运作模式下,还存在两个原则,一个是跨语法语义域原则,另一个是隐喻原则。

跨语法语义域原则指出,意义可以由多种语法单位实现。如我们在第五章第一节中探究的情态身份,可以由动词词组(情态动词和建议动词)、小句(外置 it is 结构)、副词词组(如 hopefully)实现。隐喻则是"语义单位和语法单位之间体现关系的重新配置",即隐喻式体现关系,与一致式相对应,共同拓展了语言的意义潜势。

系统功能语言学将隐喻置于语篇语义层,分为概念隐喻和人际隐喻,是语法隐喻的经典模式。概念语法隐喻主要表现为及物性隐喻,建构人际意义,是表达评价的资源之一①。人际语法隐喻又分为语气隐喻和情态隐喻。语气隐喻与言语行为有关,通过语气与言语功能的不匹配实现语篇语义的话语功能。情态隐喻拓展了由情态动词或副词实现的情态功能,使名词、介词短语、投射小句等结构也能

---

① 陆礼春.语篇评价资源系统分布图的构建[J].外语研究,2014(4):36-43.

表达情态意义。但是语气隐喻常见于口语①,笔语中不常见,而且就连情态隐喻的使用频率加在一起,人际语法隐喻的频数在二语学术写作中也较少,主要是概念隐喻的使用。

语法隐喻拓展了语言的意义潜势,语法隐喻也是拓展语篇评价意义的潜势之一。如前几章所示,本次研究学术语篇中的语篇评价意义是由多种资源实现的。其中,隐喻资源之一就是概念语法隐喻中的名词化。当然,概念语法隐喻中还有动词化隐喻过程,但由于二语学术语篇中的使用频率较低,因此,下文主要就名词化予以简述。

二、作为概念语法隐喻的名词化

系统功能语言学指出,过程的名词化,也称"名物化",能够实现小句意义的建构与协商。这种名词化将前指或后指命题意义视为抽象的事物重新表述为既成事实或暂时性概念②。一旦读者将这一命题意义理解为已知事实,作者就可以在此基础上提出自己的观点或建构新的命题意义。因此,过程的名词化能够实现表层意义上的衔接作用,也能够发挥深层意义上的认知功能,既是推进语篇的手段,也是赢得读者认同的策略。

这一语言手段在语言形式上由名物化过程③实现,常出现在抽象的学术英语写作中。名物化能够浓缩命题内容,将有关过程与特性的信息名物化,成为新的主题(新的主位),在下文展开细致讨论,建立了句际和句内的联系;名物化过程能够将复杂信息压缩,正如专业术语压缩了术语的定义小句,缩减为一个名词形式,信息密度增强④,体现语言的"奥卡姆剃刀现象"。因此,名物化过程能够实现语篇的逻辑连贯性和学科专业性。

此外,名物化过程减弱了过程动作发出者的凸显程度。过程小句离不开主语,但过程的名词化则不然。这一点帮助名词化成为学术语篇、科技语篇等正式文体所青睐的语言现象,有效实现去人称化(de-personalization)、提升客观性。名物化过程在学术语篇使用的另一个原因是它能免除时间限制,不必通过时态表达

---

① DEVRIM D Y. Grammatical Metaphor:What Do We Mean? What Exactly Are We Researching? [J].Functional Linguistics,2015,2(1):1-15.

② 张高远,杨晓军. 英语抽象名词研究新视角:《作为概念外壳的英语抽象名词:从语料库到认知系统》评述[J].外语教学与研究,2004,36(6):467-473.

③ HALLIDAY M A K. Spoken and Written Language[M].Oxford:Oxford University Press,1985.

④ FLOWERDEW J. Signaling Nouns in Discourse[J].English for Specific Purposes,2003,22:329-346.

过程意义，就能够表达一个普适于任何时间条件的命题，举例如下：

①Of two chief whaling nations, Norway is adamant in its <u>threat</u> to hunt the migratory minke whale…in the northern Atlantic.

②Of the two chief whaling nations, Norway <u>keeps adamantly threatening</u> to hunt migratory minke whale…in the northern Atlantic.

就评价意义而言，名词化也是实现语篇中作者与读者间主体间性的语言资源之一。通过"物化"（thingified）的名词结构，名词化建构了一个不可协商的意义。名物化过程使知识固化（fossilization of knowledge），语篇中就这一固化的知识开展协商的对话空间被压缩，作者将命题表述为"不可挑战"。读者倾向于在作者创设的固化知识中认同作者观点，采取一致立场，建构和谐的主体间性。同时，通过对名词的选择，作者可以表达态度或评价①：命题信息是否真实可靠，作者对其是持有积极、消极或中立的看法等。

以往研究中，研究者提出以下类似的概念：载体名词②、回指名词③、前瞻性/回溯性标记词④、外壳名词⑤、标示名词⑥等。Ivanič 定义载体名词是因为它们"常常承载着字典意义以外的语境中的特定意义"；Schmid 将之命名为"外壳名词"是因为它们为语篇中表述的整个句子、段落甚至是较长的话语提供了"名词概念外壳"（nominal conceptual shells），外壳名词依存于所指内容，存在一个"外壳—内容"的关系。这一关系与名词化级转移过程类似。Schmid 举了以下例子：关系过程中描述特性的 round 经过名物化过程成为衍生词 roundness；心理过程中动词 assume 经过名物化过程成为衍生词 assumption，都用来表征一个事物。

因此，本书在系统功能语言学视域下，结合学者对外壳名词、载体名词等相关

①　CHARLES M. Argument or Evidence? Disciplinary Variation in the Use of the Noun that Pattern in Stance Construction[J]. English for Specific Purposes, 2007, 26(2): 203-218.

②　IVANIČ R. Nouns in Research of A Context: A Study of Nouns with both Open-and -Closed System Characteristics[J]. International Review of Applied Linguistics in Language Teaching, 1991, 29: 93-114.

③　FRANCIS G. Anaphoric Nouns: Discourse Analysis Monographs No. 11[M]. Birmingham: English Language Research, University of Birmingham, 1986.

④　FRANCIS G. Labelling Discourse: An Aspect of Nominal-Group Lexical Cohesion [M] // COULTHARD M. Advances in Written Text Analysis. London: Longman, 1994: 83-101.

⑤　HUNSTON S, FRANCIS G. Pattern Grammar[M]. Amsterdam: John Benjamins, 1999.

⑥　周惠, 刘永兵. 中国英语学习者学术中标示名词的功能与立场研究[J]. 外语教学与研究, 2015(2): 251-261.

研究的方法与结果,探究名词化在二语学术写作语篇中的使用特征。

以往研究表明,二语学习者对名词化的使用存在一定困难,如使用匮乏、搭配错误、介词误用、词性混淆等;当与学术成手或本族语者使用情况进行比较时,二语学术作者也存在使用单一、分布不均衡、功能不一致的现象。同时,二语学术话语的研究也发现语法隐喻是学术语言的标志性特征,能够推进论证的展开并增强论述的客观性与权威性。但现有研究多数针对二语学习者语篇和本族语者语篇或是学习者语篇与专家作者语篇进行比较研究,尚未对不同阶段二语学术语言中发展特征进行细致描述与阶段性比较。这一节将系统考察二语学术写作中的名词化阶段性发展特点,基于系统功能语言学的相关论述并结合以往研究发现,进行分析与讨论,以期描绘名词化使用的发展规律,探究在语篇评价意义生成方面存在的问题与特征,从而为提升学习者二语学术写作水平提出理论与实践方面的指导。具体而言,本节将聚焦名词化的总体使用与阶段性差异、名词化的发展特征、不同类型名词化的阶段性使用特征,旨在通过观测名词化这一语法隐喻现象,研究超越小句的层面上的语篇评价资源的阶段性特征,考察二语学术作者语篇评价能力的发展性特点。

三、名词化的研究框架与过程

本节借鉴 Francis 等①、Charles、周惠和刘永兵的分类,将名词化分为以下 6 个范畴:话语型、思想型、证据型、盖然型、研究型和语篇型。然而我们前期观察表明,语篇中存在表达需求提议的名词化,有必要单列出需求型名词化。同时,语篇型的名词化在学术写作中的使用受到体裁结构的影响而造成的差异不能体现语篇评价意义的发展变化。因此,语篇型名词化此处不予考察。据此,名词化共分 6 个范畴(见表 7-1)。

表 7-1　名词化分类框架

类型	定义	例词	功能
话语型	话语的名词化	argument、claim	概念功能
思想型	思想的名词化	belief、hypothesis	概念功能
证据型	理论依据和实践佐证的名词化	evidence、indication	认知功能
盖然型	命题的名词化	possibility、tendency	认知功能

---

① FRANCIS G, HUNSTON S, MANNING E. Collins Cobuild Grammar Patterns 1: Nouns and Adjectives[M].London:Harper Colins,1998.

续表

类型	定义	例词	功能
需求型	提议的名词化	necessity、willingness	认知功能
研究型	研究方法、内容和结果的名词化	investigation、solution	语义功能

  这些类型的名词化除了联系功能以外,话语型和思想型名词化帮助语篇作者形成暂时概念;证据型、盖然性和需求型名词化表达认知立场;研究型名词化描述了复杂的专门信息,实现了语义功能。本节将在此分类框架下,探究名词化的功能和类型在不同阶段二语学术语篇中的分布特征。该分类框架进一步细化了名词化的类型,扩展了先前研究文献中对此类语言现象的功能分类,也深化了语篇评价意义规律性特征的研究。

  本书采用语料库复杂检索方式进行名词化的检索与提取。Charles曾使用 N-that 构式提取名词化,且以往研究也对此予以支持,表明这一语言现象常出现在典型语法构式中。比如,其前常有 this、these 等限定成分;后接评价性从句或不定式结构①,即 N-that,N-be-that,N-wh,N-be-wh,N-to 和 N-be-to 构式②。据此,为了有效提取名词化,我们首先将本次研究语料进行词性赋码,其次使用 AntConc 复杂检索以上6个构式的正则表达式,最后手动删除非名词化的索引行(如确保其前有限定成分或相关过程等一致式表达)。正则表达式的初级编写工具为 PatternBuilder,需要经过反复调试和验证,形成最终检索式。名词化构式的正则表达式如表7-2所示。

表7-2 名词化构式的正则表达式

构式	正则表达式	例句
N-that	\S+_[AD]\w+\s\S+_N\w+\s+that	While_IN this_DT indicates_VVZ a_DT **recognition** _NN that_IN there_EX are_VBP individual_JJ differences_NNS...
N-be-that	\S+_[AD]\w+\s\S+_N\w+\s\S+_VB\w*\s+that	...the_DT **hypothesis** _NN is_VBZ that_IN one_CD type_NN of_IN textual_JJ enhancement_NN...

---

① HYLAND K,TSE P. Hooking the Reader:A Corpus Study of Evaluative That in Abstracts[J].
  English for Specific Purposes,2005,24(2):123-139.
② 其他构式,如指示代词+N,指示代词+BE+N、N+of 介词短语,能同时大量提取出非名词化
  (具体名词),如 the roof of the house,因此,此处只考虑以上6个构式中的名词化。

206

构式	正则表达式	例句
N-wh	N+which： \S+_[AD]\w+\s\S+_N\w+\s+which_WDT N+what： \S+_[AD]\w+\s\S+_N\w+\s+what_WP N+when： \S+_[AD]\w+\s\S+_N\w+\s+when_WRB N+where： \S+_[AD]\w+\s\S+_N\w+\s+where_WRB	…for_IN teaching_VVG requests_NNS as_IN an_DT **intervention** _NN which_WDT contained _ VVD consciousness - raising_NN activities _NNS…
N-be-what①	\S+_[AD]\w+\s\S+_N\w+\s\S+_VB\w * \s+what_WP	These_DT **deficiencies** _NNS were_VBD what_WP Qin_NP expected_VVD to_TO overcome_VV in_IN…
N-to	\S+_[AD]\w+\s\S+_N\w+\s+to	…were_VBD best_RBS justified_VVN by_IN the_DT **attempt** _NN to_TO focus_VV on_IN the_DT…
N-be-to	\S+_[AD]\w+\s\S+_N\w+\s\S+_VB\w * \s+to	…the_DT **tendency** _NN is_VBZ to_TO design_VV different_JJ tests_NNS to _TO…

　　提取的名词化将依据表7-1的分类框架进行分组,统计不同范畴和功能的名词化使用频数,并开展不同阶段的数据对比。名词化辨识、分组工作由研究组成员合作进行。每位组员均熟知提取原则和分组标准。如产生分歧,由研究组商讨决定。结果汇报原始频数、标准频数(每百万词)、类符数(一个类符包括它的单数和复数形式)、百分比、对数似然比及显著性等。

四、名词化的总体使用与阶段性差异

(一)总体使用差异

　　经过统计,我国二语学术写作中对名词化的使用频数总体上少于期刊论文的使用频数。如表7-3所示,不同阶段二语学术写作中名词化使用的总频数为5375,每百万词标准频数为1201,期刊论文中名词化使用总频数为2520,标准频数为1427,差异具有统计学意义($LL=-47.42, p<0.001$)。结果表明,相对于国际核

---

　　①　N-be-wh 构式语料库中只出现 what。

心期刊论文,我国二语学术写作新手对具有一定专业性与抽象性的名词化使用不足。名词化所指为抽象之物,抽离于现实世界之外,具有较高的认知复杂度和信息密度,令作者写作时加工难度增大,因此,作者可能采取回避措施,在语篇中出现标示名词缺失而使用指示代词 this 或 these 代替的现象,导致名词化过少使用,甚至造成歧义①。

表 7-3 名词化的总体分布差异

语料库	原始频数	*LL* 值	类符数	类符形符比
二语学术写作	5375	-47.42	296	5.51
JRA	2520	***	204	8.10

注:*** 表示在 0.001 水平(双侧)上显著。

名词化使用的多样性统计显示,我国二语学术写作中的名词化类符数为296,类符形符比为5.51,期刊论文中的名词化类符数为204,类符形符比为8.10。可见,我国二语学术写作整体上对名词化使用的多样性还是远低于期刊论文。

就名词化的功能而言(见表7-4),我国二语学术写作中对于认知功能的使用最多,占比最高(44%),概念功能的使用居中,语义功能最少。期刊论文对认知功能的使用也是占比最高,近半数(49.3%),概念功能的使用居中,语义功能最少。

表 7-4 名词化的功能分布差异

功能	二语学术写作			JRA		
	原始频数	标准频数(百万词)	百分比/%	原始频数	标准频数(百万词)	百分比/%
概念功能	2021	452	37.6	720	408	28.6
认知功能	2363	528	44	1,242	703	49.3
语义功能	991	222	18.4	558	316	22.1

当我们将标准频数考虑进来,可以发现二语学术写作中名词化的认知功能和语义功能比例少于期刊论文,而概念功能的比例高于期刊论文。下面分析二语学术写作中使用过少的认知功能和语义功能。名词化的认知功能表达了作者对命题的事实性和盖然性以及提议。对认知功能的使用能够加强语篇认知立场的建构,建立作者—读者间的互动。比如,证据型名词化 fact 能通过将命题表述为事实,

① BIBER D. Stance in Spoken and Written University Registers [J]. Journal of English for Academic Purposes,2006,5(2):97-116.

增强命题客观性和可信度,赢得读者的认同;盖然型 tendency 可以把某种动态的变化包装成一种静态的既成事实,压缩了不同意见的存在空间;需求型 need 表明其后构式中的提议是"必要的"和"重要的",呼吁读者响应作者提议,增大读者的介入程度。二语学术写作中认知功能使用频数与比例均低于期刊论文的使用频数和比例,说明二语学术写作对于认知立场的建构不足,其作者—读者的互动相对较弱。名词化的语义功能主要由研究型名词化实现,将研究相关的专门概念表述为一个名词化,是语义的浓缩和信息密度最大化。Swales[①] 发现,50 个高频外壳名词中有半数被用来表示自己或他人的研究、方法和结果,研究型名词化是主要的学科学术语言。二语学术写作中这类名词化的使用频数和占比均低于期刊论文,显示了二语学术写作在学术性和专门性上与期刊发表论文存在差距。

(二)名词化总体使用的发展特征

本、硕、博阶段二语学术写作中名词化使用的总体特征是持续增多的(见图 7-1),随着研究水平的日益提高和研究经验的逐渐丰富,二语学术作者对于名词化的使用呈现发展的态势。

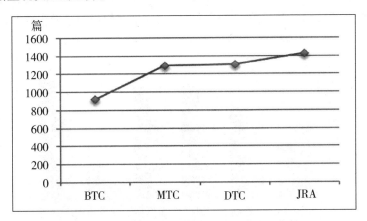

篇

图 7-1 不同阶段名词化总体使用的变化曲线

频数差异表明,本科阶段二语学术作者过少使用名词化,硕士阶段使用有较大幅度的增多($LL=-55.93$,$p<0.001$,见表 7-5)。到了博士阶段,名词化的使用并未呈现显著增多或减少的态势($LL=-0.07$,$p=0.795$),说明整体使用上硕、博阶段差异不显著,博士阶段的总体使用频数基本同硕士阶段持平。然而,与期刊论文相比,博士阶段名词化的使用不足,差异显著($LL=-11.32$,$p<0.001$)。可见,

① SWALES J. Attended and Unattended "This" in Academic Writing: Along and Unfinished Story [J].ESP Malaysia,2005,11:1-15.

要想达到期刊论文使用水平,博士阶段的二语学术作者还需要增多名词化的使用。

表7-5　名词化总体使用的阶段性特征

项目	BTC	MTC	DTC	JRA
原始频数	1072	1009	3294	2520
LL 值	$LL_1 = -55.93$ ***	$LL_2 = -0.07$（p=0.795）		$LL_3 = -11.32$ ***

注：*** $p<0.001$；LL_1为本硕间差异,LL_2为硕博间差异,LL_3为博士和期刊间差异。

这个结果与 Flowerdew 的研究发现一致,名词化使用与二语作者的语言水平存在一定相关关系。本节研究数据进一步揭示出,名词化使用与二语学术作者的学术研究水平也可能存在一定联系。比如,对于语言水平和研究水平都稍弱的本科阶段,名词化使用频数最低。随着步入科研领域并接受专业的学术语言与科学研究训练,硕士阶段产生一次比较大的飞跃,博士阶段基本持平,但仍有必要增多名词化的使用。图 7-2 显示了二语学术写作与期刊论文对不同类型名词化的使用差异(标准频数),以明示我国二语学术作者应增多使用的名词化类型。

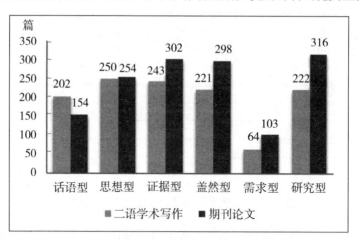

图7-2　二语学术写作与期刊论文不同类型
名词化使用差异(标准频数)

图中数据显示,与期刊论文相比,二语学术写作中不同类型名词化的使用不平衡,过多使用和过少使用的情况并存:话语型名词化使用多,其他类型名词化的使用均过少。因此,二语学术作者应增多思想型、证据型、盖然型、需求型和研究型名词化的使用。下文将对各类型名词化的使用进行细致分析。

五、不同类型名词化的阶段性使用特征

二语学术写作与期刊论文中高频使用的名词化列表(见表 7-6 和表 7-7),排序前 10 的名词化中有 6 个相同:fact、ability、study、opportunity、attempt 和 need,其中,位列前 3 的名词化均为 fact、ability 和 study。这些共性表明双方高频名词化的选择存在相同的偏好,将表达事实性的 fact、表达盖然性的 ability 和 opportunity、物化研究过程的 study、描述心理过程的 attempt 和表达提议的 need 作为主要的学术语篇名词化使用,与 Flowerdew 所列高频学术语篇标示名词比较一致,证实了同一学科学术语篇高频名词化的使用存在趋同性。

表 7-6 二语学术写作中高频名词化一览表

序号	名词	序号	名词	序号	名词	序号	名词	序号	名词
1	fact	11	answer	21	belief	31	principle	41	interview
2	ability	12	approach	22	desire	32	introduction	42	expression
3	study	13	response	23	hypothesis	33	rule	43	attention
4	conclusion	14	assumption	24	potential	34	notion	44	concept
5	opportunity	15	question	25	experiment	35	utterance	45	solution
6	attempt	16	tendency	26	intention	36	claim	46	contribution
7	need	17	case	27	example	37	opinion	47	hope
8	view	18	research	28	task	38	impression	48	system
9	chance	19	finding	29	theory	39	aim	49	necessity
10	idea	20	possibility	30	evidence	40	model	50	argument

表 7-7 期刊论文中高频名词化一览表

序号	名词	序号	名词	序号	名词	序号	名词	序号	名词
1	fact	11	potential	21	notion	31	observation	41	experiment
2	ability	12	idea	22	decision	32	hypothesis	42	expectation
3	study	13	response	23	conclusion	33	interview	43	inability
4	need	14	view	24	question	34	capacity	44	research
5	opportunity	15	tendency	25	model	35	intention	45	aim
6	finding	16	claim	26	interaction	36	reference	46	concept
7	possibility	17	approach	27	belief	37	difficulty	47	impression
8	attempt	18	task	28	evidence	38	shift	48	category
9	assumption	19	answer	29	chance	39	prediction	49	instance
10	case	20	desire	30	analysis	40	effect	50	assessment

　　然而,双方也存在一定的差异。不同类型名词化的阶段性使用特征如表7-8所示。下面将针对不同类型名词化在不同阶段中的使用,详细考察阶段性的特点和系统性差异。

表7-8　不同类型名词化使用的阶段性特征

		BTC	MTC	DTC	JRA
话语型	频数	233	195	476	272
	LL 值	$LL_1 = -4.70^*$	$LL_2 = 10.51^{**}$		$LL_3 = 7.22^{**}$
思想型	频数	195	208	714	448
	LL 值	$LL_1 = -21.50^{***}$	$LL_2 = -0.58(p=0.447)$	$LL_3 = 3.30(p=0.069)$	
证据型	频数	194	153	740	534
	LL 值	$LL_1 = -1.96(p=0.162)$	$LL_2 = -22.37^{***}$	$LL_3 = -0.29(p=0.588)$	
盖然型	频数	272	213	504	526
	LL 值	$LL_1 = -2.49(p=0.115)$	$LL_2 = 13.98^{***}$		$LL_3 = -40.99^{***}$
需求型	频数	68	40	179	182
	LL 值	$LL_1 = 0.51(p=0.476)$	$LL_2 = -3.69(p=0.055)$		$LL_3 = -12.54^{***}$
研究型	频数	110	200	681	558
	LL 值	$LL_1 = -73.22^{***}$	$LL_2 = -0.41(p=0.521)$		$LL_3 = -7.60^{**}$

　　注: $^{***}p<0.001$, $^{**}p<0.01$, $^*p<0.05$; LL_1 为本硕间差异, LL_2 为硕博间差异, LL_3 为博士和期刊间差异。

1. 话语型

　　话语型名词化在本科阶段语篇中使用频数为233(标准频数200),硕士阶段的使用增多,频数为195(标准频数250),差异具有统计学上的意义($LL=-4.70$, $p<0.05$)。博士阶段出现拐点,使用频数为476(标准频数189),明显收缩($LL=10.51, p<0.01$),但与期刊论文的使用相比,仍然使用过多($LL=7.22, p<0.001$)。

　　硕士阶段使用频数增多,是因为话语型名词化反映了社会科学学术话语迂回的(recursive)学科知识建构特征,使用论辩的方式与学科社团中其他成员展开对话,提出自己的观点。硕士生进入正式的学科专业学习,逐渐熟知学科知识建构方式,并运用于学科学术写作中。博士阶段话语型名词化总体使用减少,其中,减少半数以上的词有 conclusion、question、answer、comment、definition、interpretation、introduction、proposal、statement、suggestion,但是也存在增加使用频数的情况,增加比例比较明显的有 argument、assertion、claim、expression、interaction、implication、response。减少使用的多为常见词,增多的词多含有评价意义。比如,claim 表达了疏远含义,多表示作者与该命题保持距离,最大限度打开对话空间,并常常在下文对其进行反驳①;response 表达言外之意,表明了语篇内对话,是语篇中创设的交际与互动。

此外,从各类型所占比例来说,随研究水平的提升,话语型名词化使用逐渐减少,本科阶段占比21.8%,硕士阶段占比19.3%,博士阶段占比14.5%,期刊论文中仅占10.8%。这意味着其他类别的名词化占比得以提升,名词化的多样性增强。

2. 思想型

思想型名词化在本科阶段使用频数为 195(标准频数 167),硕士阶段的使用出现了一次较大飞跃,频数为 208(标准频数 267),差异具有统计学意义($LL =$ $-21.55, p < 0.001$),博士阶段与硕士阶段相比,不存在显著的使用差异($LL =$ $-0.58, p = 0.447$),与期刊论文中使用情况趋同($LL = 3.30, p = 0.069$)。思想型名词化是表达心理过程的名物化过程,可以引导读者跟随作者的论证思路、预测他们的态度并与他们展开对话,争取使读者保持一致立场,实现语篇的交际性。它们可分为以下 5 个范畴②:概念范畴(conceptual)、确信范畴(creditive)、意志范畴(volitional)、存疑范畴(dubitative)和情绪范畴(emotive),见图 7-3。

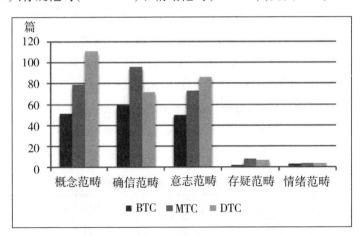

图7-3 思想型名词化次范畴分阶段使用特征(标准频数)

出现在两个文本以上的思想型名词化不同范畴的阶段性使用趋势如图 7-3 所示。概念范畴(如 assumption、notion、hypothesis)主要实现了思想型名词化形成

---

① MARTIN J R, WHITE P R R. The Language of Evaluation: Appraisal in English[M]. New York: Palgrave Macmillan, 2005.

② SCHMID H J. Shell Nouns in English: A Personal Roundup[J]. Caplletra: Revista Internacional de Filologia, 2018(64): 109-128.

短暂概念的功能,作者对其不予以评论,表现出客观性。二语学术写作中概念范畴的使用呈阶梯式增长,表明本、硕、博阶段形成暂时概念的能力增强,客观性提升。确信范畴(如 belief、view、agreement)体现出作者对命题的确信程度,人际投入较大,就语篇评价意义而言,作者倾向于体现观点的重要性和一致性,但同时减少了命题的协商性,挤压了对话空间。硕士阶段的使用增多,是因为研究生重视表达一种确定的命题意义以凸显语篇的可信程度,但是同时也限制了命题的可协商度。博士阶段确信范畴使用减少,表明博士生语篇的立场开放性更强。意志范畴(如 attempt、desire、intention)主要表达强愿望和期待,由于省去了人称,掩盖了愿望和期待的主观性,是"去主观化"的手段之一,在本、硕、博阶段的使用逐渐增多,再一次体现出二语学术作者对于"主观性的客观化"策略使用能力的提升。存疑范畴(如 doubt、misunderstanding、opposition)表达了否定观点,体现语篇中不同观点的碰撞,体现作者的批判性思维,本科阶段较低、硕士阶段与博士阶段有所提升。情绪范畴(如 concern、intuition、feeling)是主观上情绪的展现,在学术文体中不常见,本、硕、博阶段语篇中使用比例都很低、无明显变化。

3. 证据型

证据型名词化如同论据,能够增强语篇的科学性和研究的理据性。本科阶段使用频数 194(标准频数 166),硕士阶段使用频数 153(标准频数 196),频数稍高,但未呈现显著增多或减少的变化($LL = -1.96, p = 0.162$);博士阶段使用频数 740(标准频数 293),增势明显,具有统计学上的意义($LL = -22.37, p < 0.001$),其使用比例居所有名词化类型之首,与期刊论文使用水平相近。

博士阶段对证据型名词化的重视与日益提升的学科研究科学性和严谨性不无关系,体现语篇评价能力中学科认知的提升。表7-9汇总了部分高频词的使用情况。

表7-9 证据型名词化部分高频词的分阶段使用

项目	BTC	MTC	DTC	JRA
fact	109	94	444	381
LL 值	$LL_1 = -2.911(p = 0.088)$		$LL_2 = -12.05^{***}$	$LL_3 = -8.48^{**}$
evidence	5	2	32	20
LL 值	$LL_1 = 0.42(p = 0.515)$		$LL_2 = -7.8^{**}$	$LL_3 = 0.16(p = 0.691)$
model	1	2	26	21
LL 值	$LL_1 = 0.84(p = 0.359)$		$LL_2 = -5.37^{*}$	$LL_3 = -0.24(p = 0.626)$

注:$^{***}p<0.001$,$^{**}p<0.01$,$^{*}p<0.05$;LL_1 为本硕间差异,LL_2 为硕博间差异,LL_3 为博士和期刊间差异。

作者借助事实(fact)、证据(evidence)和理论依据(model),展现研究的理据性,向读者传递研究科学翔实的信号。本科阶段与硕士阶段在这些证据型名词化的使用上存在较大的相似性,显示本、硕阶段证据型名词化使用频数不存在显著的差异(p 值均大于 0.05)。到了博士阶段,二语学术作者对这些词的使用增多,频数差异具有统计学意义(p 值均小于 0.05)。博士阶段的二语学术写作对于理论数据和实践佐证有了更高的要求,研究方法和研究结果与讨论章节的篇幅比重增加,加之博士生作者阅读更多的专业文献(包括大量期刊论文),对于学科研究惯例逐渐掌握,学术社会化的步伐日益趋同期刊作者。但是,博士阶段在一些证据型名词化的使用上与期刊论文仍存在差距,比如,fact 在博士论文中的使用频数仍低于期刊论文($LL=-8.48$,$p<0.01$)。

4. 盖然型

盖然型名词化由于表达了一种极性(polarity)之间的认知意义,用来表达命题的可能性、经常性和能力。本科阶段盖然型名词化使用略少,本、硕阶段使用差异不明显($LL=-2.49$,$p=0.115$)。与硕士阶段相比,博士阶段使用减少,降幅显著($LL=13.98$,$p<0.001$)。这个现象的原因可能是,二语学术作者对于类似模糊语言的盖然性使用采取谨慎的态度,认为这类名词化建构了"不确定"的认知意义,影响语篇立场的可靠性,难以令人信服。事实上,盖然型名词化开启了作者同读者互动的对话:作者创造了一个可商榷的语境,扩展了协商空间,语篇的主体间性也得以体现,是作者诚邀读者针对命题开展讨论的表达。表 7-8 数据显示,期刊论文的使用情况正相反,与博士阶段相比,他们对盖然型名词化的使用较多($LL=-40.99$,$p<0.001$),更加有效地打开语篇的对话协商空间。举例如下:

③ This raises the **possibility** that the extent of general vocabulary...(JRA)

例③中的盖然型名词化 possibility 表达了可能性,降低了 that 后接命题的强加性,使语篇立场和谐化,令读者更加倾向与作者建立一致立场。本、硕、博阶段对盖然型名词化的使用逐渐减少,在博士阶段呈现低谷,反映出二语学术作者对模糊语言可能存在误解和抑制的使用特征。语料库中盖然型名词化高频词有:反映动态性的 ability、capacity、tendency,表达可能性的 opportunity、possibility、potential、chance。二语学术作者可以针对性地增加它们的使用频率。

5. 需求型

需求型名词化表达了提议的义务与意愿(obligation 和 inclination)。通过将义务情态进行名物化处理,如高频词 need、rule、necessity、requirement、responsibility、 request、obligation,作者缓和了提议的强加性和责任性,避免人际冲突,也显得更加礼貌妥帖。举例如下:

④…it is undeniable that the **need** to reach a consensus on…(MTC)

例④中名词化可有效避免责任人的出现,且作者通过评价性形容词 undeniable 凸显了提议的必要性。

表达意愿的需求型名词化(高频词有 willingness、preference、reluctance、inclination)也可省略人称主语,在实现语篇简洁性的同时,起到模糊语言的作用,打开语篇中的协商空间,有效避免绝对性论断。举例如下:

⑤In many cases,more than 50 % of the final versions of the monologues in his data set consisted of exact duplicates of previously uttered word strings. This **inclination** to resort to verbatim repetition,…(JRA)

inclination(倾向性)将上文内容浓缩,实现了外壳和内容的联系。句中由于这个倾向性占比虽高达半数以上(more than 50%),但仍存在其他情况,因此,inclination也发挥了模糊语言的作用,体现出期刊作者语篇中语言的严谨。

本、硕、博阶段语篇中需求型名词化使用未显现明显变化(LL 值分别为 $LL_1 = 0.51, p = 0.476; LL_2 = -3.69, p = 0.055$),但与期刊作者语篇中的使用频数相比,使用过少,差异显著($LL_3 = -12.54, p < 0.001$)。二语学术写作各阶段中此类别名词化的使用匮乏表明二语学术作者对于表达提议的名词化掌握整体欠佳,态度意义表达能力有所不足。

6. 研究型

研究型名词化是标示研究对象、方法、过程、结果的名词化,涉及 Schmid[1] 所列的事件(eventive)和环境(circunstantial)外壳名词,能够凸显研究的科学性、专业性和客观性。在不同阶段中,研究型名词化的使用持续增多,本科阶段使用较少,硕士阶段使用频数显著增多($LL = -73.22, p < 0.001$),博士阶段使用频数稍微增多,但未呈现差异显著性($LL = -0.41, p = 0.521$)。逐渐增多的趋势可能是因为,一方面,随着二语学术作者进入硕士阶段的学习,研究型名词化在阅读、学习

---

① SCHMID H J. Shell Nouns in English:A Personal Roundup[J].Caplletra:Revista Internacional de Filologia,2018(64):109-128.

和使用中,出现频率增多,输入变得频繁,因此,在硕士阶段语篇中输出也得以增强。另一方面,逐渐步入学术写作社团,开展专业学科写作,科学写作的专业性和客观性要求日益提升,二语学术作者意识到这一变化,并在写作实践中通过增多研究型名词化的使用,体现了自己的专业知识、科学的研究方法与可靠的研究结果。高频使用的名词化有研究词 study、research、analysis,方法词 approach、experiment、task、interview、assessment、observation,结果词 finding、solution、contribution、effect。以上高频词的阶段性使用特征如图 7-4 所示。

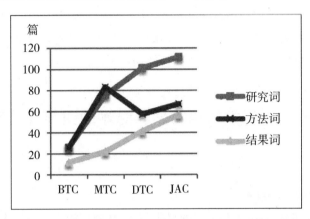

图 7-4　研究型名词化高频词的阶段性使用特征(标准频数)

图中显示,本科阶段研究词、方法词和结果词的标准频数均较低。硕士阶段三种词的使用频数都呈现较大增幅,其中,方法词增加了 2 倍,表明硕士阶段对科学研究方法的学习产生了积极影响。博士阶段研究词和结果词持续增多,与期刊论文相比仍有差距。

六、小结

这一节探究了我国二语学术写作本、硕、博阶段名词化使用的发展趋势,以及不同类型名词化在二语学术写作中的阶段性使用特征。研究发现,将期刊论文的使用情况作为参照,我国二语学术写作中名词化的使用频数总体上少于期刊论文的使用频数,对名词化使用的多样性也较低。就名词化的功能而言,二语学术写作中名词化的认知功能和语义功能使用少于期刊论文,而对概念功能的使用高于期刊论文。不同阶段二语学术写作中,名词化使用的总体特征是持续增多的,本科阶段名词化使用最少,硕士阶段有较大幅度的增多,硕、博阶段差异不显著。

在不同类别名词化的使用中,话语型、思想型和研究型名词化在硕士阶段出现较大增幅,凸显了学科知识的话语建构方式、客观性和批判性思维的提升、专业性的增强,与硕士阶段科学研究方法的学习与训练、客观意识的逐渐提升等因素有较大关系;证据型名词化在博士阶段突然增多,表明了学科研究科学性和严谨性在博士阶段的显著提升,反映了博士语篇向专家型写作的趋近;需求型名词化在本、硕、博阶段均未呈现显著差异,但与期刊论文使用相比,使用较匮乏;盖然型名词化在本、硕、博阶段的持续减少和博士阶段出现的低谷,表明二语学术作者对模糊性语言使用存在误区。

对名词化使用阶段性特征的研究表明,二语学术写作中语篇评价能力中的学科认知在名词化的使用中逐渐发展起来,但是仍然与期刊论文中体现的强烈学科认知还有一段距离。可以说,语篇语义层面的学科认知还有待提升。下一节,我们也将围绕学科认知,结合学科隐喻的建构进行探究。

第二节　二语学术语篇学科隐喻的语篇评价意义①

一、隐喻与学科隐喻

就广义而言,隐喻是人类语言的普遍现象,其使用能力与语言水平、交际能力和语篇建构水平呈现正向相关关系。在认知语言学视域下,概念隐喻理论认为,隐喻是根植于人们概念系统的跨认知域映射。人们借助简单概念的语义结构组织那些加工或理解起来比较复杂的概念,同时表达自己的态度。随着隐喻研究的社会与实证转向②,研究者更加注重概念隐喻的语言使用、思维和交际功能等维度。对于概念隐喻的研究大致分为以下几类:概念隐喻的识别与提取技术③,概念隐喻的解释、理解与归纳能力④,概念隐喻的产出能力⑤和概念隐喻能力的定义、培养与评价⑥等,深入探究了概念隐喻的认知机制并积极拓宽了概念隐喻的研究范畴。就具体研究范畴来说,学者探究了愤怒、死亡、犯罪、思想、经济、会计、移民、流感等概念隐喻现象,涉及政治、经济、时事、教育等多个范畴的话语,揭示了

①　部分内容原载于《外语研究》,2018 年第 4 期,第 31~36 页。

②　孙亚,钱玉彬,马婷. 国外隐喻研究现状及发展趋势[J].现代外语,2017(5):695-704.

③　RAYSON P. From Key Words to Key Semantic Domains[J]. International Journal of Corpus Linguistics,2008,13(4):519-549.

④　袁凤识,张新彬. 不同语言水平的认知主体概念隐喻归纳能力对比研究[J].外语教学理论与实践,2015(2):7-12.

⑤　钟兰凤,陈希卉. 学术英语隐喻产出能力研究[J].现代外语,2015(3):386-395.

⑥　蒋敏,王荣明. 二语概念隐喻能力培养研究述评[J].外语界,2015(4):51-57.

话语背后的态度和意识形态。但是,先行研究中尚无特定学科学术话语的隐喻研究。

这一节中,我们提出学科隐喻的概念,它根植于学术作者的学科认知,是通过其他事物认识、理解并表达学科问题的语言和认知现象,是学术作者头脑中对于学科本质等复杂概念的表征。学术写作新手对学科隐喻的使用方式与特点能够反映出他们对于本学科知识的建构方式和学科概念的表征方式,也反映出他们逐渐融入学科社团、完成学术社会化的必要进程。学科认知来源于学科体验,那么我们有理由推断,不同的学科体验能够促使不同的学科隐喻建构。问题是,不同的学科体验能够在多大程度上影响学科隐喻建构的异同。我们将通过对比二语学术写作和国际期刊论文中的学科隐喻回答这个问题。同时,通过学科认知的研究,我们希望能够探究二语学术作者的学科认知反映出的语篇评价能力。

二、学科隐喻的研究

对于概念隐喻影响因素的探究为我们探索学科体验对学科隐喻的影响提供了重要的借鉴。一方面,研究结果表明,二语学习者与本族语者在概念隐喻的理解和产出上存在差异,二语学习者概念隐喻认知模式单一,受到了语言文化因素的制约[①]。另一方面,研究发现,二语水平并非影响概念隐喻能力的关键变量,概念隐喻的差异在于认知主体在认知体验上的差异。这也是本节研究的一个前提假设。也就是说,学科隐喻源于认知主体的学科体验,学科体验的不同影响了学科隐喻的建构能力,而二语水平和母语背景不是直接影响因素。

综上所述,学科隐喻属于系统功能语言学的广义隐喻范围,在认知语言学领域的探索取得了令人瞩目的成果,让我们相信可以通过跨域映射实现我们头脑中对于学科认识的复杂表征,但是其建构情况还有待学界探究。而且学科隐喻的影响因素是否具有文化特异性和语言特异性,也需进一步证实。特别是我国二语学术新手,对于特定学科的认识如何通过学科隐喻得以表征,这种表征的能力如何,对于我们探究二语学术作者的语篇评价能力中的学科认知这一项,具有重要意义。

具体而言,我们在这一部分将探究二语学术作者与期刊论文作者对学科隐喻的语义域选择的差异、对于学科知识认知方式的异同、学科隐喻的建构差异。此外,我们也关注差异产生的原因,并为第九章语篇评价能力影响因素的研究做必

---

①　KÖVECSES Z. Language, Figurative Thought, and Cross-Cultural Comparison [J]. Metaphor & Symbol, 2003, 4:311-320.

要的铺垫。

受到隐喻分析性质的影响，本节仅选取硕士阶段的二语学术写作语料与期刊论文语料的摘要部分，进行细致的对比分析。硕士阶段的学术摘要一共 50 篇，均选自 MTC，类符数为 3376，形符数为 24186，平均每篇 484 个词。期刊论文的学术摘要选自 JRA，共 200 篇，类符数为 4714，形符数为 35178，平均每篇 176 个词。

我们使用的语料库工具有 Wmatrix3① 及 BFSU Collocator1.0②。Wmatrix3 可以实现词表生成、词频统计、词性赋码、语义赋码、主题性检验等多种功能，其中，对语义域赋码的准确率达到 91%~92%③，是在人工分析的辅助下识别隐喻条目的有效工具。BFSU Collocator1.0 能够提取学科隐喻目标语的搭配词并统计搭配强度以识别学科隐喻载体词。在识别过程中，我们将更具体的、与人体及行为相关的认知域视作源域，将抽象概念视作目标域，根据具体语境和词典释义进行基本义与隐喻义的判断。

1. 基于 Wmatrix3 的目标语提取、语义域赋码与主题性分析

目标语是隐喻作用的对象，相当于比喻修辞中的本体。语篇中的目标语主要是反映学科研究主题的词语。我们将两个语料库分别导入 Wmatrix3，生成词表及词频统计结果，并提取了 9 个有意义的高频共用词：language、learner(s)、study、English、learning、student(s)、teacher(s)、research 和 analysis，均为二语学术新手及国际专家作者高频使用的主题目标语。

Wmatrix3 工具同时进行了词性赋码(POS tag)和语义域赋码(USAS tag)。如图 7-5 所示，第一列数字表示某词出现在文本中的行数，第二列数字表示该词在这一行中的排序，第三列是该词的词性赋码，最后一列是该词的语义域。基于赋码结果，提取两个语料库中的高频语义域并通过与 Wmatrix3 自带的参照语料 BNC Sample Written 进行对比，考察语义域主题性是否存在显著差异。

2. 基于 BFSU Collocator1.0 的搭配词与隐喻载体词提取

搭配是两个词之间的结伴关系，体现两个词之间的共现偏好，如 view 常与 hold 搭配使用，而 perspective 常用的搭配词为 follow/take/employ，却不常与 hold 搭配使用。我们将跨距设为左_3，右_3，参考对数似然比进行高低排序，排位靠前

---

① 参见网址 http://ucrel.lancs.ac.uk/wmatrix3.html；RAYSON P. From Key Words to Key Semantic Domains[J].International Journal of Corpus Linguistics,2008,13(4):519-549.

② 梁茂成,李文中,许家金. 语料库应用教程[M].北京:外语教学与研究出版社,2010.

③ 孙毅. 基于语义域的隐喻甄别技术初探:以 Wmatrix 语料库工具为例[J].解放军外国语学院学报,2013(4):10-16.

```
0000006 070    AT        The                    Z5
0000006 080    MC        two                    N1 T3 T1.2
0000006 090    NN2       genres                 Q4/A4.1
0000006 100    VVN       examined               X2.4 B3 P1
0000006 110    VBR       are                    A3+ Z5
0000006 120    NN1       science                Y1
0000006 130    CC        and                    Z5
0000006 140    NN1       narrative              Q2.1
0000006 141    ,         ,
0000007 010    DDQ       which                  Z8 Z5
0000007 020    VBR       are                    A3+ Z5
0000007 030    RR        significantly          A11.1+
0000007 040    JJ        different              A6.1-
0000007 050    II        from                   Z5
0000007 060    PPX221    each                   Z8[i4.2.1
0000007 070    PPX222    other                  Z8[i4.2.2
0000007 071    .         .
```

图7-5　基于 Wmatrix3 工具的赋码文本

表示搭配强度较高,参照值为 15.13[①]。我们只提取实义搭配词,不考虑功能搭配词。

隐喻载体词指的是根据索引行的语境判断,能够建立起源域与目标域之间映射关系的词。隐喻载体词存在于搭配词中。也就是说,隐喻载体词与目标语存在搭配关系,而且隐喻载体词的不同语义域之间存在从具体到抽象或是从抽象到具体的映射关系[②]。因此,我们从搭配强度最高的搭配词开始,参考其语义域赋码并在特定的具体语境中判断基本义与隐喻义是否存在从源域到目标域的映射关系。

三、学科隐喻的语义域及其主题性对比

语义域赋码统计结果显示(见表7-10),位于前10的高频语义域列表中前四位语义域都是"教育","语言、话语和语法","探究、考察、测试、寻找"和"数字",而且两个语料库的共用高频语义域都包括"因果关系""动作/动词/使役""言语行为(话语投射)"以及"移动方向"。

表7-10　高频语义域对比

二语学术写作摘要			期刊论文摘要		
USAS tag	频数	语义域名称	USAS tag	频数	语义域名称
P1	482	教育	P1	484	教育

---

① SALAHSHOUR N. Liquid Metaphors as Positive Evaluations: A Corpus-Assisted Discourse Analysis of the Representation of Migrants in a Daily New Zealand newspaper[J]. Discourse, Context and Media, 2016, 13:73-81.

② 孙亚. 基于 Wmatrix 语义赋码的概念隐喻评价意义分析[J]. 外语与外语教学, 2014(5): 42-46.

续表

二语学术写作摘要			期刊论文摘要		
Q3	352	语言、话语和语法	Q3	393	语言、话语和语法
X2.4	162	探究、考察、测试、寻找	X2.4	185	探究、考察、测试、寻找
N1	162	数字	N1	182	数字
Q2.2	122	言语行为(话语投射)	A2.2	178	因果关系
A1.1.1	119	动作/动词/使役	A1.1.1	163	动作/动词/使役
A2.2	119	因果关系	Q2.1	140	话语(交际)
X7+	103	需求	Q2.2	132	言语行为(话语投射)
M6	95	移动方向	M6	130	移动方向
A9+	95	获得/拥有	A10+	119	开放、发现、显现

注:频数为每万词标准频数。

　　这些共性表明,二语学术作者及期刊论文作者在学科写作中,内容上紧密围绕学科知识,将"教育"(如 education、students、studies)、"语言、话语和语法"(如 linguistics、lexical、words)作为研究课题,旨在"探究、考察、测试、寻找"(如 heuristic、explore)这些问题的变化趋势,即"移动方向"(如 position、direction、beyond),探讨它们的"因果关系"(如 effect、contribute、motivation),并通过"数字"(如 hundreds、third、80.1)呈现研究发现。他们都较多使用"言语行为(话语投射)"(如 report、proposal)的词汇以组织语篇,体现出学科的论说性本质①。

　　当利用 Wmatrix3 自带的参照语料 BNC Sample Written 作为对照,以考察语义域的主题性时,我们发现以上的高频语义域都存在显著差异,能够体现语义域建构的学科特异性,即那些能够体现学科研究领域的语义域得到了凸显。这一发现也支持了我们研究学科隐喻的初衷,可见他们是学科认知的有效体现。

　　得到凸显的语义域是"教育","语言、话语和语法","探究、考察、测试、寻找"和"学习"。这进一步表明,二语学术写作与期刊论文在高频主题语义域的选择上存在较大程度的相似性。

　　差异在于二语学术写作中包括"需求"和"获得/拥有"这两个高频语义域,期刊论文中并未高频使用;期刊论文中的高频语义域还有"话语(交际)"和"开放、发现、显现",二语学术语篇则未高频使用。这些差异可能源于二语学术写作中主题的同质性高于期刊论文,有 64% 的语篇属于第二语言教与学的研究,主要研究

---

① HYLAND K,JIANG F. "In This Paper We Suggest":Changing Patterns of Disciplinary Metadis-course[J].English for Specific Purposes,2018,51:18-30.

英语教学与语言习得的相关问题,故而更加凸显英语教与学的需求和语言获得。同时,由于体裁不同,期刊论文与二语学术论文在语篇写作的要求上也存在差异,期刊论文聚焦话语交际过程中更具体的研究问题,重在通过"话语(交际)"汇报研究发现、呈现研究结果,并借助"开放、发现、显现"体现创新性,以便为学术界提供借鉴。

四、主题目标语的学科隐喻建构对比

经过语义域观察,9 个主题目标语主要分布在以下语义域:student(s)、learner(s)和 teacher(s)位于"教育"语义域,English 和 language 位于"语言、话语和语法"语义域,study、research 和 analysis 位于"探究、考察、测试、寻找"语义域,learning 位于"学习"语义域。我们选取本学科相对应的英文表述 language 和 research 为例,探究二语学术新手与国际期刊作者在学科写作中的学科隐喻建构。

1. "语言"概念隐喻建构

在二语学术写作和期刊论文中,目标语 language 的隐喻载体词共性与差异并存(见表 7-11 和表 7-12)。二语学术写作主要使用了 strategies、development、point 和 output 等词建构了以下源域和目标域的映射路径:"语言"是"战争","建筑","移动方向","数量","测量"与"方式方法"。期刊论文则主要使用了 achievement、target、development 和 background 等词建立了以下源域和目标域间的映射关系:"语言"是"获得/拥有","战争","建筑","移动方向","权力","方式方法"和"信息技术"。对比显示,双方在"语言"的概念表征中均涉及动态发展,如 H1"建筑"和 M6"移动方向",以及应对方式,如 G3"战争"和 X4.2"方式方法"。同时,他们共用 development 和 proficiency 这两个隐喻载体词。

表 7-11　二语学术写作摘要中 language 的隐喻载体词

载体词	源域	基本义	目标域	隐喻义
strategies	G3	战争	X7+	需要的
development	H1	建筑	A2.1	改变
			A5.1+	评价:好的
point	M6	移动方向	A1.5.2+	有用的
			X7+	需要的
output	N5	数量	A4.2+	详细的
			X9.2+	成功
reduce	N5-	数量:少的	A2.1	改变

续表

载体词	源域	基本义	目标域	隐喻义
level	N3.7	测量:高度	X9.1	能力/智慧
			S7.1	权力
proficiency	X4.2	方式方法	X9.1	能力/智慧

表 7-12　期刊论文摘要中 language 的隐喻载体词

载体词	源域	基本义	目标域	隐喻义
achievement	A9+	获得/拥有	X9.2+	成功
target	G3	战争	X7+	需要的
development	H1	建筑	A2.1	改变
			A5.1+	评价:好的
background	M6	移动方向	A11.1+	重要的
dominant	S7.1+	权力	A11.1+	重要的
			A11.2+	瞩目的
proficiency	X4.2	方式方法	X9.1	能力/智慧
programs	Y2	信息技术	X7+	需要的

　　然而,与期刊论文不同的是,二语学术写作中"语言"隐喻主要是关涉主题的物质特征描述,比如,数量(N5"数量")及程度(N3.7"测量:高度");期刊论文主要关注语言的社会属性内涵,如语言的习得(A9+"获得/拥有")、功能(S7.1+"权力")和程式化(Y2"信息技术")。

　　就隐喻义来看,两者存在评价取向的一致性。二语学术写作中隐喻载体词表达的隐喻义主要是积极正面的,如"权力""需要的""评价:好的""有用的""能力/智慧""详细的""成功",也有中性的,如"改变"。期刊论文中主要也是积极正面的隐喻义,如"成功""需要的""评价:好的""重要的""瞩目的",以及"能力/智慧"。但是,二语学术作者在表达"权力"时,是通过 level 的隐喻义体现的;期刊论文作者则直接通过 dominant(S7.1+"权力")的基本义,并通过隐喻义体现出对语言重要性和瞩目性的积极评价。

　　2."研究"概念隐喻建构

　　两个语料库中主题语 research 的源域选择呈现一定程度的相似性。如表 7-13 显示,在二语学术写作中,二语学术新手通过使用 field、development、aims、area、further 和 extensive 建构的隐喻为:"研究"是"耕种""建筑""移动方向""距离"和

"数量"。同样地,如表7-14显示,在期刊论文中也借助了growing"耕种"、project"建筑"和area"移动方向"的源域建构了"研究"的概念隐喻。也就是说,双方存在类似的认识,即"研究"如同在田野播种收获(如 field of research),呈现增长的趋势(如 the growingbody of the research),有自己的领地(如 new research areas for appraisal theory),如同开展建筑项目(如 a research project)。

表 7-13　二语学术写作摘要中 research 的隐喻载体词

载体词	源域	基本义	目标域	隐喻义
field	F4	耕种	S5+	群组
development	H1	建筑	A2.1	改变
			A5.1+	评价:好的
aims	M6	移动方向	X7+	需要的
area	M6	移动方向	S5+	群组
further	N3	距离	N5+	数量多
extensive	N5	数量	N3.6+	空间大

表 7-14　期刊论文摘要中 research 的隐喻载体词

载体词	源域	基本义	目标域	隐喻义
body	B1	身体	S5+	群组
growing	F4	耕种	A2.1+	改变
			A5.1+	评价:好的
field	F4	耕种	S5+	群组
project	H1	建筑	X2.4	调查
baseline	K5	运动	A11.1+	重要的
area	M6	移动方向	S5+	群组
agenda	Q1	言语行为	X7+	需要的

不同的是,"研究"的空间特征描述(如"距离"与"数量")在二语学术写作中得以凸显,举例如下:

①...it still calls for **further** research...

②...been the field of **extensive** research in...

而在期刊论文作者眼中,"研究"还与"身体""运动"和"言语行为"存在跨域映射,举例如下:

③...complement the growing **body** of research investigating the efficacy of CF...

④...information presented in the study can also serve as a **baseline** for future research...

⑤...is part of a growing research **agenda** focused on how...

在例③~⑤中,"研究"的主体、基础和计划通过躯体、球场边界线和会议日程这些具体的源域得以表征,帮助读者激活源域和目标域之间重合的部分,进行类比推理,最终形成这一抽象概念的具化形象。

在隐喻义方面,二语学术写作更多地形成"研究"数量多、空间大的积极取向,表明二语学术写作新手在研究评述时关注的是研究的空间属性(由少到多、由窄到宽),但是期刊论文更多关注"研究"的"群组"特征,即研究的社团属性。如例③中的 growing body of research 表明了作者对于研究群体增长趋势的积极评价。

综上所述,二语学术作者及期刊论文作者将"语言"和"研究"进行了概念隐喻处理,对于概念隐喻的源域选择异同并存。双方都建构了"战争""建筑""耕种"和"移动方向"隐喻,而对于揭示语言的习得、功能与程式化特征等社会属性,以及研究的社团属性,二语学术新手语篇中没有搭建起学科概念隐喻的通道。

五、学科隐喻表征的学科知识认知方式和影响因素

通过学科隐喻的语义域分布,我们能够观察到使用者对学科知识的认知方式。研究结果显示,总体上高频语义域在两个语料库中的分布存在相似性,而且主题语义域都呈现出一致的学科特异性。可见,虽然两者在英语水平与文化背景上存在不同,但是大体上二语学术作者对学科隐喻表征的学科知识认知方式与期刊论文作者基本一致,与袁凤识和张新彬的研究发现相同,即学科隐喻并未受到二语水平与文化背景的严格限制。同时,本次研究也发现,我国二语学术作者的学科隐喻产出能力较好,隐喻认知模式比较丰富,既有空间概念,如"移动方向",也采纳社会活动和自然事物的源域,如"耕种""战争"和"建筑"等,基本上与期刊论文作者的隐喻认知模式一致,并不缺乏应用与学科相关的概念隐喻的能力。

但是,研究表明,二语学术写作与期刊论文仍存在"语言""研究"学科隐喻的

差异。就影响因素而言,差异的产生源于不同的学科认知体验。第一,根据Fraser①,概念隐喻语义属性包括社会属性、认知属性、运动属性、空间属性、心理属性、物质属性等。但是在本次研究中,二语学术作者的学科隐喻凸显了源域的物质属性和空间属性,比如"数量""测量""距离",而对表达社会属性的概念隐喻建构不足。与此形成鲜明对比,在期刊论文的学科概念体系中,"语言"和"研究"的原型义项首先是社会的,而并非物质的或空间的。这在很大程度上受到他们对于学科概念的认知体验的影响。"语言""研究"作为抽象的概念,对硕士阶段二语学术作者来说起初是陌生的,只好借助认识一般事物的方法进行认知加工,因此,最先认知一般特点,如数量、长度等,再形成意向图式。这些物质和空间属性位于概念系统的中心位置,容易被最先激活和提取,成为二语学术新手学科隐喻建构的原型义项。

第二,期刊论文作者比二语学术作者更加关注"语言"和"研究"隐喻义中的"群组",而且能够借助隐喻义表达学科立场。在社会文化理论视角下,Duff② 提出了第二语言社会化的概念,指的是非本族语者努力获得所学二语的语言能力、成员身份以及参与该语言社团活动能力的过程。在本次研究中,逐渐掌握并顺利开展二语学术写作对二语学术作者来说也是一个二语社会化过程。与此密切相关的学术话语社会化(academic discourse socialization)研究,也揭示出二语学术作者努力尝试参与二语学术话语、显性或隐性地融入学科话语社团,积极与同伴、导师和他人展开互动并获得专业水平③。社团属性作为学术话语社会化的一个重要特征,是实现共享认知和行动的先决条件。二语学术作者为了在学术社团中成为合法化成员,学习相关话语策略④,而本次研究中的学科隐喻建构就是认知策略层面的学术话语社会化过程。位于学术社团核心地位的期刊论文作者将"语言""研究"隐喻化,通过对源域的选择和搭配词的共现在具体语境中表征概念,体现自己的学科合法身份。可想而知,二语学术新手作者位于学科社团的边缘位置,正处

① FRASER B. The Interpretation of Novel Metaphor [M] // ORTONY A. Metaphor and Thought. New York:Cambridge University Press,1993:329-241.

② DUFF P A. Second Language Socialization [M] // DURANTI A, OCHS E, SCHIEFFELIN B B. The Handbook of Language Socialization. Oxford:Wiley-Blackwell,2011:564-586.

③ LIARDÉT C L. An Exploration of Chinese EFL Learner's Deployment of Grammatical Metaphor:Learning to Make Academically Valued Meanings[J].Journal of Second Language Writing,2013,22(2):161-178.

④ HEDGCOCK J S, LEE H. An Exploratory Study of Academic Literacy Socialization:Building Genre Awareness in a Teacher Education Program [J]. Journal of English for Academic Purposes,2017,26:17-28.

于逐渐向中心靠拢的社会化过程之中，因此，其概念隐喻建构缺乏社团属性。也就是说，二语学术写作中概念隐喻的建构虽然没有受到大文化和语言背景的影响，但是"小文化"，即他们对学科文化的认知体验，也是本次研究中影响二语学习者学科隐喻建构的主要因素。

六、小结

本节通过对比二语学术作者与期刊论文作者的学科隐喻建构，发现二者对学科知识认知方式存在一致性，表明我国二语学术作者概念隐喻能力并未受到二语水平和文化背景的严格限制，具备建构与学科相关概念隐喻的能力。但是，他们在学科语篇中对主题目标语的概念隐喻呈现出偏好物理和空间基本语义属性的特征，对于社会属性的关注不足，可能受到对学科概念与学科文化认知体验的影响，支持认知主体的学科体验是学科隐喻建构的关键因素这一假设，也证明二语学术写作中学科认知能力的差距。

学科认知影响到学术话语产出与理解的各方面，更是语篇评价能力中认知能力维度里非常重要的一个观测项。我们能够看到，通过学科隐喻主题目标语从源域到目标域的跨域映射，学术作者表达了特定的语篇评价意义。因此，要想提升学术话语中语篇评价能力，首先要提升学科的认知。当然，这与二语学术作者的总体认知水平、学科体验和经验以及语言和语境因素存在千丝万缕的联系。在下一章节中，我们将选取特定阶段二语学术作者开展语篇评价策略使用及影响因素的调查研究，从语篇走近写作者，从一个客位的视角转移至主位的视角，探寻更加具体和深层次的语篇评价能力的特征与因素。

第八章

二语学术语篇评价话语策略的使用
及认知影响因素①

　　语篇评价策略是语篇评价行为的概括,受到语篇评价能力的制约。语篇评价策略具体可以指作者在语篇的社会文化维度下,评价客体,同时定位主体性(包括作者和读者),并与其他主体建构主体间性时采取的策略。本章基于卫乃兴②关于学术能力的话语策略模型及其内涵,开发了一个信效度合格的调查问卷,通过在问卷中设置语篇评价策略和潜在影响因素的题项,能够研究二语学术写作中语篇评价策略的使用情况,探究其影响因素,为二语学术写作教学实践提供一些启示。同时,我们结合访谈数据,进一步阐释问卷数据。调查结果表明:二语学术写作中语篇评价策略总体使用水平居中;在二语学术作者基本信息变量中,英语熟练程度可通过学术阅读频率而影响语篇评价策略的使用;二语学术写作变量中的学术阅读频率和学术阅读时长与语篇评价策略使用存在正相关关系,且主要影响介入策略和共识策略,学术指导获得渠道和学术知识获取资源也对语篇评价策略的使用具有一定的积极促进作用。

第一节　基于学术话语策略模型的语篇评价策略

　　卫乃兴指出,学术英语是一种英语变体,在以下三个层面上均具有特征性内容与知识,使其不同于通用英语:学术篇章组织、态度意义及话语策略。其中,话语策略指的是作者"对交际事件的宏观谋划、信息传递的方式管控,以及与社团成员的互动技巧"。卫乃兴高度概括了三个共性策略,分别是声言责任策略(Claim Commitment Strategy, CCS)、介入策略(Engagement Strategy, ES)和共识策略

　　①　部分内容原载于《外语教育研究前沿》,2020 年第 2 期,第 58~64 页。

　　②　卫乃兴.学术英语再思考:理论、路径与方法[J].现代外语,2016(2):267-277.

（Consensus Strategy，SC）。CCS 指的是作者将写作者声音的客观准确性与表达的适度性相结合，既严谨无误地表达自己的学术观点，又要求作者适度发声，减弱观点强加性，降低人际风险。ES 指的是作者介入与读者介入，即作者与读者的语篇互动和共同知识建构。在学术写作的过程中，既要鲜明凸显写作者立场，又要考虑真实读者与假想读者的主观性，引领读者介入语篇。共识策略体现了作者对学术社团的尊重与对前人研究的恰当评论，目的是减少分歧、扩大共识，研究的具体策略是多采取积极评价，以肯定和认可社团内部成员的贡献为主，当然也要得体地批判、承认不同观点的存在，绝不可断然否定。

　　学界对于学术语篇评价策略的考察尚无能够直接借用的问卷或量表，因此，本次研究以文献研究为基础，编制《二语学术写作语篇评价策略调查问卷》。相应地，问卷中二语学术英语写作中的语篇评价策略分为三个范畴：CCS、ES 和 SC。

　　CCS 的研究主要涉及作者声音的研究。Hyland① 曾指出，"作者声音是由一系列的修辞和语言资源体现的，这些修辞和语言资源就是评价或立场"。作者声音在语篇中的凸显程度，也称"可视程度"，能够体现写作者在语篇中对自己的定位并表明自己的态度判断，能够反映作者的语篇评价意识。作者声音的凸显主要通过作者恰当展现自我并与读者进行交流来实现。其中的重要手段之一就是第一人称代词的使用。Hyland 通过研究第一人称在我国英语学习者与本族语者语料库的使用情况，以及学生和导师的访谈内容，发现学习者对于写作者自称使用过少，并且在观点呈现与论述中避免凸显作者声音。Hyland 结合访谈结果发现，我国二语学术作者对于第一人称代词的使用存在困难。如学生说："我们必须客观地汇报研究结果。'但是'我不想具体提及自己，因为我的观点可能是错误的，和我的导师想法不一致……我认为应该保持沉默，不使用'I'。"也有的学生说："我不想让自己显得重要……我只是个学生，并非博学自信的专家学者。"导师在访谈中也提道，"我们常让学生汇报他们的研究过程、对研究发现的看法、对研究的贡献，可是他们常常不这样做"，"我倾向让他们使用第　人称，但是他们总将自己藏起来"②。这些访谈的数据表明，二语学术作者对于人称代词的使用策略与我们的期待可能存在差异。同时，基于语料库的人称代词研究发现，人称使用不

---

① HYLAND K. Authority and Invisibility：Authorial Identity in Academic Writing［J］．Journal of pragmatics，2002，34（8）：1091–1112.

② HYLAND K. Disciplinary Discourse：Social Interactions in Academic Writing［M］．Harlow：Pearson Education，2000.

仅表明角色,也建构作者身份,个人化作者观点(personalizing claims),用以推销己见①,也能帮助作者表明自己对研究充满信心并对观点承担责任。Tang 和 John②曾在学术语篇的研究中,将第一人称代词(I 和 we)的功能进行归纳,揭示人称代词作为具体的词汇使用,实际功能具有多样性,不仅仅表达人称指代,更能够在一定程度上打破传统学术话语"去除个人化"(depersonalization)的桎梏,成为学术作者凸显研究贡献、体现责任归属、展现创新性和权威性的手段。

除了访谈和语料库研究以外,Pittam 等③还基于文献研究,编制了 18 个项目的写作者身份调查问卷,调查了 364 名英国心理学学生对于学术写作中写作者身份的态度与策略。问卷项目涉及两个层次,分别是写作者身份与写作方式。其中,有关写作方式的题目包括 3 个因子:"自上而下""自下而上""实用型"的写作方式,涉及写作者身份建构的写作实践,对观测写作者声言责任策略具有启示意义。同时,Pittam 等也辅以焦点团体访谈法,发现写作者身份在提高学术写作水平方面意义重大。这个研究通过编制写作者身份调查问卷,能够从调查目标群体中收集大量数据,并能将抽象的概念进行数据化处理,对拓展写作者声音调查研究具有重要的实践意义。

本章将写作者身份意识与建构实践看作声言责任范畴的主要内容,需要作者能够将声音的客观准确性与适度表达相结合,做到能够科学严谨、准确无误地表达学术思想,也要做到能够以缓和的语势,降低学术声音的主体凸显度。这一维度的观测点具体包括观点的所有权(责任归属),客观立场的秉持(如为了避免主观而掩饰作者声音),权势关系的体现(专家作者与学术新手对于作者凸显度的态度)与展现方式(写作实践中的具体组篇策略)。

ES 包括读者介入和作者介入,涉及双方语篇互动与共享知识建构。组成部分之一的读者介入与语篇中的读者意识联系紧密。李玉梅④将读者意识定义为"写作者在写作过程中设定读者对象并设法根据读者的需求来调节自己写作的意识",通过学生问卷调查了某高校英语专业本科生二年级学生的读者意识。问卷

① HARWOOD N. "Nowhere Has Anyone Attempted…In This Article I Aim to Do Just That": A Corpus-Based Study of Self-Promotional I and We in Academic Writing across Four Disciplines [J].Journal of Pragmatics,2005,37(8):1207-1231.

② TANG R,JOHN S. The "I" in Identity:Exploring Writer Identity in Student Academic Writing through the First Person Pronoun[J].English for Specific Purposes,1999,18:S23-S39.

③ PITTAM G,ELANDER J,LUSHER J,et al.Student Beliefs and Attitudes about Authorial Identity in Academic Writing[J].Studies in Higher Education,2009,34(2):153-170.

④ 李玉梅.英语写作教学中读者意识培养之现状调查及操作策略研究[J].中国外语,2014(1):57-61,68.

共有 10 个项目,包括心中的读者对象、与现实和假想读者的交流、写作时的读者意识及文中出现难以理解的句子的原因。该问卷的项目,如"我认为我的文章主要是写给谁看的""我在进行文章构思时会假想一位读者并与其进行交流"等,对本章在读者意识方面的问卷项目编制具有参考价值。同时,李玉梅通过教师访谈,揭示了读者意识培养的现状与问题。具体来说,她发现英语专业学习者虽然具备了一定的读者意识,却不知如何在二语学术写作实践中有效应用;教师虽然认识到读者意识培养的重要性,却由于客观因素无法在教学实践中开展系统讲授。ES 的另一个组成部分要求我们在关注读者意识的同时,不能忽视作者自身的介入,尤其是作者的研究信心。因为缺乏研究信心,作者写的语篇则很难与读者展开恰当的学术互动和意义协商,也很难实现学术语篇的说服目的,本章将其看作作者在语篇中对假定读者的邀请,这些假想的读者或是支持作者的观点,或是持有质疑的态度,使作者借助语言资源与他们建立起一致关系。

众多研究均指出,读者意识对于文章质量具有重要影响,并认为读者意识培养是写作教学成功的先决条件①。但是,我国二语学术作者的读者意识仍然缺乏。

SC 是一种语篇中的对话,主要涉及语篇中对他人观点或研究社团的评价。事实上,SC 包含在思辨能力的内涵之中。文秋芳等②在前人研究的基础上,提出了我国大学生思辨能力的层级模型,将思辨能力分类为认知技能与情感特质两个范畴。认知技能包括分析、推理与评价的技能,其中,评价技能指的是对假定、论证过程、结论等的评判技能;情感特质包括 5 种不同的情感,其中,开放指的是思辨者心胸开阔,眼界宽广,能够尊重、容忍不同意见,并乐于修正自己的不当观点。这个范畴在定义表述上与本章共识策略的内涵具有高度的一致性,如为了避免武断而使用模糊语言、展开协商与对话、采纳不同观点。因此,本次研究将模糊语、语篇对话性和立场多样性这三个观测点置于 SC 中,表达了学术作者对学术社团的尊重和对前人研究的恰当评论,目的在于减少分歧、扩大共识,具体而言,以肯定赞扬学术社团内部成员的贡献(如先前研究的成果与发现)为主,辅助得体恰当客观的评判,承认不同立场的共存。SC 即作者创造和维持语篇多声性所采取的策略。

---

①　李莉文. 英语写作中的读者意识与思辨能力培养:基于教学行动研究的探讨[J].中国外语,2011(3):66-73.

②　文秋芳,王建卿,赵彩然,等. 构建我国外语类大学生思辨能力量具的理论框架[J].外国语,2009(1):37-43.

第二节　《二语学术写作语篇评价策略调查问卷》的编制与实施

一、初始问卷的编制

基于话语策略模型和以往研究结果,我们设计了包含 3 个范畴、9 个观测点的初始问卷(第一部分)共 30 个描述项,采用莱克特量表分级计分方法,从 1 到 5 依次代表"非常不同意、不同意、基本同意、同意和非常同意"。这部分初始问卷的信息见表 8-1。

表 8-1　初始问卷第一部分的范畴、观测点与描述项范例

范畴	观测点	项目号	描述项举例
维度一:声言责任策略	观点所有权	1,3,17,28	我认为坚持自己的观点非常重要
	秉持客观立场	4,10,18	论文写作越客观越好,所以我尽量不表达自己的看法(反向)
	体现权势关系	13,20,23	专家等权威人士才有资格使用第一人称表述自己的观点(反向)
	展现方式	7,16,24,26	论文写作中,应该清晰、直接、充分地传递信息,以便使读者轻松地理解论文的主要信息
维度二:介入策略	读者意识	8,11,21	我认为写论文就好像自己正在和读者面对面地交流与讨论
	研究信心	9,29,30	我对于论文中研究结果的汇报与讨论非常有信心
维度三:共识策略	模糊语言	6,22,25	可以使用 about、to some extent、maybe 等类似的表达
	语篇对话性	12,14,15,27	论文写作中,应该体现不同观点的碰撞
	立场多样性	2,5,19	论文写作中,对例句、数字或证据可以从多个角度进行诠释

表 8-1 中,维度一声言责任策略包括观点所有权、秉持客观立场、体现权势关系和展现方式;维度二介入策略既包括读者意识,也包括作者的研究信心;维度三共识策略既包括使用模糊语言和语篇对话性,也包括立场多样性。

为了结合学生自然情况与学术写作的具体实践内容探究语篇评价策略使用意识的相关因素,初始问卷的第二部分还包括学生基本信息变量,学生性别、年龄、就读大学类型(外语类、综合类、师范类、理工类、其他类)、英语熟练程度①(中上到高级、中等、中下和初级)等;以及学术写作实践变量,包括学术论文写作阶段(处于设计与撰写阶段还是已经完成论文写作)、学术阅读频率、学术阅读时长、学术论文写作指导获取渠道与学术知识获取资源等。

二、初始问卷的表面效度与测试

为保证表面效度,我们在4位资深教授与博士的帮助下,对问卷的30个描述项进行审阅,对其含义进行解读与讨论,反复修改容易引发歧义和难以理解的项目。经过对于表面效度的适当调整,我们首先对某所211大学的外国语言学及应用语言学2014级共30位硕士研究生进行了小规模的问卷试测。试测的抽样方法采用方便抽样,由研究者在年级会议结束后,将问卷随机发给了30名学生。当场回收问卷30份,有效问卷30份。调查过程中,学生独立认真作答,没有相互讨论。

问卷测试结束后,我们将每份问卷的数据录入SPSS21.0软件包,进行了反向题处理,并进行了初步的项目分析。项目效度的检验过程采取极端分组法:将所有项目得分求和,并确定低分组分数区间为86~97,高分组分数区间为104~117。通过独立样本T检验,剔除了那些t值较小,且不具显著性差异($p > 0.05$)的区分度较低的描述项,一共有8项被删除②。经修改后的问卷题目有22个,内部一致性较好($\alpha = 0.711$),详见附录。此外,我们也相应地增减学生基本信息变量和学术写作实践变量,比如,我们将学术知识获取资源由3个备选项目扩充至5个。

三、正式问卷数据收集与分析

正式问卷调查于试测一个月后进行。被试来自吉林省与辽宁省的7所高校,包括1所985学校、1所211学校、5所省属普通高校。学校类型涵盖1所外语类院校、2所综合类院校、2所师范类学校、1所理工类院校和1所财经类院校,样本具有较好的代表性。调查对象包括已经完成学位论文写作的2014级硕士研究生

---

① 英语熟练程度为学生自评得到的结果,未进行英语水平测试。

② 值得注意的是,这些描述项区分度较低的原因可能在于被试的同质性较高,而且试测样本量较小。

和已经完成学位论文开题,正在撰写学位论文的 2015 级硕士研究生①。被试的选取依照自愿参加的原则。由于受到招生规模的限制,每所学校的被试人数不同(7~63 人)。比如,某所大学的被试数仅有 7 人,但这是该校符合调查条件的全部对象。7 所学校共有 222 人参加了问卷调查(不包括参加测试的被试),全部为有效问卷。由于部分 2014 级硕士研究生已经在就业单位实习,问卷采取自填式集中调查和自填式个别调查相结合的办法;个别调查采取邮寄问卷等方式。

为检验正式问卷的效度与信度,我们进行了项目区分度检验、因子分析、相关系数检验以及内部一致性分析。首先,我们使用极端分组法对经过缺省值处理和反向题处理的项目进行项目区分度检验(采用 27% 的标准分别抽取了高分组与低分组)。高分组的分数区间是 82~97,低分组的分数区间是 60~73。通过对高分组与低分组进行独立样本 t 检验,找出那些 t 值较小,且 p 值大于 0.05 的变量,在下面的数据分析中予以剔除。经检验,有三个项目 D9"学位论文写作中,引用他人的观点不必进一步商讨"($t = 1.268, p = 0.207$),D17"学位论文写作中,使用模糊的语言表述观点,会影响论文的说服力"($t = -1.612, p = 0.110$)和 D18"学位论文写作中,应该尽量少使用对情感态度的表达"($t = -0.416, p = 0.678$)的 t 值较小,且没有达到显著性水平;同时我们也对这三个问项进行了内部一致性分析,得到了一致的结果:项目 D9($r = -.125, p = 0.062$)、D17($r = 0.096, p = 0.154$)、D18($r = 0.059, p = 0.384$)的相关系数很小,且没有达到显著性水平($p \leq 0.05$),表明这三项的区分度不大,应予以删除,而其他 19 个项目的区分度较好,这些变量可全部用于后面的数据分析。

然后,我们对 19 个项目进行了探索性因子分析。经 bartlett 球形度检验,检验值达到显著性水平($p = 0.000$),kmo = 0.629,适宜进行因子分析。因子分析采取主成分法抽取因子,使用具有 Kaiser 标准化的正交旋转法确定因子负荷,排除因子负荷小于 0.30 的项目。探索性因子分析表明共有 6 个因子,可是很难将变量很好地归于一个因子,结构并不理想。因此,考虑通过减少因子做验证性因子分析。我们发现,当抽取因子数设定为 5(特征值均大于 1),能够获得比较满意的结果,可以解释 48.441% 的变量,见表 8-2。

---

① 独立样本 T 检验结果表明,不同学术写作阶段的调查对象在语篇评价策略使用上不存在显著差异($t = 0.150, p = 0.881$)。

表 8-2 正式问卷的因子分析结果——旋转成分矩阵

描述项	成分				
	CCS-A	ES	CS-A	CS-B	CCS-B
D2:坚持自己的观点非常重要	0.317				
D13:我认为写论文就是表达自己的观点	0.597				
D14:论文写作中,我尽量不表达自己的看法,以保持客观(反向)	0.623				
D10:学术论文中,只有专家才有资格使用第一人称表述自己的观点(反向)	0.580				
D8:写论文就好像自己正在和读者面对面地交流与讨论		0.699			
D6:我认为除了我的指导老师,不会有人读我的学位论文(反向)		0.462			
D16:我认为读者会对我的论文产生兴趣		0.727			
D7:学位论文的写作加深了我对该研究领域相关专业知识的掌握与理解		0.424			
D22:我对于学位论文中研究结果的汇报与讨论非常有信心		0.661			
D4:可以使用 about、to some extent、maybe 等类似的表达			0.519		
D19:使用增强语气的表达方式(如 very),会给人一种强加观点的感觉			0.516		
D3:对例句、数字或证据可以从多个角度进行诠释			0.430		
D15:论文写作中,我的观点最好和大多数研究者观点保持一致(反向)			0.541		
D1:论文写作中,我只引用同自己观点一致的研究与结果(反向)			0.626		
D11:可以引用观点不同的研究				0.558	
D12:即使自己的看法与其他研究者不同,我也要突出自己的观点				0.778	

续表

描述项	成分				
	CCS-A	ES	CS-A	CS-B	CCS-B
D21:学术论文写作应该体现不同观点的碰撞				0.423	
D5:我会把收集到的参考材料中的观点穿针引线地连起来					0.472
D20:我认为论文写作应该清晰、充分地传递信息,以便使读者轻松地理解论文的主要信息					0.820

注:CCS-A=声言责任策略 A,CCS-B=声言责任策略 B(展现方式),ES=介入策略,CS-A=共识策略 A,CS-B=共识策略 B(语篇对话性)。

如表 8-2 所示,调查问卷有 19 个描述项,分别聚集在 5 个因子中,因子负荷介于 0.317~0.820,可以较全面地反映语篇评价策略中声言责任策略、介入策略和共识策略的主要内容。9 个观测点分别置于 5 个因子之下。其中,观点所有权、体现权势关系和秉持客观立场合并为因子 1(CCS-A),读者意识和研究信心聚合为因子 2(ES),模糊语言和立场多样性合并为因子 3(CS-A),语篇对话性为因子 4(CS-B),展现方式的描述项为因子 5(CCS-B)。

我们使用相关系数检验问卷的结构效度,见表 8-3。

表 8-3　调查问卷总分与 5 个因子之间以及因子之间的相关系数

项目	CCS-A	ES	CS-A	CS-B	CCS-B
CCS-A	1				
ES	0.168 *	1			
CS-A	0.278 **	0.164 *	1		
CS-B	0.158 *	0.238 **	0.305 **	1	
CCS-B	0.203 **	0.202 **	0.150 *	0.144 *	1
总分	0.627 **	0.661 **	0.635 **	0.595 **	0.448 **

注:* 表示在 0.05 水平(双侧)上显著相关,** 表示在 0.01 水平(双侧)上显著相关($N=$ 222)。

表 8-3 显示,总分与各因子之间相关系数(Pearson 相关性)在 0.448~0.661,属于中度相关,表明该自编调查问卷的各因子评测的结构效度与整体问卷评测的

结构效度比较一致；各因子之间也存在统计意义上的低度正相关，表明项目间具有一定区别度，可以说明自编调查问卷的结构效度基本满足编制要求。最后，调查问卷的内部一致性信度（$\alpha = 0.641$）达到可接受水平，基本符合探索性研究一致性要求（$0.60 \sim 0.70$）。综上所述，我们对数据进行了描述性统计分析、二语学术作者基本信息变量和学术写作实践变量与因变量语篇评价策略使用之间的独立样本 T 检验以及以上变量之间的相关关系分析。

通过数据分析，本章主要回答以下问题：

①我国二语学术写作实践中语篇评价策略的使用情况如何？

②二语学术作者基本信息变量对语篇评价策略的使用存在什么影响？

③二语学术写作实践变量与语篇评价策略的使用存在什么关系？

第三节　二语学术语篇评价话语策略的使用情况

一、语篇评价策略的总体使用情况

调查问卷的计分方式使分数越高，表示语篇评价策略使用得越好。为了解研究样本二语学术作者在学术写作实践中语篇评价策略的总体使用情况，我们对全体样本的数据进行了描述性统计分析，总体得分的平均值（M）为 3.67（$SD = 0.034$），略高于中等程度（稍大于3）。这个结果说明，语篇评价策略反映出的语篇评价能力不再是语言层面的问题。语篇评价能力反映的是认知与社会层面的能力，是一种隐含能力。

表8-4 显示了各因子的描述性统计结果。

表8-4　语篇评价策略各因子的平均数与标准差（$N = 222$）

变量	CCS-A		ES		CS-A		CS-B		CCS-B	
	M	SD	M	SD	M	SD	M	SD	M	SD
标准差	3.77	0.61	3.71	0.56	3.36	0.44	3.61	0.66	4.17	0.62

从表8-4 可以看出，总体研究样本中，因子 CCS-B 的均值最大（$M = 4.17$，$SD = 0.62$），高于总体平均值；因子 CCS-A 的均值为 3.77（$SD = 0.61$），因子 ES 均值为 3.71（$SD = 0.56$），均略高于总体平均值；因子 CS-A 的均值最小（$M = 3.36$，$SD = 0.44$），因子 CS-B 均值为 3.61（$SD = 0.66$），均低于总体平均值。也就是说，三个维度的语篇评价策略使用意识的排序由强到弱是声言责任策略>介入策略>共识

策略。这说明,二语学术作者的声言责任意识较强。这可能是由于针对作者身份的研究开始较早、成果较多,对于指导二语学术写作教学的有效性比其他方面更加明显,也可能是凸显作者声音的策略在写作中主要通过特定的词汇语法资源(如人称代词)得以表征,是一种显性策略,更容易被二语学术作者感知而有意识地加以使用。访谈中,G 同学认为:

当我想表达我自己的意见的时候,在引言后,应该是文献综述,还有文章结果汇报的时候。我用到了好几个 I,也用到了 our group。(焦点访谈)

然而,Y 同学认为应该使用 the researcher 来替代自我提及,她说自己是:

本科生,新手,与专家很有差距……目前而言,我只是阐述我自己对这个研究对象的观点,然后会借鉴他们的一些思想。(第一次访谈)

对于展现方式,访谈的结果也呈现出不同的声音。Z 同学说:

其实我无论写什么,都希望能够通俗易懂。通俗易懂不一定是肤浅。深入浅出能够让更多的人接受。我在文献综述的时候,我会先分类,然后举例子,这样能让读者很容易就看懂这些文献,了解我的研究基础。(焦点访谈)

不同的是,另一个访谈对象 S 同学这么说:

我往反的方向发展,我想让我的文章"难读",高档一点,不要特别直白。希望专业一点,更难读懂。(焦点访谈)

可见,虽然二语学术作者对写作身份的认知有所增强,体现观点的所有权,但是他们倾向于把自己的身份定位为学术新手,认知中存在较强的权势意识,对于学术写作的展现方式也存在迥异的认知。

介入策略的使用意识相对薄弱,这一方面源于二语学术作者对读者的意识比较匮乏;另一方面可能由于我国二语学术作者的研究信心不足,仅有33.3%的被试赞同"读者会对我的论文产生兴趣",认为自己"对于学位论文中研究结果的汇报与讨论非常有信心"的被试也不足一半。如 S 同学谈起她完成的一次英语调查报告(大学生生活费的来源与消费心理)时说:

专家肯定觉得我们写得不全面，到处都是问题。（焦点访谈）

M 同学在一次英语调查报告（关于大学生学习地点的偏好调查）结束后，她这样描述自己的学术英语写作信心：

我对于研究的意义和价值很纠结。写的时候尽量建立学习地点选择和自主学习能力的联系，找寻深层次的点……（焦点访谈）

访谈中学生指出，自己没有想过"谁是读者"这个问题，大多数学生将教师看作读者。但 Y 同学说：

除老师以外，有可能是研究生学长学姐，或是博士生学长学姐。（第二次访谈）

在学术写作的过程中，Y 同学也是比较关注读者意识的。她在访谈中说：

我在往期刊投稿，我投的是记叙性的文章。我会给自己设计这个场景，我正在给我的读者讲这个故事，或是面对面聊天。我会有这样的习惯。（焦点访谈）

然而，拥有这个观点的学生只有她一人。大部分访谈被试提出的普遍问题是，他们或是没有思考读者是谁，或是认为学生充当读者的时候给出的反馈往往差距较大，帮助不多，而专业领域内的专家建议又无法企及。正因为这样，他们非常重视教师给予的意见和反馈。

M 同学提到自己英文发表的愿望，但是信心不足。她说：

其实挺想发表论文，也不用发多稿，就是能够发表一篇也挺好。保研科研占一部分，指导老师说需要发英文的论文。但是我们水平不太行。我和师姐一起，但是自己还不行。（第一次访谈）

G 同学说自己根本没想过英文发表，对自己没有信心：

没想过英文发表，觉得自己达不到那么高的水平。（第一次访谈）

共识策略的使用意识最低,这可能与这一阶段的二语学术作者文献述评能力有限和学术社团意识尚未形成有关。作为学术写作新手,二语学术作者面对大量文献中的多样立场无所适从,仅关注自身立场与文献观点之间的一致性,却忽视了与不同观点建立联盟关系,对于开展学界互动、创建语篇共识尚无充分的认识。G 同学认为:

> 我们的发现与大多数的文献一致,所以专家可能不会太质疑我的结果……写文章的人都应该希望自己的观点被认同,所以在写的时候会引用同自己观点相同的文献,使自己的观点更加有说服力。我就是这么想的。(焦点访谈)

访谈学生几乎都认为,如果引用不同观点,一定要加以选择,选择那些好反驳的,要不然就完全不引用,要引用也是那些类似的观点。Z 同学认为:

> 我觉得我在写的时候,观点都差不多。如果遇到不一样的观点,我就不去提及。(第二次访谈)

当 S 同学发现多样立场的时候,不去承认不同观点存在的合理性,而是这样处理的:

> 或者这个人的观点特别好反驳,就把它放在那儿,去反驳他一下。(第二次访谈)

为了进一步了解均值略低的因子,我们将各观测点的差异呈现在图 8-1 中。

图 8-1 中,浮于柱状图上方的横线表示总体得分均值,为参照值。图中数据显示,全部样本被试在二语学术写作中能够较好地坚持并表达自己的观点($M=3.88$),也能够摒弃只有专家才能使用第一人称的观念($M=3.73$)。他们能够比较适当地使用组篇策略($M=4.17$),也具备了一定的读者意识($M=3.79$)和研究自信心($M=3.9$)。

但是,他们对秉持客观性($M=3.58$)、使用模糊语言($M=3.14$)、建构语篇对话性($M=3.61$)以及立场多样性($M=3.5$)这些具体策略的使用意识需要进一步提高。首先,模糊语言的使用意识呈现单一的否定倾向,40%的被试认为学术论文中不可以使用模糊语言,高达85.5%的被试赞同"模糊语言的使用会降低论文的说服力"，对于模糊语的语用功能，如缓和加强语气、减少可能的反对意见、创设多样立场的共存空间等功能尚不知晓。事实上，模糊语言不会减弱论证说服力，正相反，模糊语言不仅表露出作者对自己提出命题的信心，也表露出对自己所言恰当程度的信心①，能够使论证更加具有协商性和对话性，更多地获得潜在读者的支持并与其建立一致立场。这个结果证明了模糊语言的语篇研究发现②，表明我国二语学术作者对谨慎语言使用过少。其次，语篇对话性和立场多样性的建构意识欠缺一致性，呈现矛盾的态势。超过80%的被试完全同意"对于数据可以从多个角度进行诠释"，甚至92%的被试会"在论文写作中引用观点不同的研究"，"体现出不同观点的碰撞"，但是有60%的被试坚持认为"研究中只能引用与自己观点一致的研究与结果"，并"最好和其他研究者观点保持一致"。这看似矛盾的数据实则反映出我国二语学术作者在语篇对话性和立场多样性建构中存在的问题，他们一方面表现出对学术社团中前人研究成果的尊重与重视，试图建构语篇中的多样立场，另一方面担忧在与不同观点的对话中失去话语主权，陷入两难境地。此外，就秉持客观性这个观测点而言，约40%的被试认为学术论文中"应尽量不表达自己的看法，以保持客观性"。对客观性的追求固然重要，但若以牺牲主观性为代价，未免削足适履。语篇评价意义的语篇研究也发现，我国学习者常常客观化主观命题，以避免主观性对语篇理据性的影响③。由此可见，二语学术写作中，客观性、主观性、主体间性构成的矛盾统一体，在语篇评价策略使用中得以充分体现。

二、二语学术作者基本信息与语篇评价策略

通过比较均值，我们发现不同年龄段④（$t = -0.592, p = 0.555$）、性别（$t = 1.805, p = 0.072$）、学校类型（$F = 0.621, p = 0.648$）与研究方向（$F = 0.506, p = 0.732$）的二语学术作者在语篇评价策略的使用上并未呈现显著差异。

但是，英语熟练程度能够影响语篇评价策略使用意识（$F = 3.609, p < 0.05$），尤其是中上等英语熟练程度到高级英语熟练程度的被试与中等英语熟练程度的被试差异显著（均值差 $= 2.739, p < 0.05$），而中等、中下等与初级英语熟练程度的学

---

① CROMPTON P. Hedging in Academic Writing：Some Theoretical Problems［J］. English for Specific Purposes，1997，16（4）：271-287.

② YANG Y. Exploring Linguistic and Cultural Variations in the Use of Hedges in English and Chinese Scientific Discourse［J］. Journal of Pragmatics，2013，50（1）：23-36.

③ 周惠，刘永兵. 中国英语学习者投射语言的语篇评价研究［J］.现代外语，2014（3）：390-399.

④ 年龄段即指年少（23~26岁）或年长（27~37岁）。

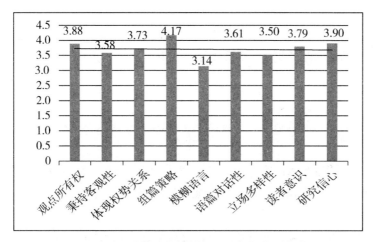

图 8-1 语篇评价策略各观测点均值比较

生之间不存在显著差异。据此,我们认为,英语熟练程度可能在一定程度上影响语篇评价策略的使用,造成使用差异。这一研究发现表明,语篇评价策略的使用在不同英语熟练程度的二语学术写作中都能有所体现,但是由于其属于高层次思辨能力的一个维度,只有在英语熟练程度达到中等以上才能发挥区别性作用,且随着英语熟练程度的增高而增强。比如,中上等英语熟练程度到高级英语熟练程度的被试在因子共识策略 B(CS-B)的使用上显著好于中等英语熟练程度的学生(均值差=0.29,$p<0.05$)。然而,那些英语熟练程度在中等以下的被试在语篇评价策略的使用上不存在差别,但同中等以上英语熟练程度的被试相比仍有差距。访谈数据表明,本科阶段的二语学术作者普遍存在英语水平带来的困难。Z 同学说:

> 我觉得与发表过论文的人比,语言功底差很多。(第一次访谈)

此外,经描述统计分析,我们发现随着英语熟练程度的提升,学生学术阅读的频率也呈现上升的趋势。从初级程度到中下程度,到中等程度,再到中上程度,最后到高级程度,学生学术阅读频率的均值增长了 1 倍,即英语使用越熟练,学术阅读的频率就越高。这一结果与龚嵘和赵松柏①的研究发现吻合,英语熟练程度高的二语学术作者在课后自主开展学术阅读、积累语类知识、练习学术写作策略,比

---

① 龚嵘,赵松柏 . 学术英语过渡课程环境下的概要写作教学:E-M-W-3R 四步法设计与实践[J].中国外语教育,2017(4):9-16.

低水平者的任务投入度高。

就学术阅读而言，在基地班（学校中特别设置的培养成绩较好学生学术知识和科研能力的班）的 M 同学，英语成绩在被访谈的学生中最好，针对学术阅读，她说：

我们专业的文献特别多。要留很多作业，要读很多文献。（焦点访谈）

她的学术阅读投入度很大。事实上，大量阅读文献在这一阶段的学生当中情况不一，如 Z 同学说只在需要的时候（如申报国创项目）才读文献：

用的时候会读文献。我前阵子申报国创项目，那一阵子读了超级多。就是只有用到的时候才会去读，平时不怎么读，没有像看电影那么频繁。哈哈。原因在于，学术阅读得有一个主题，你用的时候就是有主题词能搜索，就会去看，平常去读的话，没有主题，也不好搜啊。（焦点访谈）

不过，无论如何投入文献阅读，学生在文献阅读过程中，仍然能够获得对于本专业学术英语写作的认识，如 Z 同学说：

我们专业的学术论文，可谓一个作者一种风格。包括我也从网上下载了一些英文论文，发现文学论文就是完全没有格式，自主性特强的，但也有其内在的逻辑。（焦点访谈）

三、二语学术写作实践与语篇评价策略

经过相关关系分析，学术写作实践变量中的学术阅读频率和学术阅读时长分别与语篇评价策略使用意识存在相关关系：学术阅读的频率与因子 ES 存在正相关（$r=0.219, p<0.01$），每周学术阅读时长也与其存在正相关（$r=0.159, p<0.05$），并与因子 CS-B 存在正相关（$r=0.174, p<0.05$），与因子 CCS-B 也存在低度正相关（$r=0.164, p<0.05$）①。

此外，学术指导获得渠道与学术知识获取资源存在一定的相关关系（$r=0.368, p<0.01$），而且，它们不同程度地影响着语篇评价策略的使用。其中，相关

----

① 此处的低度相关关系有待进一步研究论证。

课程的学习与训练影响语篇评价策略的使用($t=2.355,p<0.05$),即参加了学术写作课程并进行系统学习的被试与没有接受相关学习与训练的被试在学术指导获得渠道的利用情况上存在显著差异($t=2.951,p<0.001$)。同时学术交流(讲座、会议、研讨)具体对权势关系的认识存在影响($t=2.758,p<0.01$)。

在学术知识获取资源中,图书馆获取文献这一学术知识来源显著影响了语篇评价策略的使用($t=3.658,p<0.01$),同时影响着研究信心(观测点9;$t=2.436,p<0.05$)、读者意识(观测点8;$t=2.194,p<0.05$)和观点所有权(观测点1;$t=3.109,p<0.01$)。此外,另一个资源获取方式——网上资源获取文献也对研究信心(观测点9)存在显著影响($t=2.445,p<0.05$)。

接受访谈的学生都认为图书馆获取文献和网络获取文献是主要的学术知识来源。S同学说:

如果不在留作业的当天晚上去借书,常常书已经被人借走了。有一次,那本与作业相关的书籍都被借空了,特别可怕。(焦点访谈)

学生还列举了一些网上资源,G同学说"百度文库",M同学指出"万方等文献资源平台在常用数据库里找到(这里指的是图书馆的数字图书资源)"。

综上所述,我们发现,学术阅读频率和时长与语篇评价策略的多个因子存在正向相关关系。同时,获得学术指导的渠道与获取学术知识的资源也在一定程度上影响语篇评价策略的使用,尤其是接受相关课程的学习、学术交流、图书馆和网络获取文献这几个项目对于语篇评价策略的使用具有一定积极的正向促进作用。

第四节 二语学术语篇评价话语策略的影响因素

一、二语学术写作语篇评价策略使用的认知困难与制约因素

调查问卷的研究发现为探究语篇评价策略的使用提供了直接的证据。整体来看,总体样本对于语篇评价策略的使用意识居于中等程度,但是营造语篇共识与展开语篇对话的策略使用意识低于平均使用水平。也就是说,样本二语学术作者不仅总体上对语篇评价策略的使用意识不够充分,而且对共识策略的使用意识更是不尽如人意。困难主要集中在模糊语言的使用意识、语篇对话性和立场多样性的建构以及秉持客观性的意识。

就语篇评价策略使用的影响因素来说,首先是英语熟练程度的影响。但这一影响只作用在中等以上英语熟练程度的二语学术写作实践中,而中等以下英语熟练程度的被试之间未见显著差异。由此可见,英语熟练程度是表达语篇评价意义的基础,如果英语处于中下或初级水平,可能会阻碍语篇评价策略的使用,随着英语熟练度达到中等程度,语篇评价策略的使用水平才显现差异,并随着熟练程度增强而相应地提升。英语熟练程度也可能通过促进学术阅读而间接地影响语篇评价策略的使用。可想而知,中等或较高的英语熟练度能够保证较高频率的英语学术阅读;而较高的学术阅读频率和学术阅读时长与语篇评价策略的使用存在正向关联,尤其在提升读者意识,增强语篇对话性,并指导二语学术写作实践的组篇策略使用方面存在明显的正向促进作用。同时,学术指导获得渠道与学术知识获取资源也是重要的影响因素。

二、学术语篇评价策略使用的影响因素间的互动

根据 Bronfenbrenner[1] 的生态系统理论,个体发展的因素包含微观、中观、外观和宏观系统,系统间存在交互耦合的动态关系,共同影响着个体的发展。语篇评价策略的影响因素构成了一个复杂的生态系统,存在互动关系,如图 8-2 所示。

我们将探索性地讨论影响因素的互动关系。首先,英语熟练度处于二语学术语言微观系统,当熟练度达到中等水平以上时,共变关系开始凸显,并随着熟练程度的提升,语篇评价策略的使用意识相应增强。这个微观系统促使或制约中观系统发挥作用,即中等或较高英语熟练度能够保证较高频率的英语学术阅读,而较高的阅读频率和较长的阅读时间可以帮助作者以读者的身份反思二语学术写作中的读者意识,更加自信地建构研究身份,并采用更加明晰和读者友好的组篇策略。同时,教师与课程的中介也处于中观系统之中,促进语篇评价意识的发展。已有研究证明,教师专门指导下的相关课程学习能够显著提升学习者二语学术英语写作能力[2]。因此,作为中介的教师遵循专门的课程大纲内容与课程设计方案,通过课堂上的显性指导与潜移默化的学术素养示范,能够促进二语学术作者提升语篇评价意识,强化语篇评价策略的使用。

中观系统受到外观系统(学术资源获取渠道)的支持与限制。频繁且持续的学术阅读需要外部环境有可获得的学术知识资源,比如,图书馆资源(纸质载体资

① BRONFENBRENNER U. The Ecology of Human Development：Experiments by Nature and Design[M].Cambridge：Harvard University Press,1979.

② 杨鲁新. 教师指导与学生学术英语写作能力发展："学术英语阅读与写作课程"的反思性教学研究[J].外语与外语教学,2015(5)：29-35.

源,如书籍和档案)和网络资源(开放网络或数据库等平台上的数字文本)。资源的可获取度与充足程度保证了学术阅读活动的有效开展与学术写作课程教学的顺利进行。处于宏观系统的学术交流,是融入学术社团和学术文化的重要方式之一。这也解释了为什么它同语篇中权势关系的体现具有正向相关作用。参与学术交流的学习者通过讲座、参会和研讨等形式参加学术社团活动、了解学术文化、成为社团成员,从而使对权势关系的把握更加恰当。参加学术交流反过来也成为学术语篇评价的目的之一,在一个宏观层面上与微观、中观和外观系统进行互动,促使二语学术作者提升语言使用的熟练程度、加大学术阅读量、广泛获取学术知识,从而更加有效地开展学术社团社会化进程。

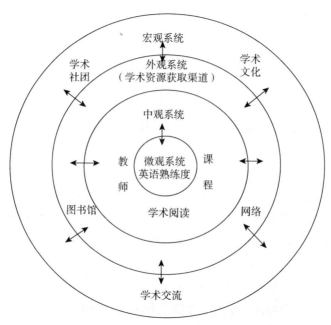

图 8-2 二语学术语篇评价策略影响因素的互动关系

三、调查结果对二语学术写作教学实践的启示

首先,要加强师生对学术写作课程重要性的认识。基于研究结果,我们获知参加了学术写作课程并进行系统学习的被试比没有接受此类学习与实践的被试,在学术指导渠道的利用情况上存在显著差异,参加过学术写作课程学习的被试更多地获得了学术指导,他们对于语篇评价策略的使用意识也更高。

其次,研究结果显示,学术交流(如参加讲座、会议和研讨)对体现权势关系存在影响。也就是说,有学术交流经历的被试更加趋近学术社团,更加了解学术知识的建构是在各种观点的互动中产生出来,能够在二语学术写作中不畏权威,敢于挑战,发起对话,勇于发出自己的声音,承担声言责任。因此,我们要鼓励二语学术作者多参与学术交流。

最后,获取文献资源是学术写作的必要条件和基础。本章研究结果证明,文献资源的获取方式影响着二语学术作者的语篇评价策略使用。研究发现,图书馆和网上资源的获取对研究信心、读者意识和观点所有权存在着显著的影响。可想而知,图书馆与网络保证了广泛而自由的文献阅读。随着文献阅读量的增多,他们有了理论知识和文献积累,逐渐树立起研究的信心;他们作为读者,也更加意识到学术写作中介入读者的重要性;有了研究信心,又掌握了学术写作中介入读者的方法与手段,他们能够以恰当得体的方式介入自己的观点、维护观点所有权,在表明鲜明的写作立场的同时,展开与读者的良性互动,可以增强学术论文的说服力和感染力。

四、小结

本章依据学术话语策略模型,在声言责任策略、介入策略和共识策略三个范畴下,基于文献研究,编制了包含 3 个变量、5 个因子、9 个观测点、30 个问项的调查问卷。经过试测、修改、项目分析等步骤,正式问卷中的语篇评价策略变量共有 22 个莱克特量表问项,还有 12 个项目用以调查学生基本信息变量和学术写作实践变量。正式问卷调查中,来自 7 所不同类型大学的 222 位英语专业硕士研究生参与了问卷作答。经过项目分析、因子分析、内部相关性和一致性检验,我们发现,问卷在结构上和信度上具备一定可接受性,能够解释 48.441% 的变量,在一定程度上揭示出语篇评价策略的使用特征。

基于学术话语策略的 5 个因子分别是声言责任策略 A、声言责任策略 B(展现方式)、介入策略、共识策略 A 和共识策略 B(语篇对话性),它们包含了观点所有权、语篇对话性、读者意识、作者信心等 9 个观测点,比较全面地考虑到二语学术写作中语篇评价意义表达的影响因素及其具体内涵,能够为同一群体二语学术写作文本研究的结果提供三角验证的途径。本书研究编制问卷能够辅助文本研究,为我国二语学术写作教学研究与实践提供新的研究方法与研究数据。

该调查问卷具有较好的效度与信度,基本上可以用于测量总体样本对于二语学术语篇评价策略的使用特征。同时,我们也关注运用调查问卷查找影响我国英语学习者二语学术语篇评价策略使用的主要因素以及主要问题,探讨了提升语篇评价策略使用的建议与措施。调查结果显示语篇评价策略总体使用意识居中等水平,3 个维度按照使用意识的强弱排序为声言责任策略、介入策略和共识策略;

使用差异体现在模糊语言使用、语篇对话性及立场多样性,以及客观性策略的使用;使用意识与英语熟练程度、学术阅读频率和时长、学术指导获得渠道与学术知识获取资源存在相关关系,构成了一个互动的生态系统。基于调查结果,本书研究建议:对二语学术英语写作教学实践而言,首先,要加强师生对学术写作课程重要性的认识,也要鼓励学生多参与各种形式的学术交流;其次,要增强学生的文献获取与研究能力,比如,加强图书馆资源的利用,提升数字素养等,以保证开展持续而有效的学术阅读;最后,学生要不断提升自身的英语熟练程度,也要涉猎学术英语词汇、语法、语类结构等方面的知识。经过教师的指导与课程训练,他们在学术写作中将能够逐渐提升语篇评价意识,恰当使用语篇评价策略,最终增强产出语篇的说服力。

本章的调查研究虽涉及多所不同类型高校的较大样本量,但研究结果能否应用于我国英语学习者还有待在更大的样本量中进一步验证。同时,由于仅考察了硕士研究生,是否不同学术阶段的学习者(本、硕、博)在二语学术语篇评价策略使用水平上存在差异也有待进一步考察。此外,本问卷因子 CCS-B 下的项目数过少,存在项目数不均衡的问题,有待在以后研究中进一步修改和完善。

第九章

结　论

　　本书基于系统功能语言学的思想理念与语篇评价的相关研究,提出了学术语篇评价能力"三维九项"金字塔,包括语篇评价的认知能力、语篇评价的知识能力和语篇评价的语言使用能力3个维度,以及目的认知、学科认知、角色认知、评价意识、引证意识、学术语篇组织能力、话语策略调用能力、态度意义表达能力、评价资源使用能力九个项目,旨在探究我国二语学术话语中语篇评价能力的发展规律。本书针对二语学术语篇评价能力,定义了相对应的二语学术语篇评价行为,并基于语言层级的思想和社会语境的观点,提出以小句为核心的语篇评价资源研究层级和社会语境模型下的语篇评价意义研究框架。在这一研究框架下,本书使用语料库与调查研究法,通过探究小句之中、小句之下、小句之上、超越小句的词汇语法资源的语篇评价意义的发展特征,考察了我国本、硕、博阶段二语学术作者对于语篇评价资源的阶段性使用差异、语篇评价能力的发展规律与特点、存在的困难与问题。本书还基于学术能力的话语策略模型开发了一个信效度较好的《二语学术写作语篇评价策略调查问卷》,并通过分析问卷与访谈数据探究了二语学术语篇评价策略的使用及其影响因素。

　　作为本书的最后章节,本章将对研究的主要发现进行总结,提出教学实践层面的启示,并对研究的意义、局限性和未来展望予以阐释。

第一节　研究的主要发现

　　语篇评价能力外显为语篇评价行为,在语篇中由语篇评价资源的选择与使用来呈现。具体而言,位于词汇语法层和语义层的、以小句为核心的语篇评价资源(包括小句之下、小句之中、小句之上、超越小句4个层面的多维语篇评价资源),能够揭示语言微观层面的语篇评价。同时,语言使用不可脱离语境,本书研究基于社会语境模型下的语篇评价意义研究框架,考量了语篇评价资源通过语域在特定语类结构中实现的语篇评价意义,并探究了语篇评价策略的使用情况和影响因素。下面将总结微观层面上语篇评价资源的阶段性差异和宏观层面上语篇评价策略的使用情况,并归纳与概括语篇评价能力的发展规律。

一、小句之中的语篇评价及学术语篇评价能力

在小句之中的层面上,我们观察了作为交换的小句和作为信息的小句中的语篇评价资源。

在作为交换的小句里,我们选择情态意义资源及其建构的自我身份和对方身份,从身份强加程度、身份角色和身份凸显程度三个方面系统考察我国本、硕、博阶段学术话语中情态身份的语篇评价阶段性差异与规律。通过对二语学术建议话语的分析,我们发现二语学术作者对强加身份的建构呈现阶段性的减弱,对非强加身份的建构呈现阶段性的增强,博士阶段为显著转变期;主要实现学术建议的资源是义务情态动词,但随着研究阶段的提升逐渐降低使用频率;间接实现学术建议的理想方式是使用意向情态动词和可能情态动词提出学术建议,在本书研究中随着研究阶段的提升逐渐增多,身份角色和凸显程度呈现规律性;本科阶段凸显建议对象,博士阶段隐藏建议对象,硕士阶段保持相对平衡,表明随着研究阶段的变化,本、硕、博阶段二语学术话语中情态身份逐渐由明示凸显建议对象发展为隐性弱化建议对象,更加注重礼貌性、适切性和得体性,直接性与强加性降低,间接性与缓和性提升,越来越接近学术期刊作者的情态身份建构方式。情态身份的阶段性差异呈现线性发展趋势,体现出语篇评价能力的发展。首先,二语学术作者对于学术语篇目的认知提升了。二语学术作者越发清楚学术建议话语目的是提升学术话语的可接受度,学术建议需要满足学术作者的观点交际需求,只有适切、礼貌、有效地提出学术建议,才能增强读者可接受度。其次,二语学术作者的角色认知也体现出发展的态势,他们对建议者身份和建议对象的身份建构随着研究阶段的提升,体现越发完善的语篇角色认知和社会角色认知。他们将语篇内身份层级和语篇外权势关系综合考量,针对不同的建议对象(学生、教师、研究者),逐渐降低建议对象凸显程度,也弱化自己作为建议者的强加地位,体现出了语用身份和社会身份的有机互动。再次,话语策略调用能力有所增强,情态动词是学习者接触较早的语篇评价资源,也许其使用早已固化,但是本书研究发现,二语学术语篇中情态身份资源的使用仍然呈现出阶段性的发展趋势。最后,学科认知得以提升,研究显示学术建议情态动词的搭配词在硕士阶段更加多样,在博士阶段体现出专业化(如研究动词的使用增多)和客观化(如被动语态的使用),帮助二语学术作者建构符合学科话语要求的学术话语体系。

在作为信息的小句层面上，主位等同结构一方面促动语篇信息推进，另一方面表达作者语篇评价意义。二语学术语篇中，主位等同结构的总体使用高于期刊论文中的使用，体现二语学术写作中存在相对口语化的倾向。二语学术语篇中过度使用有标记主位等同结构和指示小句主位等同结构，倾向于句首强调，语义重心前移，在较长的语篇篇幅中实现语义衔接，小句的强调意味也随之增强，如强调主语成分的情态义务、方式途径，未将焦点信息与新信息有机整合。不同阶段的差异主要体现在主位等同结构的语篇功能。随着研究阶段的提升，博士阶段从本、硕阶段重视承上启下功能逐渐转变为重视修正对比功能，即主位等同结构的评价功能和人际功能。可见，博士阶段是一个主位等同结构衔接功能弱化，但评价功能凸显的关键期。主位等同结构的语篇功能发展体现了二语学术作者逐渐发展的句法——语义体系以及更具批判性的评价意识，通过增加主位等同结构的修正对比功能，更加注重学术语篇的评价性本质。同时，主位等同结构的功能发展也体现出二语学术作者的评价目的认知提升，比如，通过选择有标记或无标记主位等同结构，作者切换视角和焦点信息，也可以通过将评价性语言置于凸显信息的位置上表达作者的评价与判断。因此，主位等同结构使用的发展特征一方面体现出语篇评价能力中语篇组织能力的提升，另一方面在认知层面上表现出二语学术作者评价意识的增强。

二、小句之下的语篇评价及学术语篇评价能力

在小句之下的层面，我们探究了词组层面上二语学术语篇评价意义的发展特征。

在名词词组中，我们选择了非特指不定代词以考察语义概括性表征的语篇评价意义。总体上，二语学术语篇中呈现过度使用非特指不定，其使用频数远高于期刊语篇。就范畴而言，整体性概括在本、硕阶段表达空泛范畴和共识知识，缺乏合理概括化的应用，使用频数逐渐降低；个体性概括逐渐增多（不具备高泛化程度），否定代词在硕士阶段也大幅下降，表现出二语学术语篇中低泛化程度的不定代词得到越来越多的关注；部分性概括的使用在本、硕、博阶段出现了波动，博士阶段语篇中部分性概括的使用最接近期刊语篇，在词语共现、语义趋向、短语序列等方面存在趋同趋势，确切性得以提升。阶段性的使用差异反映出语义概括性在本、硕、博学术语篇中呈现波动式下降，增强概括性一降再降，缓和概括性不断攀升，体现出二语学术话语体系概括化减弱和确切性增强的发展特征。这一发展特征表明，二语学术作者随着研究阶段的提升，学术话语中表达泛化概括性的名词词组使用减少，表达缓和概括性的名词词组使用增多，二语学术作者在话语策略

调用能力上得到了提高。通过调整非特指不定代词的使用,作者能够更准确地指涉指代对象,尤其是对读者介入而言。同时,减少增强概括性资源使用也能降低语篇立场的强加性,扩大共识范围,增加缓和概括性的资源使用能够增强学术立场可接受程度,是一个共识策略。

在动词词组中,我们关注被动动词词组的阶段性使用特征和语篇评价意义发展规律。总体来说,二语学术写作中过少使用被动动词词组,本科阶段使用匮乏,硕士阶段为提升期,显著增多了被动动词词组的使用频率,博士阶段持平,体现出二语学术语篇在硕士阶段客观性提升的特点。被动动词词组中的核心词汇的及物性过程分析显示,随着研究水平的提升,属于初级研究者的本科学位论文作者和中级研究者的硕士学位论文作者逐渐开始重视客观性,作为较高级研究者的博士学位论文作者则更加凸显语篇中研究者的观点与立场,并体现学术语篇逻辑性和科学性的语篇要求。同时,通过被动动词词组的搭配分析,人际附加语的使用能够体现语篇评价意义的发展,博士阶段为关键期。对于确定性认知意义的建构减少,对于协商性的关注增多,但一旦表达强调意义,语力也呈现增强趋势。被动动词词组的阶段性差异表明,被动动词词组使用的变化可以体现二语学术作者知识能力和认知能力的提升。首先,硕、博阶段被动动词词组的使用增多,体现出学术语篇组织能力的提升:被动动词词组在文献综述中能够客观评述他人研究,提升当前研究的意义和价值(也体现引证意识),在研究方法部分使用被动动词词组客观描述研究方法和研究过程,在研究结果章节中凸显研究的客观性,在语篇中建立命题内容与呈现方式的逻辑关系。其次,硕、博阶段被动动词词组的使用增多也体现了学科认知和角色认知的提升:硕士阶段二语学术作者增强了对学科写作的客观性要求,博士阶段作者调整作者声音的粉饰程度,以求达到客观性学科研究要求和主体性凸显程度的动态平衡。前者体现了学科认知的进步,后者体现了研究者角色认知的提升。

三、小句之上的语篇评价及学术语篇评价能力

小句之上的层面包括逻辑语义扩展和逻辑语义投射的资源。逻辑语义扩展资源中有延展语和增强语。逻辑语义投射是指实现话语投射和思想投射的投射动词,用以体现投射小句和被投射小句之间的逻辑语义关系。

延展语和增强语的研究涉及添加和差异延展语、总结、因果与推论增强语在二语学术话语中的使用。研究发现,差异延展语和因果与推论增强语的使用随着研究水平的提升而增大使用比例,博士阶段二语学术作者积极调整使用频率,但仍然存在过度使用和误用的问题。通过对学术语篇结论部分的语步分析,研究发

现延展语和增强语能够在期刊论文结论中建构语步，但是在二语学术写作中使用略显不足，具体问题表现在角色意识稍显逊色，话语调用策略有待提高，学科认知专业化仍需加强。

此外，我们细致探究了建构学术话语逻辑性和推导性的因果与推论增强语，选取 if 小句在研究语料中的分布与评价意义表达作为研究对象。研究发现，总体上二语学术写作中过度使用 if 小句，硕、博阶段未呈现显著差异。就具体范畴而言，二语学术作者过少使用表达客观性的内容性 if 小句；在表达多声介入的 if 小句范畴中，拓展语篇协商性的 if 小句使用不足（如踌躇性 if 小句），而闭合对话空间的 if 小句使用过度（如认知性 if 小句、让步性 if 小句）。在语篇结构分布上，二语学术语篇和期刊论文语篇的文献综述、研究方法、结果与讨论部分的 if 小句使用差异显著。文献综述中的 if 小句主要用于表达事实性逻辑以及必要性联系。这两点在博士学位论文中较好地得以实现，但硕士学位论文文献综述部分 if 小句主要体现出作者对于命题的不确定性。期刊论文的研究方法部分中，大部分 if 小句用于表述研究设计的客观性，但二语学术写作的研究方法章节中 if 小句更多建构认知意义。结果与讨论章节中，二语学术写作的 if 小句使用中也体现出与期刊论文在客观性建构和认知立场表达的比例差异。这些差异在一定程度上影响了语篇的客观性表达、共享知识的支架搭建和研究科学性的体现。If 小句的研究结果表明，二语学术作者过少使用内容性 if 小句表明学科认知在一定程度上总体低于期刊作者，但是硕、博阶段呈现一定涨幅，表明二语学术作者的学科认知还是有所发展。将延展语和增强语（包括 if 小句）的变化形式整合起来，我们能够发现小句之上的逻辑语义拓展资源发展趋势呈现线性特点，当我们将其与语篇结构结合，能够发现硕士阶段是预备阶段，博士阶段发生了质的变化。

在对于投射结构的研究中，我们关注了话语投射结构中的命题话语投射和提议话语投射，思想投射结构中的认知投射、意愿投射和结果投射。研究发现，总体上二语学术写作中话语投射结构和思想投射结构的使用频数均显著少于期刊论文。具体而言，命题话语投射在硕士阶段稍有下降，幅度不大，在博士阶段反弹增多，增幅明显；提议话语投射本、硕、博阶段未呈现显著变化；认知投射使用递减，意愿投射先增后降，结果投射使用渐增，使思想投射结构体现出复杂的变化趋势。虽然投射结构的使用特征从频数上看似缺乏规律性，但其评价意义表达还是体现出二语学术作者学科认知、评价意识、态度意义表达能力和话语策略调用能力的发展。首先，命题话语投射中，通用话语投射动词使用的大幅度下降反映出本、硕、博二语学术语篇正式程度的提升和话语专业性的增强，即学科认知的能力提升，而且语言功能投射动词和附加特征投射动词呈现渐增的趋势，表明二语学术作者加强对投射结构语境特征和言外之意的关注,能够更加高效地开展命题的信息交流,增多对于评价意义和语用功能的主体间性表达,评价意识获得提升。其次,认知投射动词的积极投射使用趋势平稳、消极投射减少、试探性和中性投射渐增,表明研究水平较高的二语学术作者对态度意义的明示表达更加谨慎、关注模糊性表达、秉持客观性立场,态度意义表达能力和话语策略调用能力有所发展。

四、超越小句的语篇评价及学术语篇评价能力

在超越小句的层面上,我们在语篇语义层上遵循跨语法语义域原则和隐喻原则,考察语法隐喻和学科概念隐喻这两个拓展语篇评价意义的语篇语义资源的使用特征。

我们首先考察了二语学术写作中名词化的阶段性发展特点。二语学术写作中对其使用总体上少于期刊论文,多样性也较低。随着研究水平的深入和研究经验的提升,本、硕、博阶段二语学术作者对名词化的使用呈现发展的态势,本科使用最少,硕士阶段产生一次比较大的飞跃,博士阶段基本持平。硕士阶段对话语型名词化和思想型名词化使用的显著增多表明,语法隐喻表达的对话性和客观性随研究水平提升而增强,表现出话语策略调用能力的发展;博士阶段证据型名词化和研究型名词化使用增多与学科研究科学性和严谨性有关,体现了语篇评价能力中学科认知能力的提升。

二语学术写作与期刊论文中的概念隐喻也是我们关注的对象,因为学科概念根植于学术作者的学科认知中,是语篇评价能力的表征之一。通过考察二语学术写作和期刊论文中的学科隐喻语义域,围绕主题目标语"语言"和"研究"的学科隐喻建构模式,我们发现二语学术作者与期刊作者在本书的学科写作中,对学科隐喻语义域的选择存在共性,学科知识的认知方式存在一致性,体现出类似的研究对象、研究方法、研究视角、研究焦点和学科的论说性本质。但是,对于"语言"和"研究"的学科隐喻建构对比显示出二语学术写作与期刊论文仍存在学科隐喻的差异:二语学术写作中的学科隐喻凸显了源域的物质属性和空间属性,而对表达社会属性的概念隐喻建构不足。期刊论文更关注隐喻意义中的群组特性,能够借助隐喻意义表达学科立场,表现出期刊作者作为学术社团核心成员将"语言"和"研究"隐喻化,并通过对源域的选择和搭配词的共现在学术语篇语境内表征自己的学科合法化身份。

五、学术语篇评价能力发展的影响因素

上文我们主要汇报了在小句核心层之中、之下、之上和超越小句的四个层面

上,学术语篇体现出的语篇评价意义建构及语篇评价能力表征。本书的第八章把关注点从语篇转移至写作者,从一个外位的视角切换到内位的视角,探寻深层次的语篇评价能力的特征及影响因素。我们选取了语篇评价的话语策略调用能力,基于学术能力的话语策略模型,自建 3 个维度、9 个观测点、30 个描述项的《二语学术写作语篇评价策略调查问卷》,问卷的信效度较好。我们对来自 7 所不同类型大学的 222 名二语学术作者进行了问卷调查研究,结合访谈数据分析探究了二语学术写作能力发展过程中语篇评价策略的使用意识与影响因素。

研究发现,我国二语学术作者学术语篇评价策略总体使用意识居中等水平,其中声言责任意识较强,介入意识居中,共识意识不尽如人意。学术语篇评价话语策略使用意识的问题主要集中在模糊语言的使用、语篇对话性及立场多样性的建构,以及秉持客观性策略的使用意识。就语篇评价策略使用的影响因素来说,首先,英语熟练程度存在一定影响,但只是作用在中等以上英语熟练程度的二语学术写作实践中,中等以下英语熟练程度的被试之间不存在显著差异,即英语熟练程度是学术语篇评价话语策略使用的基础。其次,学术阅读频率和时长与学术语篇评价话语策略的使用存在正向相关关系,尤其在提升读者意识、增强语篇对话性,并指导二语学术写作实践中的学术语篇组织方面存在明显的正向促进作用。此外,学术指导获得渠道和学术知识获取资源也在一定程度上影响学术语篇评价策略的使用意识,尤其是在接受相关课程的学习、开展学术交流、图书馆文献和网络资源获取这些方面存在积极的促动作用。

基于生态系统理论动态观,本书提出了语篇评价策略影响因素互动模型,说明学术语篇评价策略的影响因素构成一个复杂的、互动的学术生态系统,包含二语学术作者英语熟练程度的微观系统,二语学术作者与学术指导教师、相关学术课程和必要的学术阅读构成的中观系统,获取学术资源的图书馆和网络等物质与环境支持的外观系统,以及学科学术文化、学术社团交流组成的宏观系统,这四个层面的系统相互作用、相互影响,共同促进了二语学术作者学术语篇评价能力的发展。

第二节　研究局限性与研究展望

本书在系统功能语言学的理论框架下,从客位和主位的研究视角,使用语料库与调查的研究方法,考察了我国二语学术话语中语篇评价能力的发展性特征和影响因素。研究使我们对于二语学术话语中那些表达语篇评价、建构立场、实现主体间性的词汇语法和语篇语义资源的使用特征以及我国二语学术作者,特别是二语学生作者,学术写作中语篇评价能力的构成及其发展规律有了比较全面的认识。当然,本书仍存在一定的局限性,有待在以下方面开展进一步探究。

首先,本书主要的二语学术语篇数据来源是语料库,语料来自业已毕业的本、硕、博学生作者。由于已经无法联系语料贡献者开展问卷调查和访谈,本书通过滚雪球抽样对在校学生作者进行了学术语篇评价策略的问卷调查,并采取方便抽样对为数不多的学生作者进行了访谈。虽然有不少学者指出,采用分层抽样的横截面研究不失为一种探究二语能力发展的有效数据收集方法①,但是我们仍然建议在今后研究中,可以通过跟踪二语学术作者二语学术语篇产出能力的进程,多次收集问卷、文本、访谈、反思等数据,一方面可以保证数据来源的纯洁度;另一方面可以确保这样获取的数据有效验证语料库方法提供的大量复现数据,能够体现纵深研究和横截面研究的有机整合,必定为规律性特征提供进一步解释。

其次,本书的分析框架存在一定局限性,即所考察的小句之中层面、小句之下层面、小句之上层面、超越小句层面的语篇评价资源虽然比较典型,但是不能完全代表所有的语篇评价资源,比如,还有一些语篇行为(discourse actions,如下定义、对比对照、分类、列举等)、标点和那些虽不高频使用但具有学科文化特点的语篇语义资源,如惊讶的表达②,也能体现学术作者的评价意义和立场建构。因此,对于更多评价资源的研究将使我们更加全面地考察语篇评价意义和使用者的语篇评价能力,加深我们对于二语学术话语能力发展机制和规律的理解。

再次,本书聚焦了外国语言学及应用语言学学科二语学术话语的语篇评价现象。然而,这一学术话语特点是否在不同的学科学术话语中呈现方式不同,同一学科内部不同研究范式的学术话语中是否也存在语篇评价意义表达的差异等问题,值得我们继续深入探究。未来可以开展跨学科、跨范式的进一步研究。

最后,本书提出的"三维九项"金字塔学术话语语篇评价能力中,语言使用维度的语篇评价资源使用能力位于最表层,是对于认知能力和知识能力的语言体现,是语篇评价能力的语言外显。但事实上,能力并非仅通过语言资源的使用得以表征。由于本书采用了学术写作语篇为研究语料,本书对于语篇评价能力的构成及其发展规律研究的结果是否适用于学术口语话语中评价意义的研究有待进一步验证。比如,知识能力维度中可能就需要丰富学术作者的语音策略(如强调、

---

① GASS S, SELINKER L. Second Language Acquisition: An Introductory Course [M]. Mahwah: Lawrence Erlbaum Associates, 2001.

② HU G, CHEN L. "To our great surprise…": A Frame-Based Analysis of Surprise Markers in Research Articles[J]. Journal of Pragmatics, 2019, 143:156-168.

重音等)、非语言评价策略使用能力(如注视、手势、站姿等),甚至有必要考虑学术话语使用者结合话语环境(如多媒体设备、学术场地布局等)和语言与非语言资源的能力。因此,未来研究可以开展多模态互动视角下的学术话语语篇评价研究,让我们更加多维度地提高考察学术话语语篇评价能力。

二语学术写作语篇评价策略调查问卷

我们热诚邀请你参加关于中国英语学习者语篇评价策略的调查。该调查主要是关于英语专业学生学位论文写作的研究。本调查不是考试,所以<u>没有对错之分,你也不需要署名。</u>请你根据自己的实际情况回答以下问题,所填答案一定要能够真实地反映你在学位论文写作中的看法和做法。调查所得的数据仅供研究使用。你的回答将对提高学位论文指导与写作水平提供帮助。衷心感谢你的支持和协助! 并祝你在今后的外语学习与研究中取得更大的成绩!

第一部分

请根据以下问题选择相应的数字代表同意或不同意的程度。

1	2	3	4	5
非常不同意	不同意	基本同意	同意	非常同意

比如,如果你强烈同意以下论断,就以如下方式画圈。

我喜欢唱卡拉 OK。　　　　　　　　1　2　3　4　⑤

下面,请你根据自己的实际情况在相应的数字上<u>画圈</u>。

编号	观点	选项
1	学位论文写作中,我只引用同自己观点一致的研究与结果	1　2　3　4　5
2	学位论文写作中,我认为坚持自己的观点非常重要	1　2　3　4　5
3	学位论文写作中,对例句、数字或证据可以从多个角度进行诠释	1　2　3　4　5

编号	观点	选项				
4	学位论文写作中,可以使用"about"(大致),"to some extent"(一定程度上),"maybe"(可能)等类似的表达	1	2	3	4	5
5	学位论文写作中,我会把收集到的参考材料中的观点穿针引线地连起来	1	2	3	4	5
6	我认为除了我的指导老师,不会有人读我的学位论文	1	2	3	4	5
7	学位论文的写作,加深了我对该研究领域相关专业知识的掌握与理解	1	2	3	4	5
8	我认为写论文就好像自己正在和读者面对面地交流与讨论	1	2	3	4	5
9	学位论文写作中,引用他人观点不必进一步商讨	1	2	3	4	5
10	学术论文中,只有专家才有资格使用第一人称表述自己的观点	1	2	3	45	
11	学位论文写作中,可以引用观点不同的研究	1	2	3	4	5
12	学位论文写作中,即使自己的看法与其他研究者不同,我也要突出自己的观点	1	2	3	4	5
13	我认为写论文就是表达自己的观点	1	2	3	4	5
14	学位论文写作中,我尽量不表达自己的看法,以保持客观	1	2	3	4	5
15	学位论文写作中,我的观点最好和大多数研究者观点保持一致	1	2	3	4	5
16	我认为读者会对我的论文产生兴趣	1	2	3	4	5
17	学位论文写作中,使用模糊的语言表述观点,会影响论文的说服力	1	2	3	4	5
18	学位论文写作中,应该尽量少使用对情感态度的表达(如"amazing","unexpected")	1	2	3	4	5
19	学位论文写作中,使用增强语气的表达方式(如"very","quite"),会给人一种强加观点的感觉	1	2	3	4	5
20	我认为论文写作应该清晰、充分地传递信息,以便使读者轻松地理解论文的主要内容	1	2	3	4	5
21	学位论文写作中,应该体现不同观点的碰撞	1	2	3	4	5
22	我对于学位论文中研究结果的汇报与讨论非常有信心	1	2	3	4	5

第二部分

请就以下问题打钩(√)并在横线上填写相应信息,以便我们能更好地使用你以上所提供的信息。

- 你的性别:　　□ 男　　　　　□ 女

- 你的年龄:_____

- 你目前在哪里学习英语?

□ 外语类大学 □ 综合性大学　□ 师范类大学 □ 理工类大学　□ 其他

- 你目前是:

□ 本科生　　　□ 硕士研究生　　　□ 博士研究生

- 你的研究方向:

□ 理论语言学 □ 应用语言学　□ 文学　　　□ 翻译　　　□ 其他

- 请根据你的英语熟练程度选择下列选项:

□ 中上到高级程度——能够和他人进行主题对话,并能全面领会广播和演讲的主题,能够阅读复杂的材料,如报纸,并记下个人的想法。

□ 中等程度——能够进行日常一般生活对话,能阅读一般和日常生活相关的材料,并进行简单的段落写作。

□ 中下程度——能对日常熟悉的话题进行交流,能阅读熟悉话题的文章,并写简单的信件。

□ 初级程度——能进行简单的会话,比如,日常问候或介绍自己及他人,能阅读简单的材料,写出简单的句子。

- 你最近一次通过的正规英语测试是什么?（如托福、雅思、专业四级/八级)_____

你在这次测试中的成绩是多少?_____

- 你常常阅读学术类文章(如学术期刊、学位论文、研究报告等)吗?

□ 从不　　　□ 很少　　　□ 偶尔　　　□ 有时　　　□ 经常

- 你每周用来进行学术阅读与写作的时间有几个小时?_____

- 你从以下哪种途径获得学位论文的指导?（可多选)

□ 学位论文写作手册/教科书　　　□ 指导教师的指导

□ 借鉴其他学位论文　　　　　　　□ 相关课程的学习与训练

□ 学术交流(讲座、会议、研讨等)　□ 师兄师姐的帮助还有其他途径吗？请详述_____。

- 你参考材料/参考文献的来源是什么？（可多选）

□ 指导教师提供

□ 自己查阅图书馆资源

□ 自己查找网上资源

□ 参考相关论文后的文献

还有其他的来源吗？请详述_____。

- 你是否参加过学术写作的课程并进行系统性的学习？

□ 是　　　　　□ 否

谢谢你的热心支持与参与！

如果你想了解研究的相关结果，请留下电子邮箱地址：_____。

如果你愿意参加之后的访谈，请留下电话号码，以便我们主动联系你。

电话：_____。

参考文献

中文文献

著作文献：

桂诗春. 语言学方法论：描写方法[M].北京：外语教学与研究出版社,2017.

胡壮麟,朱永生,张德禄,等. 系统功能语言学概论[M].北京：北京大学出版社,2005.

梁茂成,李文中,许家金. 语料库应用教程[M].北京：外语教学与研究出版社,2010.

卫乃兴. 词语搭配的界定与研究体系[M].上海：上海交通大学出版社,2011.

文秋芳,梁茂成,晏小琴. 中国学生英语口笔语语料库[M].北京：外语教学与研究出版社,2008.

期刊文献：

蔡基刚. 国际期刊论文写作与发表：中国研究生必修的一门课程[J].学位与研究生教育,2018(4).

曹雁,肖忠华. 中外作者科技论文英文摘要多维度分析模型[J].外语教学,2015(6).

陈新仁. 语用学视角下的身份研究：关键问题与主要路径[J].现代外语,2014(5).

陈新仁. 学术批评话语的分析框架建构：基于国际核心期刊论文的研究[J].外语与外语教学,2017(6).

戴炜栋,王雪梅. 学术环境与英语专业研究生学术能力发展[J].中国外语,2009(1).

邓鹂鸣,周韵.基于 Citespace 的国际学术语篇研究可视化分析[J].外语教学,2020(1).

胡壮麟.语篇的评价研究[J].外语教学,2009(1).

王俊菊,杨凯,孙田丰.英语研究生学术写作的文献引用特征研究[J].外语界,2017(5).

王丽,王楠.二语学习者学位论文中的口语化倾向[J].现代外语,2017(2).

王敏,刘丁.中国学习者英语学术论文手稿中立场标记词块使用研究[J].现代外语,2013(2).

王文宇,文秋芳.母语思维与二语写作:大学生英语写作过程研究[J].解放军外国语学院学报,2002(4).

王文宇,俞希.大学生二语写作难点的一项调查[J].外语教学理论与实践,2008(1).

王雪梅.从学术能力的需求分析角度反思我国英语专业研究生教育[J].外语界,2010(5).

卫乃兴.学术英语再思考:理论、路径与方法[J].现代外语,2016(2).

文秋芳.学习者英语语体特征变化的研究[J].外国语,2009(4).

吴安萍,钟守满.评价性形容词形式范畴化的语义结构模式研究[J].外语与外语教学,2010(5).

辛志英,黄国文.元话语的评价赋值功能[J].外语教学,2010(6).

徐昉.二语学术语篇中的作者立场标记研究[J].外语与外语教学,2015(5).

徐昉.二语学术写作的引证能力及其发展特征:截面与历时证据[J].外国语(上海外国语大学学报),2016(3).

许家金.中国学习者英语口头叙事中的话语评价研究[J].外语教学与研究,2013(1).

杨林秀.英文学术论文中的作者身份构建:言据性视角[J].外语教学,2015(2).

叶云屏.基于科研论文体裁特征优化研究生英语教学内容[J].学位与研究生教育,2019(11).

于书林,LEE I.基于社会文化活动理论的二语写作同伴反馈系统模型构建[J].山东外语教学,2013(5).

袁凤识,张新彬.不同语言水平的认知主体概念隐喻归纳能力对比研究[J].

外语教学理论与实践,2015(2).

赵冠芳,吕云鹤.英语专业本科生对学术英语写作的构念认知[J].外语与外语教学,2019(6).

赵永青,刘兆浩,邓耀臣,等.实证类期刊论文讨论部分体裁结构的学科变异研究[J].外语教学,2019(6).

钟兰凤,陈希卉.学术英语隐喻产出能力研究[J].现代外语,2015(3).

周惠,刘永兵.中国英语学习者投射语言的语篇评价研究[J].现代外语,2014(3).

周惠,刘永兵.中国英语学习者学术中标示名词的功能与立场研究[J].外语教学与研究,2015(2).

周惠,刘永兵.二语学术写作中评价性形容词使用的语篇评价意义研究[J].中国外语教育,2017(1).

英文文献

著作文献:

ÄDEL A. Metadiscourse in L1 and L2 English[M].Amsterdam:John Benjamins,2006.

BIBER D. Variation across Speech and Writing [M]. Cambridge:Cambridge University Press,1988.

BIBER D. University Language:A Corpus–Based Study of Spoken and Written Registers[M].Amsterdam:John Benjamins,2006.

BIBER D,JOHANSSON S,LEECH G,et al. The Longman Grammar of Spoken and Written English[M].London:Pearson Education Limited,1999.

BIBER D,CONRAD S. Register, Genre, and Style [M]. New York:Cambridge University Press,2009.

COLLINS P C. Cleft and Pseudo–Cleft Constructions in English [M]. London:Routledge,1991.

DOWNING A,LOCKE P. English Grammar:A University Course [M].London:Routledge,2015.

GASS S,SELINKER L. Second Language Acquisition:An Introductory Course

(Second Edition) [M].Mahwah:Lawrence Erlbaum Associates,2001.

HYLAND K,GUINDA C S. Stance and Voice in Written Academic Genres[M]. New York:Palgrave Macmillan,2012.

HALLIDAY M A K. Spoken and Written Language[M].Oxford:Oxford University Press,1985.

HALLIDAY M A K. An Introduction to Functional Grammar [M]. Beijing: FLTRP,2000.

HALLIDAY M A K,MATTHIESSEN C M I M. An Introduction to Functional Grammar[M].London:Edward Arnold,2004.

HALLIDAY M A K,HASAN R. Language,Context and Text[M].Oxford:Oxford University Press,1989.

HYLAND K. Disciplinary Discourse:Social Interactions in Academic Writing[M]. Harlow:Pearson Education,2000.

HYLAND K. Metadiscourse:Exploring Interaction in Writing [M]. London: Continuum,2005.

HYLAND K. Disciplinary Identities:Individuality and Community in Academic Discourse[M].Cambridge:Cambridge University Press,2012.

LARSEN - FREEMAN D, LONG M H. An Introduction to Second Language Acquisition Research[M].London:Longman,1999.

MARTIN J R, ROSE D. Genre Relations: Mapping Culture [M]. London: Equinox,2007.

MARTIN J R,WHITE P R R. The Language of Evaluation:Appraisal in English [M].New York:Palgrave Macmillan,2005.

QUIRK R,GREENBAUM S,LEECH G,et al. A Comprehensive Grammar of the English Language[M].London:Longman,1985.

SINCLAIR J M. Corpus,Concordance,Collocation [M].Oxford:Oxford University Press,1991.

SINCLAIR J M, COULTHARD R M. Towards an Analysis of Discourse: The Languages of Teachers and Pupils[M].London:Oxford University Press,1975.

SWALES J. Genre Analysis:English in Academic and Research Settings [M]. Cambridge:Cambridge University Press,1990.

SWALES J. Research Genres: Explorations and Applications [M]. Cambridge: Cambridge University Press, 2004.

THOMPSON G. Introducing Functional Grammar [M]. Beijing: Foreign Language Teaching and Research Press, 2008.

期刊文献:

AULL L L, BANDARAGE D, MILLER M R. Generality in Student and Expert Epistemic Stance: A Corpus Analysis of First – Year, Upper – Level, and Published Academic Writing [J]. Journal of English for Academic Purposes, 2017, 26.

BARBIERI F, ECKHARDT S E. Applying Corpus – Based Findings to Form – Focused Instruction: The Case of Reported Speech [J]. Language Teaching Research, 2007, 11(3).

BENELHADJ F. Discipline and Genre in Academic Discourse: Prepositional Phrases as a Focus [J]. Journal of Pragmatics, 2019, 139.

BIBER D. Stance in Spoken and Written University Registers [J]. Journal of English for Academic Purposes, 2006, 5(2).

BIBER D. A Corpus–Driven Approach to Formulaic Language in English Multi–Word Patterns in Speech and Writing [J]. International Journal of Corpus Linguistics, 2009, 14(3).

BIBER D, FINEGAN E. Styles of Stance in English: Lexical and Grammatical Marking of Evidentiality and Affect [J]. Text–Interdisciplinary Journal for the Study of Discourse, 1989, 9(1).

BIBER D, CONRAD S, CORTES V. If You Look at...: Lexical Bundles in University Teaching and Textbooks [J]. Applied Linguistics, 2004, 25.

BLOCH J. A Concordance – Based Study of the Use of Reporting Verbs as Rheoretical Devices in Academic Papers [J]. Journal of Writing Research, 2010, 2(2).

BONDI M. What Came to Be Called: Evaluative What and Authorial Voice in the Discourse of History [J]. TEXT & TALK, 2017, 37(1).

CARTER – THOMAS S, ROWLEY – JOLIVET E. If – Conditionals in Medical Discourse: From Theory to Disciplinary Practice [J]. Journal of English for Academic Purposes, 2008, 7.

CHARLES M. The Construction of Stance in Reporting Clauses: A Cross - Disciplinary Study of Theses[J]. Applied linguistics,2006,27(3).

CHARLES M. Argument or Evidence? Disciplinary Variation in the Use of the Noun that Pattern in Stance Construction[J]. English for Specific Purposes, 2007, 26 (2).

CHEN X, LI M. Chinese Learner Writers' Niche Establishment in the Literature Review Chapter of Theses: A Diachronic Perspective [J]. Journal of English for Academic Purposes,2019,39.

COFFIN C, DONOHUE J P. Academic Literacies and Systemic Functional Linguistics: How Do They Relate? [J]. Journal of English for Academic Purposes, 2012,11(1).

CORTES V. The Purpose of This Study Is to: Connecting Lexical Bundles and Moves in Research Article Introductions[J]. Journal of English for Academic Purposes, 2013,12.

DECLERCK R. The Pragmatics of It-Clefts and WH-Clefts[J]. Lingua,1984,64 (4).

DUFF P A. Second Language Socialization as Sociocultural Theory: Insights and Issues[J]. Language Teaching,2007,40(4).

FLOWERDEW J. Use of Signalling Nouns in a Learner Corpus[J]. International Journal of Corpus Linguistics,2006,11(3).

GENG Y, WHARTON S. How Do Thesis Writers Evaluate Their Own and Others' Findings? An Appraisal Analysis and a Pedagogical Intervention [J]. English for Specific Purposes,2019,56.

GREEN C F, CHRISTOPHER E R, KAM MEI J. The Incidence and Effects on Coherence of Marked Themes in Interlanguage Texts: A Corpus-Based Enquiry[J]. English for Specific Purposes,2000,19.

HARDY J A, FRIGINAL E. Genre Variation in Student Writing: A Multi - dimensional Analysis[J]. Journal of English for Academic Purposes,2016,22.

HARWOOD N. "Nowhere Has Anyone Attempted...In This Article I Aim to Do Just That": A Corpus-Based Study of Self-Promotional I and We in Academic Writing across Four Disciplines[J]. Journalof Pragmatics,2005,37(8).

HARWOOD N. An Interview - Based Study of the Functions of Citations in Academic Writing across Two Disciplines[J].Journal of Pragmatics,2009,41(3).

HEWINGS M,HEWINGS A. "It Is Interesting to Note That..." : A Comparative Study of Anticipatory 'It' in Student and Published Writing[J].English for Specific Purposes,2002,21(4).

HINKEL E. Hedging, Inflating, and Persuading in L2 Academic Writing [J]. Applied Language Learning,2005,15(1-2).

HU G,CAO F. Hedging and Boosting in Abstracts of Applied Linguistics Articles: A Comparative Study of English - and Chinese - Medium Journals [J]. Journal of Pragmatics,2011,43(11).

HU G, WANG G. Disciplinary and Ethnolinguistic Influences on Citation in Research Articles[J].Journal of English for Academic Purposes,2014,14.

HYLAND K. Stance and Engagement: A Model of Interaction in Academic Discourse[J].Discourse Studies,2005,7(2).

HYLAND K. Applying a Gloss: Exemplifying and Reformulating in Academic Discourse[J].Applied Linguistics,2007,28(2).

HYLAND K. As Can Be Seen: Lexical Bundles and Disciplinary Variation[J]. English for Specific Purposes,2008,27(1).

HYLAND K. Disciplinary Voices: Interactions in Research Writing [J]. English Text Construction,2008,1(1).

HYLAND K. Academic Clusters: Text Patterning in Published and Postgraduate Writing[J].International Journal of Applied Linguistics,2008,1.

HYLAND K. Metadiscourse: What Is It and Where Is It Going? [J].Journal of Pragmatics,2017,113.

HYLAND K,TSE P. Hooking the Reader: A Corpus Study of Evaluative That in Abstracts[J].English for Specific Purposes,2005,24(2).

HYLAND K,TSE P. "She Has Received Many Honours" :Identity Construction in Article Bio Statements[J].Journal of English for Academic Purposes,2012,11(2).

HYLAND K, JIANG F. Is Academic Writing Becoming More Informal? [J]. English for Specific Purposes,2017,45.

HYLAND K, JIANG F. "In This Paper We Suggest" : Changing Patterns of

Disciplinary Metadiscourse[J].English for Specific Purposes,2018,51.

JO C W. Short vs. Extended Adolescent Academic Writing: A Cross − Genre Analysis of Writing Skills in Written Definitions and Persuasive Essays[J].Journal of English for Academic Purposes,2021,53.

KIM C, CROSTHWAITE P. Disciplinary Differences in the Use of Evaluative That:Expression of Stance via That−Clauses in Business and Medicine[J].Journal of English for Academic Purposes,2019,41.

LANCASTER Z. Expressing Stance in Undergraduate Writing:Discipline−Specific and General Qualities[J].Journal of English for Academic Purposes,2016,23.

MATSUDA P K. Identity in Written Discourse [J]. Annual Review of Applied Linguistics,2015,35.

PALTRIDGE B,STARFIELD S. Changes and Continuity in Thesis and Dissertation Writing:The Evolution of an Academic Genre [J]. Journal of English for Academic Purposes,2020,48.

POOLE R. "New Opportunities" and "Strong Prformance":Evaluative Adjectives in Letters to Shareholders and Potential for Pedagogically − Downsized Specialized Corpora[J].English for Specific Purposes,2017,47.

SIMPSON−VLACH R,ELLIS N C. An Academic Formulas List:New Methods in Phraseology Research[J].Applied Linguistics,2010,31(4).

SU H,ZHANG Y,LU X. Applying Local Grammars to the Diachronic Investigation of Discourse Acts in Academic Writing:The Case of Exemplification in Linguistics Research Articles[J].English for Specific Purposes,2021,63.

TRIKI N. Revisiting the Metadiscursive Aspect of Definitions in Academic Writing [J].Journal of English for Academic Purposes,2019,37.

TRIKI N. Exemplification in Research Articles:Structural, Semantic and Metadiscursive Properties across Disciplines [J]. Journal of English for Academic Purposes,2021,54.

WU X,MAURANEN A,LEI L. Syntactic Complexity in English as a Lingua Franca Academic Writing[J].Journal of English for Academic Purposes,2020,43.

XU X,NESI H. Differences in Engagement:A Comparison of the Strategies Used by British and Chinese Research Article Writers[J].Journal of English for Academic

Purposes,2019,38.

YANG Y. Exploring Linguistic and Cultural Variations in the Use of Hedges in English and Chinese Scientific Discourse[J].Journal of Pragmatics,2013,50(1).

YE Y. From Abstracts to "60 – Second Science" Podcasts: Reformulation of Scientific Discourse[J].Journal of English for Academic Purposes,2021,53.